DESAFIOS DO SISTEMA PÚBLICO DE EMPREGO, TRABALHO E RENDA

ORGANIZADORES:

Remídio Todeschini

Ione Vasques-Menezes

Lúcia Soratto

AUTORES:

Alexandre Guerra

Carlos Alberto Grana

Dulce Cazzuni

Ione Vasques-Menezes

Lúcia Soratto

Maria Amélia Sasaki

Marthius Sávio Cavalcante Lobato

Remígio Todeschini

Wanderley Codo

PREFÁCIO:

Vicente Paulo da Silva

REMÍGIO TODESCHINI
IONE VASQUES-MENEZES
LÚCIA SORATTO

Organizadores

DESAFIOS DO SISTEMA PÚBLICO DE EMPREGO, TRABALHO E RENDA

Editora LTr
SÃO PAULO

Dados Internacionais de Catalogação na Publicação (CIP)
(Câmara Brasileira do Livro, SP, Brasil)

Desafios do sistema público de emprego, trabalho e renda / Remígio Todeschini, Ione Vasques-Menezes, Lúcia Soratto organizadores. — São Paulo : LTr, 2010.

Vários autores.

Bibliografia.

ISBN 978-85-361-1544-3

1. Emprego (Teoria econômica) 2. Sistema Público de Emprego I. Todeschini, Remígio. II. Vasques-Menezes, Ione. III. Soratto, Lúcia.

10-04244   CDD-331.120420981

Índice para catálogo sistemático:

1. Brasil : Sistema Público de Emprego : Participação e controle sociais : Economia do trabalho   331.120420981

Produção Gráfica e Editoração Eletrônica: **R. P. TIEZZI**

Design de Capa: **FABIO GIGLIO**

Impressão: **CROMOSETE**

© Todos os direitos reservados

LTr

EDITORA LTDA.

Rua Jaguaribe, 571 — CEP 01224-001— Fone (11) 2167-1101
São Paulo, SP — Brasil — www.ltr.com.br

Autores

ALEXANDRE GUERRA

Economista e especialista em Economia Social e Sindicalismo pela Unicamp. Atualmente é professor da Universidade Paulista e assessor da Secretaria de Desenvolvimento, Trabalho e Inclusão de Osasco (SDTI/PMO).

CARLOS ALBERTO GRANA

Presidente da Confederação Nacional dos Metalúrgicos da CUT (2004--2011). Membro da Direção Nacional da CUT (2009-2012). Foi diretor do Sindicato dos Metalúrgicos de Santo André — SP (1984). Membro da Executiva Estadual da CUT São Paulo (1988-1989). Secretário-Geral e Vice-Presidente dos Metalúrgicos do ABC (1993-2002). Secretário-Geral da CUT Nacional (2000-2003). Representante da CUT no CODEFAT (2003 a 2008).

DULCE CAZZUNI

Graduada em Ciências Econômicas pela Universidade São Judas Tadeu e em Administração de Empresas pela Universidade Mackenzie. Atualmente é Secretária Municipal da pasta Desenvolvimento, Trabalho e Inclusão de Osasco (SDTI/PMO) e Presidenta do Fórum Nacional de Gestores Municipais de Políticas Públicas de Trabalho, Emprego e Renda (Fórum + 300).

IONE VASQUES-MENEZES

Doutora em Psicologia pela Universidade de Brasília (UnB) em 2005. Psicóloga da UnB. Professora e orientadora no Programa de Pós-graduação em Psicologia Social, do Trabalho e das Organizações (PSTO). Coordenadora do Laboratório de Psicologia do Trabalho — LPT/PST/UnB. Pesquisadora nas áreas de trabalho e saúde do trabalhador e de intervenção clínica em sofrimento do trabalhador. Publica trabalhos com os temas *burnout*, perfil de trabalhadores, diagnóstico integrado do trabalho, aspectos objetivos e subjetivos na relação trabalho-trabalhador, emprego-desemprego e saúde mental.

LÚCIA SORATTO

Doutora em Psicologia Social e do Trabalho pela Universidade de Brasília (UnB) em 2006. Pesquisadora do Laboratório de Psicologia do Trabalho da UnB. Autora dos livros: *Trabalho, organizações e cultura; Educação: carinho e trabalho; Sofrimento psíquico nas Organizações*.

MARIA AMÉLIA SASAKI

Mestre em Psicologia Social, do Trabalho e das Organizações (PSTO) pela Universidade de Brasília (UnB) em 2009. Socióloga, responsável pela implantação do Programa Seguro-Desemprego no Brasil (1988-1990). Pesquisadora, de 2007 a 2009, na *Avaliação do Programa Seguro-Desemprego* (Convênio MTE/UnB).

MARTHIUS SÁVIO CAVALCANTE LOBATO

Advogado com atuação profissional nos Tribunais Superiores em Brasília (TST, STF, STJ). Professor dos cursos de Pós-graduação da UnB. Mestre e doutorando em Direito, Estado e Constituição pela UnB. Especialista em Direitos Sociais pela Universidade de Castilla de La Mancha, Toledo, Espanha. Especialista em Relações Internacionais pela UnB; Membro da Comissão de Direitos Sociais do Conselho Federal da OAB. Presidente da Associação de Juristas Trabalhistas Luso-Brasileiros (JUTRA). Diretor financeiro da ABRAT. Autor do livro *O valor constitucional para a efetividade dos direitos sociais nas relações de trabalho*.

REMÍGIO TODESCHINI

Diretor de Políticas de Saúde e Segurança Ocupacional do Ministério da Previdência Social. Ex-Secretário de Políticas Públicas de Emprego do Ministério do Trabalho e Emprego (2003-2007). Ex-Presidente da Fundacentro, órgão de pesquisa em saúde e trabalho (2007). Advogado formado pela Universidade de São Paulo (USP) em 1982. Mestre em Direitos Sociais pela PUC-SP (2000). Ex-Membro do Comitê Executivo da Associação Mundial dos Serviços Públicos de Emprego (2006). Presidente e Vice-Presidente do CODEFAT (2003-2007). Autor dos livros *Gestão da Previdência Pública e Fundos de Pensão* (2000). *O novo seguro de acidente e o novo FAP* (2009). Doutorando do Departamento de Psicologia Social e do Trabalho da UnB.

WANDERLEY CODO

Professor e pesquisador da Universidade de Brasília, coordenador do Laboratório de Psicologia do Trabalho e autor dos livros *Educação: carinho e trabalho; LER: diagnóstico, tratamento e prevenção; Saúde mental e trabalho: leituras; Indivíduo, trabalho e sofrimento psíquico nas organizações; O trabalho enlouquece?*

Sumário

Prefácio — VICENTE PAULO DA SILVA 11

PARTE I – CONSTRUÇÃO DO SISTEMA PÚBLICO DE EMPREGO E GESTÃO PARTICIPATIVA

CAPÍTULO 1 — A CONSTRUÇÃO DO SISTEMA PÚBLICO DE EMPREGO 17
REMÍGIO TODESCHINI

CAPÍTULO 2 — A EVOLUÇÃO DA GESTÃO TRIPARTITE NAS POLÍTICAS PÚBLICAS DE EMPREGO
E SUA CAPILARIDADE PARA ESTADOS E MUNICÍPIOS 33
REMÍGIO TODESCHINI

PARTE II – RETRATO DO ATENDIMENTO NO SISTEMA PÚBLICO DE EMPREGO, TRABALHO E RENDA

CAPÍTULO 3 — A DIFÍCIL MISSÃO DAS AGÊNCIAS PÚBLICAS DE EMPREGO 43
LÚCIA SORATTO; IONE VASQUES-MENEZES

CAPÍTULO 4 — O PERFIL DOS USUÁRIOS DO SINE E AS MUDANÇAS NO MERCADO DE
TRABALHO 57
LÚCIA SORATTO; IONE VASQUES-MENEZES

CAPÍTULO 5 — A IMPORTÂNCIA DO TRABALHO E OS EFEITOS DO DESEMPREGO 75
LÚCIA SORATTO; IONE VASQUES-MENEZES

CAPÍTULO 6 — AGENTES DE ATENDIMENTO DO SINE E CARACTERÍSTICAS DO TRABALHO E
DA CATEGORIA 93
IONE VASQUES-MENEZES; LÚCIA SORATTO

CAPÍTULO 7 — BURNOUT ENTRE OS FUNCIONÁRIOS DAS AGÊNCIAS PÚBLICAS DE EMPREGO .. 111
IONE VASQUES-MENEZES; LÚCIA SORATTO

CAPÍTULO 8 — PROPOSTA METODOLÓGICA DE ORIENTAÇÃO PARA O TRABALHO DAS AGÊNCIAS
PÚBLICAS DE EMPREGO 120
IONE VASQUES-MENEZES, LÚCIA SORATTO

PARTE III — DESAFIOS DO SISTEMA PÚBLICO DE EMPREGO

Capítulo 9 — Desafios do Sistema Público de Emprego no Processo de Municipalização ... 155
Dulce Cazzuni, Alexandre Guerra

Capítulo 10 — Desafios do Sistema Público de Emprego, Trabalho e Renda
— SPETR para o Movimento Sindical 162
Carlos Alberto Grana

Capítulo 11 — O Trabalhador Informal — Repensando sua Inserção nas Políticas
Públicas de Emprego e Renda 169
Maria Amélia Sasaki, Ione Vasques-Menezes

Capítulo 12 — Desafios das Cotas em Políticas Públicas de Emprego — Trabalho,
Constituição e Políticas Públicas de Cotas: a Efetividade dos Direitos Sociais
em uma Comunidade de Princípios 181
Marthius Sávio Cavalcante Lobato

Capítulo 13 — Agenda para o Sistema Público de Emprego, Trabalho e Renda no
Brasil do Século XXI 191
Wanderley Codo

ANEXOS

Anexo A 203

Anexo B 217

Anexo C 221

PREFÁCIO

É com muita alegria que faço este prefácio do livro *Desafios do Sistema Público de Emprego, Trabalho e Renda*, que tem como organizadores Remígio Todeschini, ex-Secretário de Políticas Públicas de Emprego do Ministério do Trabalho e Emprego — MTE e das pesquisadoras Ione Vasques-Menezes e Lúcia Soratto, do Laboratório de Psicologia do Trabalho — PST da Universidade de Brasília — UnB.

Recordo que tive a honra de representar o Congresso Nacional na abertura do II Congresso do Sistema Público de Emprego, Trabalho e Renda — SPETR em agosto de 2005, em Guarulhos-SP. Na ocasião da abertura do Congresso, enfatizei a necessidade de um SPETR voltado primordialmente para os que mais necessitavam e necessitam de oportunidades para incluírem-se socialmente e serem cidadãos ativos de fato.

O II Congresso do SPETR foi inédito, pois não existia consulta anterior aos atores sociais sobre políticas públicas de emprego desde a criação do SINE, na década de 1970. O Congresso, com participação de mais de 1.500 pessoas, teve a presença de gestores públicos dos estados e dos municípios, de empresários e representantes dos trabalhadores. Suas Resoluções e Conclusões (Anexo A deste livro) continuam válidas e deverão ser implementadas para que avancemos em um Sistema Público de Emprego universal e voltado para a inclusão social.

Reavivando minha memória, quando proferi discurso naquela abertura inesquecível, lembro que falava da atenção que o Sistema de Emprego em nosso país deve dedicar às populações mais vulneráveis: jovens, negros, portadores de deficiência, mulheres, desempregados com mais de 40 anos de idade, considerados muito velhos para trabalhar, porém muito jovens para se aposentar. O Sistema deve oferecer oportunidades de pequenos negócios, de crédito, para que tenhamos melhor distribuição de renda e reais oportunidades para todos.

Este livro está dividido em três partes. Na Parte I, *Construção do Sistema Público de Emprego e Gestão Participativa*, relata-se, em dois capítulos, o histórico e nascimento do Sistema Público de Emprego, bem como a criação do Conselho Deliberativo do Fundo de Amparo do Trabalhador — CODEFAT, com a Constituição de 1988 e as discussões dos dois Congressos do SPETR, acontecidos em 2004 e em 2005. Além disso, traça-se o desafio da gestão participativa no Sistema por meio do CODEFAT, de Conselhos Estaduais e Municipais de Emprego.

Na Parte II do livro, *Retrato do atendimento no Sistema Público de Emprego, Trabalho e Renda*, é feita uma análise considerando a pesquisa realizada pelo Laboratório de Psicologia do Trabalho da UnB, pelas pesquisadoras Ione Vasques-Menezes e Lúcia Soratto, a respeito do funcionamento do SPETR, nos anos de 2006 e 2007, em alguns estados da federação. Em seis capítulos são descritos os resultados da pesquisa quanto às dificuldades encontradas pelos servidores do SINE e aos obstáculos que os desempregados enfrentam, além de uma proposta metodológica de orientação para o futuro trabalho das Agências de Emprego.

A Parte III aborda visões de diferentes atores acerca dos *Desafios do Sistema Público de Emprego*. No primeiro capítulo desta parte, Dulce Cazzuni, Secretária de Desenvolvimento, Trabalho e Inclusão da Prefeitura de Osasco-SP, trata da municipalização do SPETR analisando as normativas atualmente existentes no CODEFAT. Carlos Alberto Grana, presidente da Confederação dos Metalúrgicos da CUT, no capítulo seguinte, traça a história e os debates ocorridos na CUT a respeito do SPETR e reitera a necessidade da continuação do diálogo social. As pesquisadoras Maria Amélia Sasaki e Ione Vasques--Menezes, no Capítulo 11, apresentam o grande desafio de inclusão dos trabalhadores informais no SPETR. No Capítulo 12, o advogado e professor Marthius Sávio Cavalcante Lobato faz uma análise jurídica e sociológica da efetividade dos direitos sociais abordando os desafios da implementação das cotas referentes a trabalhadores com deficiências e a outros grupos vulneráveis. Por último, o professor Wanderley Codo, coordenador do Laboratório de Psicologia do Trabalho da UnB, traça os grandes desafios que o SPETR deverá enfrentar no século XXI.

A reflexão das políticas públicas de Emprego, Trabalho e Renda e a pesquisa aqui relatada garantirão a continuidade da discussão de avaliação e do aperfeiçoamento do SPETR. A Comissão de Trabalho, Administração e Serviço Público da Câmara dos Deputados estará atenta a essas discussões. Sabemos da necessidade de aperfeiçoar os instrumentos legais dessa ação política tão primordial que é o Emprego e a Renda. Esperamos efetivar as Resoluções tão importantes dos Congressos do SPETR em diálogo permanente com o CODEFAT, o MTE e toda a sociedade brasileira.

Desejo boa leitura a todos!

Vicente Paulo da Silva
Deputado Federal-SP (PT)
Vice-Presidente da Comissão de Trabalho,
Administração e Serviço Público da Câmara dos Deputados

PARTE I

CONSTRUÇÃO DO SISTEMA PÚBLICO DE EMPREGO E GESTÃO PARTICIPATIVA

Construção do Sistema Público de Emprego e Gestão Participativa

A primeira parte deste livro descreve os primórdios da construção dos serviços públicos de emprego, conforme convenções e resoluções da Organização Internacional do Trabalho — OIT. Relata o início dos serviços públicos de emprego nos anos 70, com a constituição do Sistema Nacional de Emprego — SINE. Aborda a construção de fato do Sistema Público de Emprego com a Constituição de 1988 e a criação do Fundo de Amparo ao Trabalhador — FAT, com sua gestão tripartite por meio do Conselho Deliberativo do Fundo de Amparo ao Trabalhador.

Relata ainda a experiência inédita no Brasil de consulta e discussão com os atores sociais dessa temática, quando foram realizados os dois Congressos do Sistema Público de Emprego, Trabalho e Renda com participação ativa de gestores de estados, municípios, centrais sindicais e representações empresariais, nos anos de 2004 e 2005. Com base nas Resoluções do II Congresso (Anexo A), são apresentadas as principais diretrizes e ações para a construção de fato de um Sistema Público de Emprego, Trabalho e Renda — SPETR.

Por último, descreve-se o atual momento de participação das Comissões Estaduais e Municipais de Emprego na gestão do Sistema, tendo em vista que o avanço da construção do SPETR depende muito da participação ativa dos atores sociais nessas políticas, nos respectivos territórios.

Capítulo 1

A Construção do Sistema Público de Emprego

Remígio Todeschini

1. Histórico e evolução do sistema público de emprego

A proteção aos desempregados foi uma das preocupações centrais da Organização Internacional do Trabalho — OIT, em 1919, por ocasião de seu surgimento, em face da grave crise de emprego existente no início do século XX. A II Convenção da OIT, de 1919, estabeleceu que, além da necessidade de os países-membros darem proteção aos desempregados (seguro contra o desemprego), deveriam oferecer-lhes serviços de intermediação de mão de obra (com agências públicas de colocação). A partir daí, nos diversos países-membros, começaram a surgir os Serviços Públicos de Emprego com o intuito de reforçar ações e programas de assistência ao desempregado, intermediação de mão de obra, informações e estatísticas sobre o mercado de trabalho e qualificação profissional — as chamadas funções tradicionais dos Serviços Públicos de Emprego (RICCA, 1995).

A Convenção n. 88/48 deu grande impulso na constituição de Serviços Públicos de Emprego na maioria dos países-membros da OIT, principalmente nos países centrais, em vista das políticas de pleno emprego e um incremento substancial das políticas de bem-estar, a partir dos anos gloriosos do capitalismo (HOBSBAWM, 1995). Novas funções e inovações nos serviços públicos de emprego ocorreram a partir dos anos 1970 nos países centrais, conforme relatado por Thuy, Hansen e Price, técnicos da OIT, em 2001.

Tardiamente, o Brasil veio de fato incrementar os vários programas e ações dos serviços públicos de emprego. As leis já declaravam, desde a Constituição de 1934, a proteção aos desempregados sem justa causa, sendo que a Constituição de 1946 inscreveu a assistência aos desempregados no Título V da Ordem Econômica e Social. Nos anos 1940, criou-se uma estrutura paralela de educação profissional, financiada pelo Estado e sob a administração dos empresários do setor de Comércio e Indústria, para a aprendizagem profissional de jovens e qualificação dos trabalhadores da indústria e comércio

[Serviço Nacional de Aprendizagem Industrial — SENAI e Serviço Nacional de Aprendizagem do Comércio — SENAC. Somente 20 anos mais tarde, é que a Lei n. 4.923 de 1965 normatizou o auxílio-desemprego para os desempregados por motivo de fechamento parcial ou total de uma empresa de forma muita restrita.

A intermediação de mão de obra é que foi o marco da constituição de serviços públicos de emprego no País, com a edição do Decreto n. 76.409 de outubro de 1975, quase 30 anos depois da convenção da OIT em 1988. A partir desse decreto, o Ministério do Trabalho e Emprego iniciou convênios descentralizados com as Secretarias Estaduais de Trabalho para a execução da intermediação, conforme relatado no Termo de Referência para o Sistema Nacional de Emprego — SINE, de 2002.

O seguro-desemprego, diante da crise do petróleo, processo recessivo e desemprego estrutural no início dos anos 1980 (AZEREDO, 1998) veio a ser universalizado para os desempregados formais, de forma fragmentada (SINEs, DRTs[1] e Correios) sem qualquer integração com a intermediação de mão de obra ou encaminhamentos para a qualificação profissional, por meio do Decreto-Lei n. 2.284/86.

Com a Constituição Federal de 1988, o Programa de Integração Social — PIS, do setor privado, e o PASEP, dos servidores públicos, foram a base para a criação do Fundo de Amparo do Trabalhador — FAT[2] e a institucionalização do Conselho Deliberativo do Fundo de Amparo do Trabalhador — CODEFAT, definindo a partir dos anos 1990 o conjunto de políticas de emprego e do Sistema Público de Emprego por meio de centenas de resoluções[3]. O FAT foi garantido constitucionalmente pelo art. 239, disponibilizando 40% dos recursos para o BNDES para investimentos no setor produtivo, assistência aos desempregados e instituição do Abono Salarial de um salário mínimo aos trabalhadores que ganhassem até dois salários mínimos. As Leis ns. 7.998/90 e 8.900/94 definiram as ações do Programa do seguro-desemprego prevendo orientação, recolocação e qualificação para auxiliar os trabalhadores na busca de emprego, fortalecendo assim os Serviços Públicos de Emprego. Essa legislação foi, portanto, o embrião do Sistema Público de Emprego, Trabalho e Renda — SPETR no Brasil.

---

(1) As antigas Delegacias Regionais do Trabalho (DRTs) atualmente são chamadas de Superintendências Regionais do Trabalho (SRTs).
(2) O FAT é um fundo de recursos (*funding*) fruto da arrecadação do PIS e PASEP que, além de manter os programas do Sistema Público de Emprego, disponibiliza empréstimos para o setor produtivo em geral e BNDES.
(3) As Resoluções do CODEFAT podem ser consultadas na página da rede mundial de computadores do Ministério do Trabalho e Emprego. Disponível em: <www.mte.gov.br>.

Em 1995, a Caixa Econômica Federal atendia a 45% das demandas do seguro-desemprego, as DRTs 34% e os SINEs 21% (AZEREDO, 1998). Caixa Econômica e DRTs só habilitavam para o seguro-desemprego, o SINE fazia a habilitação e a intermediação de mão de obra e algumas ações de qualificação profissional. A tônica nessa prestação de serviços não era a integração de ações entre os vários operadores, sendo o seguro-desemprego a prestação predominante.

Em 1995 e 1996, diversas resoluções do CODEFAT reforçaram a gestão participativa dos estados e municípios com a criação das Comissões Estaduais e Municipais de Emprego. Recursos do FAT foram destinados para a intermediação de mão de obra nos estados (Resolução CODEFAT n. 45/93) e Centrais Sindicais (Resolução CODEFAT n. 197/98). Foi criado o Plano Nacional de Formação Profissional (Planfor), com repasse de recursos para os Estados e Centrais Sindicais (Resolução CODEFAT n. 126/96) e criado o Proger Urbano (Resolução CODEFAT n. 54/94) com investimentos para geração de emprego e renda. Esses programas foram desenhados e geridos de modo não integrado, até porque no Ministério do Trabalho existiam duas gestões separadas na operacionalização desses programas. Essa não integração permaneceu mesmo com a unificação na Secretaria de Políticas de Emprego e Salário das antigas Secretarias de Formação Profissional e de Emprego e Salário em 1999. Interessante observar que o Departamento de Emprego e Salário, ex-Secretaria de Políticas de Emprego e Salário, a partir de 1999 até final de 2002, ficou subordinado diretamente à Secretaria Executiva do Ministério, por portaria interna do ministro da época, de dúbia legalidade, sendo que o Secretário de Políticas Públicas de Emprego, de fato, comandava tão somente o Departamento de Qualificação Profissional. Não houve verdadeiramente um comando unificado para que as ações do Sistema Público de Emprego fossem, de fato, integradas. Ocorreu redução drástica dos recursos de qualificação profissional, no ano de 2002, em razão do contingenciamento de recursos no Ministério do Trabalho e Emprego e aos desvios desses recursos que, desde aquela época, foram objeto de diversas Tomadas de Contas Especiais — TCEs[4] tanto na execução do Planflor, por parte de Secretarias de Trabalho, quanto nas entidades sindicais e da sociedade civil.

A partir de 2003, com a unificação de fato e sob gestão única da Secretaria de Políticas Públicas de Emprego no novo governo e as decisões tripartites do CODEFAT, foram reorganizados os programas de intermediação (Resoluções

---

(4) Em setembro de 2006, estavam em curso Tomadas de Contas Especiais de 40 convênios e contratos, do período de 1996 a 2002, relativas ao Planflor do Governo FHC, que totalizavam 463 milhões de recursos a comprovar e sob investigação.

CODEFAT ns. 318, 321 e 376/03 e 377/04) com atenção maior aos grupos vulneráveis e busca de integração com o seguro-desemprego e qualificação, geração de emprego, criando-se o novo Plano Nacional de Qualificação — PNQ. A qualificação social e profissional do PNQ (Resolução CODEFAT n. 333/03) foi instituída com carga horária média mínima de 200 horas e integração com as demais ações do sistema público de emprego entre outras exigências[5].

Na Tabela 1, demonstra-se o acerto das Resoluções do CODEFAT relativas à intermediação (SINE) quanto ao atendimento dos grupos mais vulneráveis, num comparativo feito entre os anos 2000 e 2002 e 2003 e 2005:

Tabela 1 — Jovens, mulheres e trabalhadores, com mais de 40 anos, colocados pelo SINE

Público	2000 a 2002	2003 a 2005	Acréscimo %
Jovens de 16 a 24 anos, até o ensino médio.	445.653	587.658	32 %
Mulheres, até o ensino médio.	199.412	227.355	14 %
Trabalhadores com mais de 40 anos, até o ensino fundamental.	150.741	180.945	20 %
Total	795.806	995.958	25 %

Na Tabela 1, mostra-se na coluna dos percentuais (%) o acréscimo entre os anos de 2000 a 2002 e 2003 a 2005, cerca de 25%.

Na Figura 1, também se faz um comparativo de atendimento de grupos mais vulneráveis do Sistema de Emprego nas ações de Qualificação Social e Profissional do PNQ, conforme Resolução n. 333 do CODEFAT, mostrando que, comparativamente à população economicamente ativa, mulheres, negros, pardos, indígenas e jovens tiveram uma ação proporcional mais ativa da qualificação profissional.

---

(5) Uma análise detalhada da Resolução n. 333 do novo Programa Nacional de Qualificação e seus antecedentes pode ser vista em: *Qualificação no sistema público de emprego;* uma análise das resoluções do Codefat professor Antonio Almerico Biondi Lima. In: *Políticas públicas de emprego:* as 500 resoluções do CODEFAT. Brasília: MTE, CODEFAT, SPPE, 2006. p. 37 a 47. v. I.

Figura 1 — Plano Nacional de Qualificação — PNQ. Atendimento de grupos vulneráveis comparativamente à População Economicamente Ativa — PEA

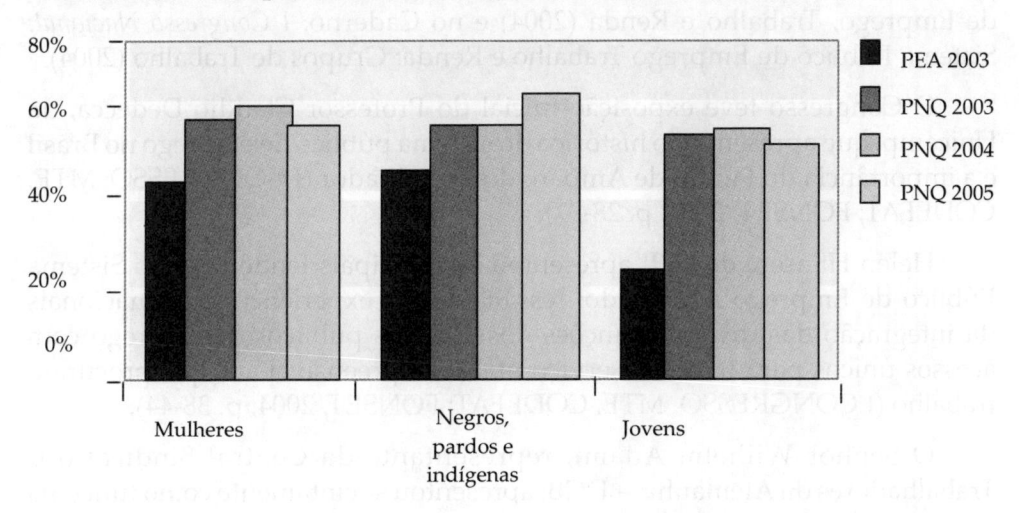

[Gráfico de barras com categorias: Mulheres, Negros, pardos e indígenas, Jovens. Legenda: PEA 2003, PNQ 2003, PNQ 2004, PNQ 2005. Eixo vertical: 0% a 80%.]

Tudo isso foi a base para que houvesse com os atores sociais o aprofundamento das discussões sobre o Sistema Público de Emprego, Trabalho e Renda — SPETR. Foram visualizados os problemas das diversas ações do Sistema Público de Emprego e feitas propostas para realizar de forma conjunta e integrada entre Ministério do Trabalho e Emprego, Secretarias Estaduais de Trabalho, por meio do Fórum Nacional dos Secretários do Trabalho — FONSET, CODEFAT, representações de trabalhadores e empresários, o I e II Congressos do Sistema Público de Emprego, Trabalho e Renda. Um diálogo social, histórico e único no país em vista da construção de um Sistema Público de Emprego, Trabalho e Renda integrado, descentralizado e participativo.

2. I Congresso do Sistema Público de Emprego, Trabalho e Renda

Numa ação conjunta entre Ministério do Trabalho e Emprego, Fórum Nacional dos Secretários de Trabalho — FONSET, CODEFAT e as representações de trabalhadores e Empresários ocorreu entre 1º e 3 de dezembro de 2004, na cidade de Guarulhos-SP, o I Congresso do Sistema Público de Emprego Trabalho e Renda.

O objetivo geral do Congresso, na gestão do ministro Ricardo Berzoini, foi colher e gerar informações e sugestões sobre a reestruturação do Sistema Público de Emprego tendo como preocupação central a integração e a articulação das ações e programas existentes. Gerar propostas para melhor definição de competências entre os entes federativos, definir com mais propriedade as atribuições dos atores sociais, além de reforçar a gestão participativa do Sistema.

As exposições, os trabalhos de grupo e a resolução final foram publicados pelo MTE, FONSET e CODEFAT no livro: *I Congresso Nacional:* Sistema Público de Emprego, Trabalho e Renda (2004) e no Caderno: *I Congresso Nacional:* Sistema Público de Emprego Trabalho e Renda: Grupos de Trabalho (2004).

O Congresso teve exposição inicial do Professor Claudio Dedecca, da Unicamp, que apresentou o histórico do sistema público de emprego no Brasil e a importância do Fundo de Amparo do Trabalhador (I CONGRESSO. MTE, CODEFAT; FONSET, 2004, p. 28-37).

Helen Hansen, da OIT, apresentou as principais tendências do Sistema Público de Emprego no Mundo, ressaltando as experiências internacionais da integração das diversas funções dos serviços públicos de emprego com acessos únicos para tornar o serviço mais compreensível aos que procuram trabalho (I CONGRESSO. MTE, CODEFAT; FONSET, 2004, p. 38-44).

O Senhor Wilhelm Adami, representante da Central Sindical dos Trabalhadores da Alemanha— DGB, apresentou sucintamente como funciona o Sistema Público de Emprego na Alemanha. Ressaltou a gestão tripartite no sistema em todos os níveis: nacional, regional e local. O acompanhamento dos Conselhos Regionais no sistema de emprego é fundamental para a boa aplicação dos recursos públicos (I CONGRESSO. MTE, CODEFAT; FONSET, 2004, p. 44-49).

Jacques Freyssinet, professor e ex-presidente da Agência Nacional de Emprego na França, enfatizou em sua palestra a importância de políticas amplas de emprego, sendo o Estado o estimulador das atividades econômicas para que os serviços públicos de emprego possam fornecer em quantidade e qualidade a força de trabalho necessária para acompanhar e aumentar o desempenho da economia. Analisou o funcionamento dos serviços públicos de emprego na Europa Ocidental e a relação dos serviços públicos de emprego com as agências privadas de emprego (I CONGRESSO. MTE, CODEFAT; FONSET, 2004, p. 50-59).

Por parte do Ministério do Trabalho e Emprego, o Secretário de Políticas Públicas de Emprego apresentou o quadro de funcionamento do Sistema Público de Emprego, bem como um balanço geral de atividades e ressaltou o esforço que vem sendo feito desde 2003 para a integração das ações do Sistema Público de Emprego, em vista de sua construção integrada, participativa e descentralizada. Apresentou, ainda, o quadro dos operadores do sistema: secretarias, municípios, centrais sindicais, DRTs, Bancos Públicos e ONGs com diversas sobreposições. Foram estabelecidos os pressupostos para a construção de fato do Sistema Público de Emprego, Trabalho e Renda: (a) sistema informatizado único nacional com a integração de todas as ações; (2) sistema com identidade nacional única; (3) ampliação da gestão tripartite; (4) repactuação do sistema, com maior capilaridade e melhor definição de competências entre os entes federativos, operadores e atores do SPE; (5) aperfeiçoamento do marco legal; (6) fortalecimento do orçamento do FAT mediante ampliação de verbas para todas as funções do sistema (I CONGRESSO. MTE, CODEFAT; FONSET, 2004, p. 60-75).

Carlos Alberto Grana, na mesa referente à visão dos trabalhadores sobre o Sistema Público de Emprego, como representante da Central Única dos Trabalhadores — CUT no CODEFAT, abordou o tema da gestão tripartite em todos os níveis. Criticou a homologação que as Comissões Estaduais e Municipais de Emprego fazem dos planos de trabalho elaborados pelas Secretarias de Trabalho, sem discussão aprofundada por parte dos atores sociais. Defendeu, em nome dos trabalhadores, a integração das políticas públicas de emprego, a participação dos trabalhadores na gestão do Sistema S. Considerou importante o esforço de integração feito pelo atual governo em superar as várias sobreposições existentes, como, por exemplo, na cidade de São Paulo onde o Ministério do Trabalho e Emprego tem quatro convênios com atores diferentes (I CONGRESSO. MTE, CODEFAT, FONSET, 2004, p. 76-81).

Simone Saísse, representando a Confederação Nacional da Indústria — CNI, apresentou a visão dos empresários e considerou válido o esforço feito pelo CODEFAT na discussão e no planejamento de políticas de emprego. Discorreu sobre a necessidade de o Sistema de Emprego ser mais eficiente, podendo ser operado por atores privados, além de não descuidar da questão fiscal e da melhor prestação possível de serviços aos trabalhadores. Falou da necessidade de um Sistema Público de Emprego inclusivo e da superação das dificuldades que as pequenas empresas enfrentam na formalização dos empregos em razão dos excessos de nosso sistema regulatório. Criticou o seguro-desemprego só para os formais, alertando para a necessidade de esse benefício atender o conjunto dos trabalhadores (I CONGRESSO. MTE, CODEFAT; FONSET, 2004, p. 82-84).

Na representação do Fórum Nacional dos Secretários de Trabalho — FONSET, o Secretário de Trabalho do Rio de Janeiro, Marco Antonio Lucide, discorreu sobre as ações empreendidas pelos estados no Sistema Público de Emprego, como principal agente. Propôs a criação de Observatórios de Emprego e Renda nos estados. Cobrou flexibilidade no repasse de recursos, ampliação das pesquisas de emprego e desemprego para as demais capitais, além da melhor qualificação das Comissões Estaduais de Emprego. Sugeriu aos congressistas o percentual de 10% dos recursos primários do FAT para as ações do Sistema, quando as taxas de desocupação fossem de 10% ou mais, e de 8% quando as taxas de desemprego fossem menores que 10%. Entre outras sugestões, reforçou a necessidade de desenvolver a economia solidária e os arranjos produtivos locais (I CONGRESSO. MTE, CODEFAT; FONSET, 2004, p. 85-94).

Francisco José de Oliveira, Secretário de Desenvolvimento da cidade de Recife, representou os grandes municípios. Ressaltou a necessidade de os municípios integrarem-se ao Sistema Público de Emprego, pois é o local onde vivem os cidadãos. Reiterou a necessidade de as comissões estaduais e municipais serem mais ativas e não meras organizações homologadoras das ações dos gestores públicos. Enfatizou a experiência de Recife em criar o Centro Público de Trabalho e Renda, articulando qualificação com política de emprego e renda, com conselho local de gestão. Ressaltou a necessidade de integração de ações em todos os níveis, inclusive com o Sistema S. Defendeu a criação de um Sistema Único do Trabalho (I CONGRESSO. MTE, CODEFAT; FONSET, 2004, p. 95-100).

Houve, no último dia do congresso, trabalho em grupo no qual se reuniram as regiões e os grupos temáticos de intermediação de mão de obra, qualificação profissional e políticas para a juventude (I CONGRESSO. MTE, CODEFAT; FONSET, 2004, p. 100-115) cujas conclusões constituíram a base material de discussão para os Congressos Regionais do II Congresso do SPETR.

No I Congresso, concluído em 3 de dezembro de 2004, na cidade de Guarulhos-SP, em suas resoluções finais, observou-se a necessidade de aprofundamento dos seguintes temas para o II Congresso a fim de fortalecer o Sistema Público de Emprego, Trabalho e Renda: (1) consolidação de um Sistema Público de Emprego integrado e articulado, combinando desenvolvimento econômico, proteção social e políticas de geração de emprego, trabalho e renda; (2) maior integração das funções do Sistema Público de Emprego na busca de emprego, trabalho e renda das populações desempregadas e excluídas; (3) fortalecimento das instâncias tripartites em todos os níveis. Busca da preferência por grupos vulneráveis, ampliando a capilaridade do sistema, além do aprimoramento das funções e competências entre os entes federativos; (4) fortalecimento do FAT como Fundo do Sistema Público de Emprego e ampliação dos orçamentos das funções do sistema, notadamente, de qualificação profissional e intermediação de mão de obra (I CONGRESSO. MTE, CODEFAT; FONSET, 2004, p. 122-123).

3. II CONGRESSO DO SISTEMA PÚBLICO DE EMPREGO, TRABALHO E RENDA

A organização do II Congresso foi precedida por um termo de referência sobre os objetivos, temas a serem debatidos e estrutura de participação dos atores sociais e governo (II CONGRESSO. MTE, CODEFAT; FONSET, 2005, p. 354-362) acordado entre o Ministério do Trabalho e Emprego, por meio da Secretaria de Políticas Públicas de Emprego — SPPE, CODEFAT e FONSET. Estabeleceu-se a participação proporcional e tripartite. As entidades governamentais nos níveis federal, estadual e municipal, contaram com um terço de participantes nos congressos regionais e nacional. A representação dos trabalhadores, em função da representatividade das centrais e representantes dos trabalhadores nas Comissões Estaduais e Municipais de Emprego, contou também com um terço de representação, assim como as representações empresariais. O total de participantes desse processo, entre os Congressos Regionais e Nacional e observadores foi de 1500 pessoas, um fato histórico importante de diálogo social de políticas de emprego, pioneiro no Brasil, reforçador dos princípios democráticos, com ativa participação dos atores sociais, desde a criação do SINE em 1975.

Cada um dos Congressos Regionais: Nordeste, Norte, Centro Oeste, Sul e Sudeste, realizados entre os meses de junho e agosto de 2005, teve a apresentação do texto-base, síntese das discussões das conferências e dos grupos de trabalho do I Congresso (II CONGRESSO. MTE, CODEFAT; FONSET, 2005, p. 19-35).

Em cada congresso regional, foi apresentado pela Unicamp um balanço das ações do sistema de emprego das diversas regiões com amplo debate entre os participantes e, na sequência, os congressistas em trabalho de grupo fizeram adendos e supressões no texto-base referente às discussões do I Congresso que foram registradas nos Anais do II Congresso (II CONGRESSO. MTE, CODEFAT; FONSET, 2005, p. 37-258).

O FONSET e a Central Única dos Trabalhadores (CUT) apresentaram, durante os congressos regionais, propostas escritas para discussão que foram referendadas, em parte, no documento final.

O II Congresso Nacional realizou-se entre 24 e 26 de agosto de 2005 com abertura no dia 24 de agosto, feita pelo ministro Luiz Marinho, na qual declarou que a questão do emprego era uma preocupação prioritária do Presidente Lula. Informou que os recursos do FAT para o financiamento de empresas foram duplicados, fazendo também um balanço das principais atividades das ações do sistema de emprego no período de 2003 a 2005. Enfatizou a necessidade de se construir de fato um Sistema Público de Emprego, Trabalho e Renda integrado e participativo e que os resultados do Congresso pudessem aperfeiçoar a legislação existente do Sistema de Emprego no Brasil (II CONGRESSO. MTE, CODEFAT; FONSET, 2005, p. 260- 263).

No dia 25 de agosto, foi apresentado pelo Professor Dedecca, da Unicamp, um quadro geral do Sistema Público de Emprego no Brasil e principais desafios (II CONGRESSO. MTE, CODEFAT; FONSET, 2005, p. 273-290). Na sequência, o Secretário de Políticas Públicas de Emprego apresentou as principais resoluções sistematizadas dos Congressos Regionais contidas no texto-base do II Congresso que foram objeto de discussão e de aprovação pela plenária (II CONGRESSO. MTE, CODEFAT; FONSET, 2005, p. 291-306).

A plenária, realizada na tarde do dia 25 de agosto, foi bastante acalorada. Houve receio, por parte da bancada dos empresários, de que as questões relativas ao Sistema S[6] fossem objeto de deliberação direta daquele congresso em face das diversas cobranças feitas pela bancada dos trabalhadores, principalmente, quanto à gestão tripartite do Sistema S. Houve consenso entre os participantes, com base no Regimento Interno da Plenária (parágrafo único do art. 2º do Regimento), de que as questões referentes ao Sistema S seriam apresentadas de forma consensualizada entre as bancadas. (II CONGRESSO. MTE, CODEFAT; FONSET, 2005, p. 340-341).

Depois de um amplo debate, concluído na manhã do dia 26, foram aprovadas as resoluções[7], fazendo-se na introdução um histórico do sistema público de emprego no Brasil, bem como um balanço das principais atividades do sistema no período de 1990 a 2005. Nas resoluções finais, foram definidos princípios, conceitos e funções para a construção integrada e participativa do sistema público de emprego, trabalho e renda. Estabeleceu-se a integração e a articulação das funções básicas e complementares (seguro-desemprego, qualificação profissional, intermediação, orientação profissional, certificação profissional, informações do mercado de trabalho, fomento a programas de geração de emprego) no Sistema Público de Emprego, Trabalho e Renda — SPETR, integração das políticas de emprego para a Juventude com o SPETR. Definiram-se as necessidades de um sistema informatizado integrado em todas as funções do SPETR, além da atualização da legislação do SPETR e a repactuação das competências entre atores e executores do SPETR (estados, grandes municípios, centrais sindicais e Delegacias Regionais do Trabalho — DRTs. Foi enfática a decisão dos atores, do II Congresso, quanto ao fortalecimento da gestão tripartite em todos os níveis (nacional, estadual, municipal e âmbito de atendimento dos serviços). Ressaltou-se também a integração do SPETR com Políticas Públicas de Emprego, Trabalho e Renda e Políticas de desenvolvimento, visando à diminuição da informalidade e à inclusão de grupos vulneráveis. Percebeu-se a necessidade de maior integração de ações do SPETR com Políticas de Educação Regular e Profissional e com o Sistema S, Escolas Técnicas Federais e Escolas Agrotécnicas. Unânime foi a decisão de fortalecimento orçamentário do SPERT por meio do FAT e, por fim, foi constituída uma Comissão de 31 representantes de governos, empresários, trabalhadores e da sociedade civil, definida no regimento interno da plenária do II Congresso, com vista aos encaminhamentos da matriz institucional do SPETR para deliberação do CODEFAT e construção de propostas de

---

(6) Sistema S é o Sistema de Assistência Social e de formação profissional formado pelas principais agremiações empresariais, com recursos públicos recolhidos da folha de pagamento das empresas. Atualmente são: SENAI e SESI, vinculados à Indústria; SENAC e SESC vinculados ao Comércio; SENAT e SEST vinculados ao setor de transportes; SENAR vinculado à Agricultura e SESCOOP vinculado ao setor de cooperativas.

(7) As Resoluções integrais do II Congresso do SPETR estão no Anexo A deste livro.

aperfeiçoamento da legislação do SPETR (II CONGRESSO. MTE, CODEFAT; FONSET, 2005, p. 307-321).

A matriz institucional do SPETR, aprovada pela Comissão dos 31, na primeira semana de dezembro, foi o documento-base que, a partir das resoluções do II Congresso, embasaram a Resolução histórica n. 466 do CODEFAT de 21 de dezembro de 2005 (II CONGRESSO. MTE, CODEFAT; FONSET, 2005, p. 323-335).

As principais diretrizes definidas, com base nos pressupostos do II Congresso, foram as seguintes: (I) *Políticas e Programas*: (a) O Ministério do Trabalho e Emprego estabelecendo as diretrizes básicas das políticas básicas e complementares do SPETR; (b) As diversas ações organizadas em dois tipos: uma de natureza continuada e articulada; e outra de natureza específica com duração e objetivos limitados temporalmente; (II) *Distribuição de competências*: (a) MTE e CODEFAT coordenando e ordenando o SPETR; (b) DRTs orientando, apoiando e supervisionando as ações públicas de emprego; (c) Conselhos Estaduais e Municipais de Emprego elaborando e acompanhando a execução do Plano Estadual do SPETR; (d) Secretarias Estaduais e Municipais (grandes municípios) executando o SPETR com ações complementares das DRTs; (e) CODEFAT, FONSET, MTE e grandes municípios elaborando proposta de aperfeiçoamento da legislação prevendo recursos permanentes para o SPETR; (III) *Instrumentos e ações estratégicas:* (a) O SPETR terá como referência os Centros Públicos Integrados de Emprego, Trabalho e Renda — CIETs, como espaço de integração de políticas; (b) capacitação dos funcionários do SPETR, gestores estaduais e municipais e conselheiros das Comissões Estaduais e Municipais; (c) construção de um Banco de Dados Único; (d) fortalecimento do Observatório Nacional do Mercado de Trabalho e criação de Observatórios regionais do mercado de trabalho para a construção do banco de dados único e estudos sobre o mercado de trabalho; (e) controle e avaliação gerencial permanentes em seus vários níveis, bem como avaliações externas independentes; (f) institucionalização das conferências nacionais, estaduais e municipais do SPETR e dos conselhos estaduais e municipais de emprego; (IV) *Cadastramento e atendimento ao trabalhador nos Centros Públicos Integrados de Emprego, Trabalho e Renda — CIETs:* (a) CIETs dando acesso universal aos cidadãos e atendimento especial aos grupos vulneráveis; (b) CIETs como espaços de integração das políticas e tendo como referência os Convênios Únicos aprovados; (c) CIETs submetidos a um Conselho Gestor com estrutura tripartite e paritária que acompanhará seu desempenho, de abrangência municipal, intermunicipal e regional, podendo ter subconselhos nos grandes municípios; (V) *Convênios e Planos:* (a) as ações continuadas serão implementadas por meio do Convênio único e as ações específicas via convênio específico; (b) os convênios únicos serão estabelecidos com estados e grandes municípios de forma contínua; (c) o convênio específico atenderá a demandas exclusivas de determinada região, setor ou público prioritário, limitadas temporalmente e celebradas com estados, municípios, organizações governamentais e não governamentais; (d) O Plano Estadual Anual de Ações é a base de elaboração do Convênio Único, explicitando a distribuição regional das ações, postos de atendimento e aplicação de recursos do SPETR (II CONGRESSO. MTE, CODEFAT; FONSET, 2005, p. 323-332).

4. APROVAÇÃO DA RESOLUÇÃO N. 466/05 DO CODEFAT E O SPETR

As resoluções do II Congresso do SPETR e a matriz institucional definiram a formatação da Resolução n. 466/05 do CODEFAT. O grande passo dado foi a integração das ações nos territórios dos estados e grandes municípios, com a incorporação dos convênios nacionais das centrais sindicais dos estados e grandes municípios onde atuavam. A votação da resolução que definiu o novo desenho do SPETR teve oito votos favoráveis e dois contrários[8]. É que prevalecia ainda, residualmente, a visão corporativista de segmentos isolados, diferente do que foi consensualizado pelos representantes empresariais e pelos trabalhadores no II Congresso do SPETR, em integrar e tornar os convênios mais públicos e transparentes para a sociedade, com a participação mais ativa dos atores sociais na gestão do SPETR. Estabeleceu-se de fato, com essa decisão histórica, que os atores sociais representados no CODEFAT definissem nesse âmbito políticas gerais e públicas e não pleiteassem e negociassem diretamente convênios para suas entidades representativas. Foi a iniciativa de separar o público e o privado, sendo que os convênios de particulares deveriam estar subordinados a uma rede pública, quer estadual quer municipal. As experiências de gestores privados sem fins lucrativos deveriam estar subordinadas à gestão pública dos estados e municípios, permitindo que as entidades privadas, quer sindicais, quer de outra natureza, sem fins lucrativos pudessem, mediante contratos ou convênios, colaborar na gestão do Sistema.

Além da decisão política do II Congresso, havia também deliberações e recomendações do Tribunal de Contas da União — TCU quanto à busca de alternativas para a continuidade do atendimento dos trabalhadores em virtude do não repasse de recursos de convênios com as Centrais Sindicais e FIESP em razão de irregularidades cometidas na gestão do antigo Planflor no governo de Fernando Henrique (1994-2002). O Acórdão n. 851/03 do TCU determinava a suspensão de recursos às Centrais Sindicais e à FIESP, enquanto não se concluísse o reexame de contas referente ao Plano Nacional de Formação Profissional — Planfor, do período de 1999 a 2002. Também determinou no Acórdão n. 1.613/05 que o Ministério do Trabalho e o CODEFAT buscassem alternativas para a continuidade dos atendimentos aos trabalhadores por causa

---

(8) Conferir a Ata da 86ª Reunião Ordinária do CODEFAT que está disponível em: <www.mte.gov.br/Trabalhador/FAT/Codefat/Atas/2005/Conteudo/86.asp>.

da proibição dos repasses às Centrais e à FIESP. Em 14.9.2005, em comunicação ao Plenário, em face da representação do Procurador-Geral do Ministério Público no TCU, o Tribunal determinou medida cautelar referente ao Acórdão n. 851/03 comunicando que a suspensão às Centrais e à FIESP referia-se exclusivamente aos recursos oriundos do Planfor e não do Plansine (convênio de intermediação de mão de obra com as Centrais Sindicais). Isso possibilitou o término da execução dos convênios diretos com as centrais sindicais até março de 2006, sendo que no final de março iniciaram-se convênios com estados e municípios com mais de 300 mil habitantes para dar continuidade aos convênios antes realizados diretamente com as centrais sindicais. No Acórdão n. 249/06, de março de 2006, entendeu novamente o TCU que o repasse de recursos às Centrais e à FIESP referia-se aos programas sobre gestão do MTE, suspendendo, nesse momento, o repasse direto do Ministério do Trabalho para entidades sindicais, quer empresariais, quer de trabalhadores.

A Resolução n. 466/05[9] veio reafirmar a integração das ações e das funções do SPETR conforme art. 2º da Lei n. 8.900/94. Como instrumento dessa integração, em suas considerações iniciais, ampliou a atribuição dos Postos de Emprego dos SINEs, para os Centros Públicos Integrados de Emprego, Trabalho e Renda. Criou, no art. 1º, o Plano Plurianual Nacional e Estadual do SPETR. Reafirmou, no art. 2º, o papel de o Ministério do Trabalho e Emprego coordenar e estabelecer as normas nacionais que organizam o funcionamento do sistema. Criou o Convênio Único para as funções integradas do SPETR para os estados e prefeituras com mais de 300 mil habitantes (art. 4º). Permitiu a estados e municípios a celebração de contratos com entidades sem fins lucrativos em seus territórios, com rede informatizada e integrada entre os executores no mesmo território (art. 4º, § 2º). Definiu a distribuição de recursos em critérios de necessidades do mundo do trabalho e das respectivas populações economicamente ativas (art. 4º, § 5º). Definiu o convênio específico para ações limitadas temporalmente numa região, setor ou público prioritário, com organizações governamentais, não governamentais e organizações sindicais (art. 5º). Estabeleceu que, na definição do Plano Estadual Anual de Ação do SPETR, a Comissão Estadual de Emprego deveria deliberar sobre o Plano e quando se tratasse de municípios com mais de 300 mil habitantes com convênio único, estes teriam suas ações incorporadas no Plano Estadual Anual de Ações. A decisão de incorporação desses planos dos grandes municípios deveria ser feita em sessão conjunta entre a Comissão Estadual de Emprego e um representante de cada uma das bancadas das respectivas Comissões Municipais (arts. 6º e 7º). No ano de 2006, excepcionalmente, a fim de dar

---

(9) A íntegra da Resolução n. 466/05 do CODEFAT está no Anexo B deste livro.

agilidade aos convênios únicos com os estados e municípios que incorporaram os serviços das Centrais Sindicais, o CODEFAT, por meio da Resolução n. 475/06, permitiu o *ad referendum* ou decisão direta do presidente da Comissão Estadual ou Municipal de Emprego para a aprovação dos Planos de Trabalho naqueles territórios.

A fim de atender ao disposto na Resolução n. 466/05, o presidente do CODEFAT, em despacho de 13.2.2006, aprovou o Termo de Referência para a elaboração do Plano Plurianual do SPETR, com definição precisa de objetivos, público prioritário, indicadores de cada uma das ações e funções do SPETR. A Resolução n. 477/06 aprovou o Termo de Referência para a avaliação da qualificação técnica de entidades executoras a serem contratadas no âmbito dos convênios únicos do SPETR.

5. Resolução n. 560/05: *retrocesso corporativo e avanços na municipalização*

O Ministério do Trabalho e Emprego, a partir de 2007, sob nova gestão tanto no CODEFAT como na representação ministerial, alterou a sistemática dos congressos do SPETR daquelas resoluções quando, em 28 de novembro de 2007, editou a Resolução n. 560/05. Essa Resolução permitiu que entidades privadas pudessem conveniar diretamente com o Ministério do Trabalho atendendo a uma central sindical. Como as centrais não podiam conveniar diretamente, por determinação do Tribunal de Contas da União, usou-se o expediente de conveniar com outra entidade dessa representação, em território diverso do que estava sendo executado o convênio e sem qualquer consulta tanto a Comissões Estaduais quanto Municipais de Emprego. Tal atitude desconsiderou os princípios democráticos da gestão participativa.

A Resolução n. 466/05 permitia o convênio com entidades privadas sem fins lucrativos apenas no âmbito estadual ou municipal, para que os gestores públicos locais melhor organizassem o território na prestação de serviços à população e impedissem a sobreposição de ações. O princípio da ordenação pública no SPETR, tanto nos estados como nos municípios, é fazer com que as vagas e os pedidos de emprego possam estar disponibilizados a um trabalhador em todo o território, quer estadual, quer municipal. É não fazer o cidadão, em busca de emprego, trabalho e renda, gastar os parcos recursos de sua família ou fazê-lo devedor de favores a determinado agente intermediador do Sistema, criando dependência assistencial e reduzindo seus direitos de cidadão. O objetivo de um sistema integrado a partir do serviço público, com grande rede capilarizada, inclusive com participação de entidades privadas sem fins lucrativos, é fazer com que o emprego, a qualificação e a colocação sejam informados diretamente ao cidadão num local mais próximo de sua residência. Enfim, o SPETR deve indicar as oportunidades ao cidadão e não o contrário.

A mesma resolução, no entanto, permitiu que a municipalização avançasse para municípios com mais de 200 mil habitantes, já que antes somente municípios com mais de 300 mil podiam conveniar. Até fevereiro de 2010, 52 prefeituras municipais haviam firmado convênio com o Ministério do Trabalho e Emprego.

6. CONSIDERAÇÕES FINAIS

As sementes lançadas nos dois Congressos do SPETR na busca de um sistema integrado e participativo deverão continuar, apesar do retrocesso casual corporativo da Resolução n. 560/05 do CODEFAT anteriormente comentada.

A formação permanente deverá ser efetiva para que gestores, empresários e trabalhadores ampliem a compreensão de um SPETR como um Sistema de Proteção Social efetivo na busca do pleno emprego e trabalho para todos, ou seja, a verdadeira inclusão numa sociedade dá-se mediante emprego e trabalho decente. Na formação de gestores e atores sociais no ano de 2006, a SPPE do Ministério do Trabalho e Emprego teve uma iniciativa inédita ao realizar dois cursos importantes: um sob a Coordenação do Departamento Intersindical de Estudos e Estatísticas do Movimento Sindical — DIEESE para representantes dos trabalhadores e empresários sobre as políticas de emprego; outro para gestores estaduais, municipais e das Superintendências Regionais do Trabalho do Ministério do Trabalho sob a coordenação do Departamento do Instituto de Economia da UNICAMP. Esse último foi o de Especialização em Políticas Públicas de Emprego, Trabalho e Renda — Modalidade Extensão, sob a coordenação dos Professores Cláudio S. Dedecca e Marcelo Weishaupt Proni[10].

O desafio do Sistema Público de Emprego é dar oportunidade aos cidadãos na busca de emprego, trabalho e renda. Essa efetivação do emprego e renda dá-se com o cumprimento do art. 1° da Constituição Federal vigente: dar dignidade à pessoa humana com a valorização social do trabalho. E, no art. 170, afirma que a ordem econômica deve estar fundada na valorização do trabalho humano e na busca permanente do pleno emprego. Esse processo de oportunidades aos cidadãos sem emprego e sem renda deve dar-se prioritariamente com a adoção de políticas públicas de emprego que avancem na integração entre estados e municípios e numa maior capilaridade do SPETR nos municípios.

O SPETR depende também de uma premissa importante da Economia que é o crescimento econômico sustentável combinado com políticas públicas de promoção social. O Brasil não foi tolhido pelo redemoinho da crise

---

(10) O resultado deste curso está publicado em dois livros da Unicamp. *Políticas públicas e trabalho:* textos para estudo dirigido.

econômica internacional de 2008, até por que o Brasil optou por um caminho ao reforçar o mercado interno com políticas sociais de distribuição de renda como o Bolsa-Família. Ao ficarmos presos ao consenso de Washington, no pesado pagamento da dívida externa, como ocorreu entre 1995 a 2002 no governo de Fernando Henrique Cardoso, tivemos tão somente 797 mil vagas formais criadas contra nove milhões de vagas criadas entre 2003 e 2009 no governo Lula que combinou crescimento econômico com políticas sociais[11].

O resultado do II Congresso do SPETR deverá continuar com novos congressos no futuro e no aperfeiçoamento legislativo do Sistema Público de Emprego, Trabalho e Renda, conforme anteprojeto de lei, discutido no final de 2006, no Anexo C deste livro.

Por fim, é necessário o constante aperfeiçoamento e o acompanhamento dos atores sociais na gestão participativa do SPETR conforme será detalhado no próximo capítulo.

REFERÊNCIAS

AZEREDO, B. *Políticas públicas de emprego*: a experiência brasileira. São Paulo: Abet, 1998.

DEDECCA, C. S; PRONI, M. W. (orgs.). *Economia e proteção social*: textos para estudo dirigido. Campinas: Unicamp. IE/Brasília: Ministério do Trabalho e Emprego; Unitrabalho, 2006. v. 2.

HOBSBAWM, E. *Era dos extremos*: o breve século XX — 1914-1991. 2. ed. São Paulo: Companhia das Letras, 1995.

MINISTÉRIO DO TRABALHO E EMPREGO, CODEFAT e FONSET. *I Congresso Nacional*: Sistema Público de Emprego, Trabalho e Renda. São Paulo: MTE, CODEFAT e FONSET, 2004.

_____. *I Congresso Nacional*: Sistema Público de Emprego, Trabalho e Renda — grupos de trabalho. São Paulo: MTE, CODEFAT e FONSET, 2004.

_____. *II Congresso Nacional*: Sistema Público de Emprego, Trabalho e Renda. São Paulo: MTE, CODEFAT e FONSET, 2005.

ORGANIZAÇÃO INTERNACIONAL DO TRABALHO (OIT). *Convenções*. Disponível em: <www.ilo.org> Acesso em: 3.2010.

RICCA, S. *Introdución a los servicios del empleo*. Ginebra: OIT, 1995.

THUY, P.; HANSEN, E.; PRICE, D. *El servicio público de empleo en un mercado de trabajo cambiante*. Madrid: OIT e Ministerio del Trabajo y Asuntos Sociales. España, 2001.

---

(11) Seu país especial. *Carta Capital*, ano XV, n. 586, 10 de março de 2010. p. 30 e 31.

Capítulo 2

A Evolução da Gestão Tripartite nas Políticas Públicas de Emprego e sua Capilaridade para Estados e Municípios

Remígio Todeschini

1. Gestão tripartite: OIT, Constituição de 1988 e Lei n. 7.998/90

Desde os primórdios da Organização Internacional do Trabalho — OIT, em 1919, com a determinação de os países-membros oferecerem um sistema de agências públicas sem fins lucrativos de colocação de trabalhadores no mercado de trabalho, a Convenção n. 2, em seu art. 2º, item 1, já definia que os trabalhadores e os empregadores deveriam ser consultados sobre o funcionamento das agências.

A Convenção n. 88/48 foi a que mais detalhou como deveria funcionar um serviço público gratuito de emprego e no art. 4º determinou que comissões consultivas de empregadores e de trabalhadores deveriam estabelecer os acordos necessários para a organização e funcionamento dos serviços de emprego, assim como o desenvolvimento desses programas.

A gestão participativa dos atores sociais está embasada no art. 10 da Constituição Federal de 1988 e diz respeito às matérias nas quais estão sendo discutidos assuntos de interesse dos trabalhadores e dos empregadores (TODESCHINI, 2000). Por gestão participativa, entende-se a coparticipação da gestão com os agentes públicos nas diversas esferas, quando os atores sociais também opinam ou são consultados ou deliberam sobre os assuntos que dizem respeito aos mais variados temas em que estão em jogo os interesses da coletividade.

A Lei n. 7.998/90, no art. 18, instituiu o Conselho Deliberativo do Fundo de Amparo ao Trabalhador — CODEFAT composto de representações de trabalhadores, empregadores e entidades governamentais. O Decreto n. 3.101/99 definiu a representação com a participação de quatro representantes para cada bancada (governo, trabalhadores e empresários). O Decreto n. 3.906/01 estabeleceu que a presidência do CODEFAT será rotativa e a cada dois anos entre as representações dos trabalhadores, governo e empregadores. O art. 19 da Lei n. 7.998/90, detalha as atribuições do CODEFAT como: (1) acompanhar e aprovar o Plano de Trabalho Anual do Programa do Seguro-Desemprego — SPETR, do Abono Salarial e os respectivos orçamentos; (2) deliberar sobre a prestação de contas e os relatórios orçamentário e financeiro do FAT; (3) propor o aperfeiçoamento da legislação; (4) elaborar seu regimento interno; (5) analisar relatórios quanto à forma, prazo e natureza dos investimentos realizados; (6) fiscalizar a administração do fundo e acompanhar as ações referentes ao seguro-desemprego entre outras. Novas mudanças da composição do CODEFAT ocorreram em dois decretos no ano de 2009. O Decreto n. 6.827/09 acresceu as representações com seis membros em cada bancada. A bancada do governo com representantes do Ministério da Fazenda e do Ministério do Desenvolvimento Agrário. A representação dos trabalhadores teve a inclusão, além da CUT e Força Sindical, das novas centrais reconhecidas: União Geral dos Trabalhadores, que substituiu a SDS e a CGT; a Nova Central Sindical dos Trabalhadores — NCST; a Central dos Trabalhadores e Trabalhadoras do Brasil — CTB e a Central Geral dos Trabalhadores do Brasil — CGTB. Na representação dos empregadores, foram incluídas as novas Confederações Patronais formadas de Serviços e do Turismo, além da Confederação Nacional da Indústria — CNI, Confederação Nacional do Sistema Financeiro — CONSIF, Confederação Nacional do Comércio — CNC e Confederação Nacional da Agricultura — CNA. O Decreto n. 7.026/09, depois da paralisação do CODEFAT por mais de quatro meses, em razão da recusa por parte das maiores Confederações Empresariais (CNI, CNC, CNT e CNA) em acatar a indicação da presidência do CODEFAT feita pelo ministro Carlos Lupi, retiraram-se do CODEFAT. Houve a edição de um novo decreto em 8 de dezembro de 2009 criando novas representações de empresários: Serviços; Turismo; Transporte; Saúde; Federação Nacional de Empresas de Seguros Privados e Câmara Brasileira da Indústria da Construção Civil. Desde a sua criação até o momento, o CODEFAT (dezembro de 2009) publicou mais de 624 resoluções, disponíveis na internet no *site*: <www.mte.gov.br>. As 500 primeiras foram publicadas pelo Ministério do Trabalho e Emprego, em dois volumes, em 2006.

2. A EVOLUÇÃO DAS RESOLUÇÕES DO *CODEFAT* NA GESTÃO TRIPARTITE ESTADUAL E MUNICIPAL DAS POLÍTICAS DE EMPREGO

A Resolução n. 63/94 reconheceu a formação de Comissões Estaduais e Municipais de Emprego como órgãos ou instâncias colegiadas, de caráter permanente e deliberativo, com igual número de trabalhadores, empregadores e representações governamentais. A Comissão Estadual de Emprego é considerada instância superior no âmbito estadual, estando a ela vinculadas as Comissões Municipais, salvo decisão específica do CODEFAT.

Essa mesma resolução, em seu art. 3º, definiu uma série de atribuições para as comissões, a saber: aprovar o regimento interno; homologar o regimento das comissões municipais; propor ao Sistema Nacional de Emprego medidas que minimizem os efeitos negativos dos ciclos econômicos e do desemprego estrutural; articular-se com instituições públicas e privadas para melhor atuação no Sistema Nacional de Emprego; buscar integração com programas de emprego e renda; formular diretrizes específicas em consonância com o CODEFAT; propor a alocação de recursos nos planos de trabalho de sua competência; fazer cumprir os critérios definidos pelo CODEFAT; integrar os planos municipais ao Plano de Trabalho do Sistema Nacional de Emprego Estadual; propor medidas de aperfeiçoamento do Sistema Nacional de Emprego; criar Grupo de Apoio Permanente — GAP, entre outras atribuições.

O art. 4º definiu o número mínimo de seis membros e o máximo de 15 membros, com representação tripartite e paritária. O art. 5º definiu que a Secretaria Executiva será exercida pela Coordenação Estadual do SINE. O art. 6º determinou que a presidência fosse exercida em sistema de rodízio entre as bancadas do governo, trabalhadores e empregadores cujo mandato será de 12 meses. As comissões deverão reunir-se ordinariamente a cada dois meses, com deliberações aprovadas por maioria simples de votos.

A Resolução n. 80/95 fez uma série de novas incorporações, aperfeiçoando a gestão participativa das Comissões Estaduais e Municipais. Já em seu art. 1º ressalta a finalidade de "consubstanciar a participação da sociedade organizada, na administração de um Sistema Público de Emprego, em nível nacional, conforme prevê a Convenção n. 88 da OIT". Permite em seu art. 2º e parágrafos a faculdade de as microrregiões nos estados formarem comissões de emprego diante da impossibilidade de se instalá-las nos municípios ou de que atendam aos interesses regionais. No art. 3º foi ampliado o mandado de seus membros para três anos e possibilitada uma recondução para período consecutivo. Nesse mesmo artigo, foi definido o mandato de três anos aos seus representantes e permitida uma recondução. Com vista à maior integração com o Programa de Geração de Emprego e Renda do FAT — Proger, concedendo empréstimos a setores geradores de emprego e renda e intensivos em mão de obra, permitiu a participação das instituições financeiras em suas reuniões periódicas. O art. 5º ampliou algumas atribuições entre outras: como buscar maior integração com o Proger e indicar as áreas e setores prioritários para a alocação de recursos do Proger; promover o intercâmbio com outras comissões de emprego; participar na elaboração do Plano de Trabalho do Sistema Nacional de Emprego; integrar o plano municipal de trabalho com o Plano Estadual do Sistema de Emprego; examinar, em primeira instância, relatórios de atividades do Sistema Nacional de Emprego; criar grupo de apoio permanente com a constituição de grupos temáticos; subsidiar as deliberações do CODEFAT; articular-se com entidades de formação profissional em geral para a qualificação e a assistência técnica aos beneficiários de financiamentos do FAT.

O art. 8º estabeleceu reuniões mensais das Comissões de Emprego. Se o presidente não fizer a convocação, qualquer membro poderá fazê-lo, transcorridos 15 dias. O art. 11º define que o funcionamento das comissões ficará a cargo dos governos locais.

A Resolução n. 114/96, em seu art. 3º, ampliou o número máximo de membros das comissões para 18, estabelecendo que o mandato dos representantes poderá ser de até três anos; e, no art. 18 que as reuniões ordinárias passarão a ser trimestrais.

As Resoluções ns. 227 e 262/01 buscaram tornar mais enfática a integração das ações do Sistema de Emprego com as linhas de investimento do FAT, além de determinar o acompanhamento e a execução financeira das ações do Plano Estadual de Qualificação, pois naquela época surgiram denúncias de desvios de recursos da qualificação (Planfor). Houve, no entanto, revogação de outras atribuições como o Grupo de Apoio Permanente e o encaminhamento, após avaliação, às diversas instituições financeiras de projetos para obtenção de apoio creditício. Revogadas as atribuições relativas ao acompanhamento dos relatórios dos projetos financiados pelo FAT, articulação com entidades de formação profissional para assistência técnica aos beneficiários, além da indicação de áreas e setores prioritários no âmbito do Proger.

A Resolução n. 365/03 restabeleceu a participação das representações do Ministério do Trabalho e Emprego por meio das SRTs nas Comissões Estaduais, restabelecendo essa representação que havia sido retirada na Resolução n. 270/01.

3. COMISSÕES ESTADUAIS E MUNICIPAIS DE EMPREGO

Hoje, no Brasil, existem 26 Comissões Estaduais de Emprego e uma Distrital, além de 3.651 Comissões Municipais de Emprego criadas e 3.110 homologadas, conforme posição em fevereiro de 2010 (Tabela 1).

Tabela 1 — Comissões Municipais de Emprego

Posição: fev. 2010

UF	TOTAL DE MUNICÍPIOS			
	Existentes no Estado (A)	Com Comissões Criadas (B)	(B/A)	Com Comissões Homologadas (C)
AC	22	5	22,7	0
AL	102	64	62,7	6
AM	62	36	58,1	32
AP	16	10	62,5	7
BA	417	404	96,9	322
CE	184	119	64,7	65
DF	1	1	100	1
ES	78	66	84,6	50
GO	246	95	38,6	94
MA	217	43	19,8	38
MG	854	549	64,3	390
MS	77	35	45,5	27
MT	139	122	87,8	80
PA	143	84	58,7	81
PB	223	80	35,9	80
PE	185	155	83,8	151
PI	222	13	5,9	3
PR	399	398	99,7	393
RJ	92	92	100	78
RN	167	20	12,0	2
RO	53	30	56,6	21
RR	15	13	86,7	7
RS	497	406	81,7	406
SC	293	237	80,9	230
SE	75	55	73,3	54
SP	645	492	76,3	468
TO	139	27	19,4	24
TOTAL	5563	3651	65,6	3.110

4. DESAFIOS E APERFEIÇOAMENTO DA GESTÃO TRIPARTITE A PARTIR DO II CONGRESSO DO SISTEMA PÚBLICO DE EMPREGO

Nos I e II Congressos do Sistema Público de Emprego, enfatizou-se em vários momentos que a construção do Sistema Público de Emprego, Trabalho e Renda tem como um dos pilares o aperfeiçoamento da gestão participativa.

As Resoluções do II Congresso reforçaram esse pilar quando determinaram:

> *Fortalecer a gestão tripartite nos espaços de decisão do SPETR e estabelecer mecanismos de controle social e de publicização das informações* (MTE, CODEFAT; FONSET, 2005, p. 319).

As queixas das dificuldades encontradas na gestão participativa, apresentadas nos I e II Congressos do SPETR, recaíram mais enfaticamente sobre os gestores públicos, quer estaduais quer municipais. Os mesmos gestores deverão levar em conta as considerações dos atores sociais, não só empresários como também trabalhadores, sendo que os atores sociais deverão ser coparticipantes do processo de construção das Políticas Públicas de Emprego e do Sistema Público de Emprego. Os atores sociais igualmente deverão superar as limitações corporativas e de interesses imediatos que muitas vezes contrariam os interesses públicos gerais das políticas de emprego.

A visão do exercício de poder por parte dos gestores e a execução dessas políticas não deverão ser monocráticas e com viés autoritário. Não deverá prevalecer a visão unilateral do gestor de plantão, muitas vezes, atendendo a interesses clientelistas que não primam pelos interesses públicos gerais da moralidade, transparência e publicidade. Como muito bem afirmam Amartya Sen (2000) e Steven Lukes (2005), é preciso superar as imposições dominantes dos gestores de plantão e recuperar a capacidade de intervir no conjunto de políticas públicas para que haja democracia no que concerne ao atendimento dos anseios da coletividade.

O desafio está posto. A consolidação e a construção do SPETR integrado só acontecerão com a gestão participativa tripartite e paritária, de âmbito nacional, por meio do CODEFAT, passando pelas Comissões Estaduais e Municipais Emprego, e assegurando comitês gestores nos Centros Públicos Integrados de Emprego, Trabalho e Renda.

REFERÊNCIAS

LUKES, S. *Power:* a radical view. London: Palgrave Macmillan, 2005.

MINISTÉRIO DO TRABALHO E EMPREGO, CODEFAT E FONSET. *II Congresso nacional:* Sistema Público de Emprego, Trabalho e Renda. São Paulo: MTE, CODEFAT e FONSET, 2005.

MINISTÉRIO DO TRABALHO E EMPREGO. *Políticas públicas de emprego:* as 500 resoluções do CODEFAT. Brasília: MTE, CODEFAT, SPPE, 2006. v. 2.

ORGANIZAÇÃO INTERNACIONAL DO TRABALHO — OIT. *Convenções.* Disponível em: <www.ilo.org> Acesso em: 3.2010.

SEN, A. *Desenvolvimento como liberdade.* São Paulo: Cia. de Letras, 2000.

TODESCHINI, R. *Gestão da previdência pública e fundos de pensão:* a participação da comunidade. São Paulo: LTr, 2000.

PARTE II

RETRATO DO ATENDIMENTO NO SISTEMA PÚBLICO DE EMPREGO, TRABALHO E RENDA

UMA PESQUISA SOBRE O SISTEMA PÚBLICO DE EMPREGO, TRABALHO E RENDA

Os próximos seis capítulos deste livro foram construídos com base no projeto "Saúde Mental e (Re)alocação Profissional para Trabalhadores Desempregados", realizado pelo Ministério do Trabalho e Emprego em parceria com o Laboratório de Psicologia do Trabalho da Universidade de Brasília — UnB, entre 2006 e 2007. O objetivo desse trabalho foi oferecer informações do perfil tanto dos trabalhadores que buscam as agências quanto dos agentes que recebem as demandas e tentam atendê-las, assim como informar os resultados dessa interação. As referidas informações oferecem subsídios para a otimização do serviço de atendimento ao trabalhador.

As informações foram coletadas em postos de atendimento do SINE nas capitais e em regiões metropolitanas de seis estados de diferentes regiões do país. Na primeira fase, foram pesquisados os estados de São Paulo, Rio de Janeiro e Minas Gerais e o Distrito Federal. Na segunda, os estados da Bahia e do Paraná. Em cada estado participante, foram selecionados cinco municípios para a coleta de dados: a capital e quatro municípios da região metropolitana.

A coleta foi feita diretamente nos postos de atendimento nas localidades escolhidas e incluiu observações diretas do funcionamento das agências e entrevistas com os responsáveis pela coordenação dos serviços, com os usuários do sistema e com os agentes de atendimento.

Participaram da primeira etapa da pesquisa 2.586 usuários das agências e 54 agentes de atendimento, além dos coordenadores. Na segunda etapa, as informações foram obtidas de 4.140 questionários respondidos por atendentes, de 1.798 por usuários do sistema e dos coordenadores.

Os instrumentos utilizados para a coleta de dados foram questionários e roteiros de entrevista. Na primeira fase, foram usados roteiros semiestruturados tanto para os agentes quanto para os usuários. Na segunda, foram produzidos questionários de questões fechadas para os dois grupos de participantes.

Também foram realizadas entrevistas de aprofundamento com os usuários do Sistema, abordando aspectos de sua trajetória de trabalho e da situação de desemprego, com a finalidade de melhor entender o perfil desses trabalhadores. O material levantado nas entrevistas na primeira etapa foi sistematizado considerando-se categorias derivadas das questões do roteiro inicial e das temáticas emergentes da leitura do conjunto das entrevistas.

A pesquisa, envolvendo diferentes abordagens metodológicas, permitiu acesso às características e dificuldades do serviço de intermediação oferecido pelas agências, conforme experimentadas pelos próprios agentes de atendimento e usuários. Permitiu também delinear uma proposta metodológica de orientação para o trabalho das Agências Públicas de Emprego, abordada no Capítulo 8 deste livro. Os próximos capítulos mostram o resultado dessa pesquisa.

O Capítulo 3 apresenta as agências públicas de emprego e as dificuldades enfrentadas no desempenho da sua missão. Os Capítulos 4 e 5 abordam a situação dos usuários das agências, a experiência de trabalho, a vivência do desemprego e a percepção do atendimento e dos serviços prestados pelas agências. Os Capítulos 6 e 7 tratam dos agentes de atendimento, o primeiro apresentando o perfil desses profissionais e o segundo discutindo uma questão mais específica: o impacto subjetivo do trabalho que realizam. O Capítulo 8 encerra esta parte do livro com o esboço de uma proposta metodológica de orientação para o trabalho nas agências públicas de emprego, delineada com base no estudo realizado.

Capítulo 3

A Difícil Missão das Agências Públicas de Emprego

Lúcia Soratto
Ione Vasques-Menezes

As agências públicas de emprego desempenham importante função no mercado de trabalho. Oferecem gratuitamente um serviço que pode beneficiar o trabalhador em um momento bastante difícil, quando as restrições financeiras se agravam e as novas oportunidades parecem escassas. Esse serviço gratuito pode ampliar as possibilidades de acesso do trabalhador ao mercado. Sua efetividade, porém, depende da sua capacidade de entender as necessidades de trabalhadores e empregadores para facilitar a ocorrência de encontros de sucesso.

Nas sociedades modernas, nas quais predomina o sistema capitalista de produção, o trabalho é livre, regido por contratos de trabalho. A compra e venda de força de trabalho depende, portanto, da negociação entre as partes, que caracteriza a lógica de mercado. É preciso, então, oportunidades que potencializem o acordo entre vontades, necessário à intenção de contratar, reduzindo, assim, os custos do processo, que não são poucos.

Tanto para a empresa quanto para o trabalhador, o custo da procura é elevado, demandando muitos gastos de tempo e dinheiro. Para o trabalhador, a busca pode ser cansativa e frustrante. Cada dia a mais sem trabalho exige estratégias de sobrevivência para contornar a falta de recursos financeiros. No início, o seguro-desemprego pode prover o necessário. Mas, assim que este finda, os caminhos ficam mais difíceis e torna-se necessário fazer dívidas com amigos e parentes, recorrer a algum tipo de poupança, se houver, encontrar atividades temporárias. Dividir o tempo entre a busca por colocação no mercado e a realização de atividades temporárias para prover necessidades imediatas é a realidade para muitos. Nesse contexto, o risco de desistência está sempre presente e será tanto maior quanto mais difíceis forem as barreiras a transpor. Falta de escolaridade compatível com as exigências do mercado, pouca qualificação, ausência de experiência anterior, carteira de trabalho sem registro são algumas das barreiras que se colocam ante o trabalhador desempregado.

Para a empresa, a busca no mercado também não é simples. Pode demorar demais e o custo de colocações inadequadas é elevado. Consequências como a rotatividade por problemas de adaptação encarecem ainda mais o processo, pois novos investimentos são necessários para o preenchimento das vagas.

Apesar de existir o interesse por encontros bem-sucedidos por parte de empregadores e trabalhadores, o alinhamento desses interesses não é simples. O sucesso das agências depende da capacidade de ajustar as demandas das duas partes: a dos trabalhadores, por vagas em condições aceitáveis e atraentes, e a dos empresários, por oferta de perfis potencialmente adequados às suas necessidades. Para atingir seu objetivo, as agências constróem diferentes estratégias no intuito de eliminar ou diminuir as barreiras que se estabelecem entre ambas as partes.

Pesquisa realizada em agências ligadas ao Sistema Nacional de Emprego — SINE forneceram dados importantes acerca da dinâmica interna das agências, suas características, dificuldades e iniciativas para solucionar problemas. Por meio de observação direta, entrevistas com funcionários de diversos cargos e dados levantados com os usuários do Sistema, obteve-se um panorama geral das agências. Os pontos fortes de cada uma, as queixas mais comuns e suas especificidades foram os principais aspectos em estudo. Desse trabalho, serão apresentados os resultados mais importantes acerca dos vários processos que compõem o dia a dia das agências, considerando a perspectiva de usuários, agentes de atendimento e empresários, sem abordar particularidades dos postos de atendimento visitados.

1. O ATENDIMENTO AO TRABALHADOR E AS DIFICULDADES DO SISTEMA

O SINE tem agências espalhadas por todas as localidades geográficas do país. São aproximadamente 1.000 pontos em estados e municípios para acesso presencial dos usuários. Em grandes centros, assim como em cidades menores, existe oferta de serviços das agências públicas de emprego, trabalho e renda.

A principal função das agências é promover a intermediação entre trabalhadores e empresários, contribuindo para a redução do desemprego friccional, que ocorre pelo desconhecimento de vagas por parte dos trabalhadores e pela não disponibilização de vagas por parte dos empregadores. Nesse tipo de desemprego, o trabalhador está procurando, o empregador tem a vaga e as duas partes não se encontram ou demoram a se encontrar. Além desse serviço, as agências atendem à demanda por carteira de trabalho e seguro--desemprego. Estes últimos serviços não serão abordados neste capítulo, pois apenas a intermediação foi objeto da pesquisa realizada.

A intermediação envolve o atendimento direto ao trabalhador. É a parte mais visível do serviço oferecido pelas agências. Porém, diversas outras atividades são necessárias para criar as condições para esse atendimento. É o caso da captação de vagas, por exemplo, de suma importância, pois o atendimento direto perde o sentido caso não haja boa oferta de vagas. Além disso, atividades ligadas à promoção de qualificação do trabalhador, orientação para o trabalho, entre outras, são desenvolvidas por agências para melhorar a efetividade da intermediação. Essas atividades serão abordadas mais adiante. Por ora, o atendimento direto ao trabalhador será o foco principal da análise.

Embora as agências ofereçam basicamente os mesmos serviços, elas podem ser bastante diferentes no que se refere a estrutura física, organização das atividades, perfil dos usuários e dos agentes de atendimento, estratégia de gestão e principalmente organização do trabalho. As características particulares das agências podem levar a resultados distintos na intermediação e influenciar positiva ou negativamente a percepção dos usuários, como será visto nas avaliações das agências feitas por usuários e atendentes apresentadas na seção 4 deste capítulo.

Apesar dessas diferenças entre as agências, uma dificuldade é comum no atendimento aos trabalhadores, pelo menos nas capitais e nas regiões metropolitanas: a procura pelo serviço superior à capacidade de atendimento das agências. O número de atendentes e de vagas bastante inferior ao que é demandado é condição recorrente nas agências e tem consequências importantes para os usuários e atendentes.

Quando a demanda é muito grande, a pressão maior é por diminuir a fila, para que a espera dos trabalhadores não seja muito longa. Nessa condição, a qualidade dos atendimentos e a efetividade do serviço podem ser comprometidas. A maior parte das agências observadas trabalha com sistema de senha e de triagem para organizar o atendimento, o que não resolve o problema da espera, pois o trabalhador permanece aguardando por muito tempo com a senha. Quando se trata de retorno, isso pode significar que o trabalhador tenha de suportar longa espera apenas para ouvir que não há vaga.

As dificuldades para o encaminhamento e para a colocação dos trabalhadores são várias e comprometem muito a eficácia do Sistema. O despreparo dos trabalhadores em situação de desemprego é visto como um dos fatores que impedem até mesmo o encaminhamento destes, ainda que haja vaga. Baixa escolaridade, pouca qualificação diante das novas tecnologias e dificuldade para comprovar habilidades e competências estão entre os problemas mais comuns que barram o trabalhador por não estarem em acordo com as exigências das vagas. Essas condições impedem a efetividade da intermediação e tornam frustrante a atividade do agente de atendimento e a experiência dos usuários nas agências. Medidas visando à diminuição da defasagem entre as exigências da vaga e a realidade do trabalhador podem ajudar, assim como a certificação de experiências oriundas da prática, em vez da comprovação em carteira ou diplomas. Há, em algumas agências, iniciativas nessa direção que devem ser ampliadas e aprimoradas.

Outro aspecto restritivo à oferta de vagas aos trabalhadores em situação de desemprego é o vale-transporte. Ele é considerado um importante impedimento para a intermediação em várias agências. O fato é que a situação econômica empurra as classes menos favorecidas da população para periferias cada vez mais distantes. O empregador prefere trabalhadores que utilizam apenas um vale-transporte para chegar ao local do trabalho. Os sistemas de transporte público, por sua vez, não oferecem opção de integração em muitos locais. O principal prejudicado é o trabalhador, que se vê duplamente excluído. Primeiro, quando é obrigado a habitar os lugares mais longínquos; depois, quando é discriminado na hora de procurar emprego. A solução para esse problema depende de articulação entre as diferentes instâncias dos governos federal, estadual e municipal das áreas de transporte, trabalho e renda. Trata-se, portanto, de solução complexa, que não se dará em curto prazo.

Para enfrentar o problema imediato das filas, várias agências tentam oferecer alternativas de consulta às vagas que sejam independentes dos agentes, como terminais de autoatendimento e consultas pela Internet. No entanto, não chegam a solucionar o problema da espera. Muitos trabalhadores não recorrem ao sistema, algumas vezes, inclusive, por falta de confiança. Existe a ideia de que em determinadas agências há vagas melhores, mesmo quando o sistema é integrado. Além disso, há a relação pessoal, que desempenha sua função humanizando o atendimento.

Algumas agências tentam contornar o problema oferecendo palestras e cursos de forma que o trabalhador não utilize a agência simplesmente para consultar vagas. Vários temas são abordados nesses eventos, como currículo, comportamento em situações de entrevista, cuidados com a documentação, qualificação, formação escolar, entre outros. Apesar da importância dessas atividades para o trabalhador, esse tipo de solução tem alcance limitado. A grande demanda do trabalhador é pela vaga imediata. É preciso estimular o trabalhador a investir em atividades que possam potencializar sua empregabilidade. As agências terão de aprimorar as estratégias para atingir esse trabalhador e realmente fazer a diferença, o que, sem dúvida, não é tarefa fácil.

Outro problema enfrentado na intermediação é a dificuldade de utilização da Classificação Brasileira de Ocupações — CBO. São várias as reclamações dos agentes de atendimento e também de empregadores. Sua utilização exige familiaridade com a lógica de plano de cargos e com as definições e exigências para uma mesma função.

A multiplicidade de definições confunde tanto empregadores quanto agentes de atendimento, abrindo espaço para a supervalorização de determinados cargos até mesmo por incompreensão. A proposta de simplificação pode ser uma alternativa, mas implicaria a elaboração de um Catálogo de Profissões e Atividades com base na CBO, porém mais simplificado, atualizado e adequado aos serviços prestados. Um instrumento desse tipo seria útil, pois serviria de base na orientação e captação de vagas com os empregadores, na orientação dos trabalhadores em situação de desemprego, na qualificação e no preenchimento do cadastro de desempregados. No entanto, há que se considerar a relação de custo benefício desse investimento e sua viabilidade. Alternativas podem ser pensadas para solucionar esse problema.

Além disso, os funcionários se queixam de atrasos e irritação provocados pelas dificuldades na utilização da CBO. Perde-se muito tempo com a consulta, especialmente após mudanças de versão do documento, que requer compatibilização entre códigos. Desencontros das edições da CBO também são problemáticos. Há discrepâncias entre a CBO, o registro da experiência apresentada em carteira de trabalho, o perfil da vaga oferecida pelo empregador e a opção feita pelo usuário.

A respeito das condições de trabalho nas agências, a precariedade de instalações e equipamentos é queixa muito presente. Mais especificamente essas queixas referem-se à falta de material básico de limpeza, material de escritório, funcionários para limpeza, segurança, entre outros. A falta de segurança em algumas agências — violência urbana ou agressão de trabalhadores exaltados — também aparece em determinadas localidades. Há queixas constantes também quanto à morosidade do sistema de busca utilizado e ao pouco espaço em alguns campos do cadastro (como preenchi-mento de experiências, por exemplo). Em cada agência é desenvolvida uma estratégia para driblar as restrições do sistema.

Além das dificuldades relacionadas ao ambiente, ao sistema e aos procedimentos operacionais, também há as que dizem respeito à aquisição das competências e condições emocionais necessárias para esse trabalho. O serviço de atendimento demanda o desenvolvimento não apenas de capacidades técnico-operacionais, mas também da capacidade para estabelecer relações interpessoais adequadas e suportar a carga emocional desse tipo de trabalho. Essas são habilidades difíceis de serem desenvolvidas. A oferta de treinamento para preparar melhor os funcionários para a função nem sempre atende às necessidades. Agentes de atendimento incomodam-se por considerarem que os treinamentos são mais técnicos, direcionados para o uso do sistema, da legislação e dos procedimentos e pouco ou quase nada voltados para a dinâmica e as estratégias de atendimento.

Soma-se a essas dificuldades o quadro de pessoal reduzido em algumas agências e principalmente a alta rotatividade de funcionários. A carga emocional sentida pelos atendentes que lidam dia a dia com o sofrimento alheio (tópico discutido nos próximos capítulos) pode estar entre as razões que contribuem para essa rotatividade. De qualquer modo, o fato é que a alta rotatividade pode comprometer muito o serviço, pois as agências perdem, com frequência, competências desenvolvidas ao longo do tempo e que não podem ser repostas rapidamente.

Outra queixa encontrada nas agências refere-se à falta de compromisso dos empregadores com as agências públicas de intermediação de mão de obra. Em certas agências, essas reclamações são mais contundentes. A gratuidade da intermediação e os preconceitos quanto ao serviço público são apontados como os motivos dessa desvalorização. Abusos e atitudes de má-fé por parte dos empregadores são também mencionados. Até mesmo o caso de uma empresa que recebia um trabalhador por dia para fazer teste e, após esse dia de trabalho (não remunerado), dispensava o candidato por um motivo qualquer, foi relatado. Casos como esse podem ser antes exceção do que regra, mas é bom estar atento à questão. Construir uma imagem da instituição, estreitar as relações com as empresas, treinar e reciclar os funcionários, tudo isso pode colaborar para a boa relação entre as agências, as empresas e os usuários, inclusive para a prática de cuidados que protejam os envolvidos em caso de necessidade.

Com base nas considerações feitas a respeito da intermediação, pode-se concluir que é preciso investir nas condições e nas pessoas para obter retorno na qualidade do serviço prestado. As condições do atendimento devem ser aprimoradas e mais suporte deve ser ofertado para facilitar o trabalho dos agentes. Alternativas para resolver o problema das filas ainda precisam ser criadas. É fundamental investir também na articulação direta e facilitada entre o cadastro de trabalhadores em situação de desemprego e os programas de qualificação profissional.

A revisão dos processos de captação de vagas, com atenção especial para o desenho do perfil da vaga com uso da Classificação Brasileira de Ocupações — CBO ou documento semelhante, também se faz necessária. Promover alternativas que visem a facilitar a legalização de atividades autônomas/informais é igualmente importante para que não haja tanta dependência das vagas oferecidas pelas empresas. Medidas com vistas à diminuição da defasagem entre as exigências da vaga e a realidade do desempregado devem ser promovidas. A aceitação da certificação de experiências oriundas de práticas não comprovadas em carteira ou diplomas e escolaridade deve ser estimulada. Outro item é a orientação ao trabalhador em situação de desemprego, que deve ser implementada de acordo com a realidade das agências. Essas medidas podem contribuir para a eficácia das agências, melhorando a satisfação de usuários, agentes e empregadores.

2. A CAPTAÇÃO DE VAGAS

A captação de vagas é uma das atividades mais significativas para a efetividade da intermediação realizada pelo SINE e está diretamente relacionada à oferta de vagas. Apesar de sua importância, nem sempre essa atividade recebe a atenção devida, o que pode comprometer o desenvolvimento das demais atividades de intermediação.

Captar vagas significa angariar oportunidades de emprego no mercado para serem oferecidas pelas agências do SINE. Exige contato com as empresas e depende da possibilidade de os agentes conquistarem a confiança do empregador. Envolve, portanto, um trabalho de *marketing*, pois no mercado de trabalho o empregador tem diversas opções para fazer recrutamento. Para que escolham as agências, estas devem lhes parecer interessantes ou vantajosas. Nesse sentido, a ausência de custo é um elemento importante a favor das agências públicas, embora possa ser insuficiente. A dimensão financeira não é a única considerada pelas empresas na escolha da sua estratégia de recrutamento. Outros fatores são computados, como a crença na eficiência e na efetividade do meio escolhido para essa etapa. Então, o sucesso da captação depende da imagem externa do SINE e da imagem de cada agência em particular. Em algumas localidades, há, inclusive, preocupação com a concorrência de outras agências de intermediação e agências de emprego privadas.

A imagem das agências depende de uma visão geral a respeito do Sistema, que, por sua vez, depende das políticas públicas, das diretrizes gerais e da divulgação nacional desse serviço e depende também da contribuição de cada localidade com base na maneira como o serviço é desenvolvido. Trata-se de um processo constante de retroalimentação, pois a captação é facilitada pela boa imagem da agência, assim como a maior quantidade e qualidade de vagas ofertadas atrai não apenas os trabalhadores em busca de emprego, mas também os empresários.

Entre as agências observadas, não há homogeneidade na forma de organizar as atividades de gestão de vagas. Há as que separam física e formalmente o trabalho de captação de outras atividades relacionadas às vagas, mas, na maior parte delas, as atividades não são diferenciadas.

Quanto às tarefas do setor de captação, são segmentadas de forma que uma parte dos funcionários fique responsável especificamente pelo contato direto com os empresários. Quando há captação ativa, é mais comum que os agenciadores externos e operadores de *telemarketing* desempenhem somente essa função. Agentes divulgam a intermediação com os empregadores, divulgação esta que costuma ser feita por contato telefônico. O banco de dados para a busca chega a ser alimentado por anúncios de jornais, ou mesmo anúncios "de porta"; por isso a procura pelo setor de recursos humanos dos empregadores na tentativa de prospectar vagas.

Nesse caso, são outros funcionários que atuam nas convocações e no acompanhamento dos resultados dos encaminhamentos, chamado também de retorno. A presença de funcionários dedicados exclusivamente à captação pode contribuir para um maior número de vagas. Porém, há dificuldades a serem enfrentadas nessa configuração. A principal delas é a integração com outras atividades, sobretudo a de encaminhamento e a de acompanhamento das vagas. A articulação permanente entre esses setores é essencial para a qualidade do serviço prestado aos usuários, pois a troca de informações precisa ser constante e eficaz.

Nos casos em que não há funcionários dedicados exclusivamente à captação, são os mesmos agentes que fazem o contato com as empresas e o acompanhamento das vagas captadas. Uma forma de divisão do trabalho encontrada entre as agências desse grupo é a divisão por empresas. Cada funcionário se responsabiliza por um grupo de empresas. Eles promovem negociações de novas vagas e renovam as já existentes no sistema. Assim, não há uma distinção entre captação e administração de vagas. Nesse caso, a integração é facilitada, pois o mesmo funcionário busca a vaga e a administra no sistema posteriormente. A dificuldade está em administrar o tempo de modo que uma atividade não se sobreponha à outra.

A captação pode ser ativa ou passiva e as duas formas são encontradas nas agências públicas. O caráter ativo ou passivo nesse trabalho define as etapas do processo.

A captação passiva inicia-se com o recebimento da intenção de o empregador disponibilizar vagas nessas agências. Os dados são colhidos e a documentação é providenciada. A busca pelas empresas acontece apenas no trabalho de administração de vagas ou retorno — como mencionado anteriormente. Quando o trabalho de captação ativa não é priorizado, há uma inquietação quanto à falta dessa modalidade. A opinião dos funcionários diverge; alguns consideram que essa ação melhoraria o desempenho, outros acham que é inócua.

Quando o setor de captação atua ativamente, são utilizados diversos instrumentos no processo: verificação de anúncios em jornais, *telemarketing* ativo, envio de *e-mails*, mala direta, visitas às empresas e abordagem a anúncios nas portas das empresas. Esse processo também não é livre de empecilhos, conforme detalhado a seguir.

2.1. Dificuldades na função de captação

De modo geral, a captação de vagas apresenta problemas que precisam ser enfrentados, já que do sucesso dessa etapa depende o desempenho das demais. O primeiro problema é o baixo investimento nessas atividades. Como os recursos são limitados, muitas agências não conseguem desenvolver a captação, pois todo o tempo e esforço dos seus agentes são despendidos no atendimento ao trabalhador desempregado. Nas agências de maior movimento, as longas filas exercem pressão constante, reduzindo as possibilidades de planejamento e de atividades de apoio, comprometendo, assim, a qualidade dos serviços prestados.

A captação ativa é pouco representativa e a captação externa é quase inexistente na maior parte das agências visitadas. Considerando que foram incluídas nessa pesquisa as agências mais importantes das regiões metropolitanas de seis estados, pode-se considerar que essa seja a realidade da maior parte das agências. Em consequência, a maior parte das vagas chega ao Sistema por iniciativa do empregador, muitas vezes fora da realidade da atual clientela do SINE. Por outro lado, nas agências em que há captação ativa, os problemas enfrentados também não são poucos. Faltam, em algumas agências, recursos para as investidas diretas, como copiadoras, e sobra burocracia para desenvolver os procedimentos. Aumentar o investimento em equipamentos de comunicação, como fax e telefone, e em aparato logístico, como automóveis em bom estado, copiadoras, mala direta, pode auxiliar na solução desses problemas.

Outra dificuldade é a pouca discussão quanto às exigências do cargo/função, à realidade da tarefa e às reais condições do mercado no que se refere a formação básica, experiência e qualificações do desempregado.

O empregador às vezes superestima suas exigências. Comumente, a realidade do trabalho é bem mais simples, limitada, de acordo com a remuneração indicada, mas em desacordo com as exigências. Isso pode ocorrer por falta de conhecimento da sua real necessidade. Frequentemente funções operacionais são definidas com exigências acima das necessárias em termos de escolaridade, experiência ou qualificação em função da realidade da tarefa. Essa supervalorização de exigências torna inviável o preenchimento das vagas.

Os critérios mais exigidos pelos empregadores são experiência, local da residência (distância do trabalho), faixa etária e escolaridade. O fator experiência é citado em primeiro lugar. A questão do transporte também mostra grande importância. Há fortes queixas quanto ao alto grau de exigência para determinados cargos de forma desnecessária. Exige-se que o trabalhador tenha experiência em áreas que não são afins, o que gera uma recusa das agências em incluir tais critérios na descrição da vaga.

O SINE deve assumir a realidade da mão de obra que é alvo do seu atendimento, estabelecendo medidas que melhorem a sua empregabilidade. Melhorar a integração entre programas de qualificação, intermediação e certificação de experiências e desenvolver um trabalho constante de negociação com os empregadores, visando a ajustes no perfil das vagas, são ações essenciais para mudar esse quadro. Para que isso ocorra, a integração entre as agências e as empresas deve ser estimulada constantemente. O desconhecimento das empresas, de seu objeto do trabalho e das exigências reais para realização do trabalho, é uma barreira a ser transposta.

Caso esse problema não seja resolvido, a oferta de vagas torna-se apenas teórica, visto que são impossíveis de serem preenchidas. De um lado sobram vagas e de outro sobram trabalhadores em situação de desemprego, o que compromete a própria missão do SINE. Evitar exigências além das necessárias e distorções entre o perfil da vaga e a oferta salarial são medidas que podem contribuir para resolver esse impasse.

2.2. Habilidades para os cargos de captação

São inúmeras as habilidades citadas pelos próprios captadores como necessárias para se trabalhar nesse setor. A lista inclui noções de informática e *telemarketing*, flexibilidade, fluência verbal, gosto pelo trabalho com pessoas, bom-senso, iniciativa, gentileza, autonomia, desembaraço, compromisso, facilidade de comunicação e, especialmente, paciência e habilidade para negociação. Estas duas últimas aparecem no depoimento de quase todos os entrevistados.

Essa é uma lista de habilidades bastante ampla, que destoa, em certa medida, demandando investimento em capacitação interna e valorização desses funcionários. Além disso, alguns depoimentos mostram o estado de cansaço e desânimo com relação ao trabalho nas agências de intermediação, com queixas de falta de estrutura, de qualificação e de motivação, bem como uma série de outras queixas que se misturam e causam estresse e desmotivação. Alguns entrevistados defendem a importância de maior autonomia das instituições gestoras e maior empenho destas na busca por melhores condições de trabalho para esse setor.

3. As atividades de qualificação do trabalhador

A qualificação, que é formação voltada especificamente para a atuação profissional, é importante condição para a colocação do trabalhador no mercado de trabalho. As possibilidades de colocação podem ser facilitadas pela qualificação prévia do trabalhador. Embora a qualificação não substitua a experiência em carteira em muitas vagas, sua existência abre ao menos a possibilidade de negociação com o empregador. Além disso, a qualificação é condição também para o crescimento profissional e para as mudanças de trajetória de trabalho. No caso de primeiro emprego, a qualificação adquire importância ainda maior, uma vez que, na falta de experiência formal e prática, pode ser o principal valor que o jovem que está ingressando no mercado de trabalho tem a oferecer.

A falta de qualificação, ao lado da falta de experiência, leva a uma situação paradoxal no atendimento ao trabalhador desempregado: a impossibilidade de preenchimento de vagas, apesar de o número de trabalhadores interessados ser sempre superior ao número de oportunidades de emprego. O percentual elevado de vagas não preenchidas[12] indica que, apesar de haver muitos trabalhadores no Sistema, as possibilidades de encontros de sucesso ainda são baixas. Diante desse quadro, a qualificação pode ser uma medida importante para melhorar a eficácia do serviço de intermediação, permitindo o enquadramento de mais trabalhadores. Para que a qualificação do trabalhador possa ajudar nos encaminhamentos e nas colocações, aumentando a eficácia do serviço, é fundamental o trabalho conjunto entre qualificação e intermediação, por um lado, e orientação para o trabalhador, por outro. Assim, para avançar nessa direção, é necessário viabilizar não apenas o encaminhamento do trabalhador para as vagas, mas também para cursos de qualificação e para orientação que o ajudem a planejar melhorias na sua qualificação a médio e longo prazos. Também os agentes de captação devem estar preparados para discutir com o empregador essa possibilidade de aproveitar o trabalhador qualificado mesmo que ele não tenha experiência em carteira. No entanto, nada disso pode se efetivar se não houver integração entre os cursos de qualificação e as demandas do mercado.

4. O SINE SOB A PERSPECTIVA DOS USUÁRIOS

Por parte dos usuários, predomina a percepção negativa quanto aos serviços prestados pelas agências do SINE, especificamente quanto às oportunidades de encaminhamento, em decorrência das dificuldades de vagas e das muitas exigências que dificultam ou impedem esse tipo de serviço.

A percepção dos trabalhadores acerca do serviço de atendimento, porém, varia consideravelmente entre as agências. A percepção de que o serviço é bom é de 7% em algumas agências e de 26% em outras. A percepção de que dificilmente há vagas varia de 22% a 50% entre agências diferentes.

Essas variações na percepção dos usuários devem ser consideradas relevantes, sobretudo porque o Sistema é integrado no município e algumas dessas agências oferecem as mesmas vagas. Se o Sistema realmente é integrado e oferece as mesmas vagas, resta saber o que explica essas diferenças de percepção.

---

(12) De acordo com os indicadores de 2006, a maior parte dos estados não conseguiu, nesse ano, preencher nem 50% das vagas disponibilizadas pelas agências.

Quanto aos agentes de atendimento, 44% dos usuários têm opinião favorável e consideram que os agentes são atenciosos e ajudam os trabalhadores; quase 33% consideram que os agentes atendem bem o trabalhador, mas não se envolvem; e 3,1% consideram que os agentes de atendimento não atendem bem.

Os percentuais dos que manifestam opinião positiva acerca do atendimento varia de 31% a 77%, o que é bastante considerável, pois significa que algumas agências estão conseguindo atingir um nível bastante elevado de satisfação entre os clientes, enquanto outras ficam aquém nessa avaliação.

Uma das agências está localizada na parte central da cidade em que ela se encontra, tem um quadro de quase 200 funcionários e a frequência dos usuários é grande. O fato de ser uma agência grande, mais complexa pela quantidade de atendimentos realizados, não interfere na qualidade do trabalho, visto que 77% dos usuários consideram o atendimento positivo. Essa avaliação bastante positiva também acontece em duas outras agências, mesmo tendo essas agências características distintas, uma com aproximadamente 10 e a outra com aproximadamente 26 funcionários. Portanto, os dados indicam que o tamanho da agência e o número de funcionários não são as características mais relevantes para avaliar a qualidade do atendimento prestado aos usuários.

Apesar das variações entre as agências, bastante consideráveis, a avaliação feita pelos trabalhadores desempregados a respeito do atendimento pode ser considerada, de modo geral, positiva, o que contrasta com a avaliação dos serviços prestados, que tende a ser negativa pela falta de oportunidades concretas de encaminhamento do trabalhador.

O atendimento é mais bem avaliado que o serviço oferecido. Isso significa que o modo como são realizados os atendimentos está sendo satisfatório para a maior parte dos usuários, embora o serviço propriamente deixe a desejar, o que é fácil de compreender, uma vez que a colocação do trabalhador no mercado — resultado final esperado — poucas vezes se efetiva.

A baixa eficácia do serviço é ainda mais problemática na medida em que o trabalhador deposita esperança no serviço, comparecendo com frequência relativamente alta (40% comparece semanalmente ou com mais frequência) às agências. Isso representa dispêndio de tempo, custo e frustração por não encontrar o que procura. O tempo de espera para atendimento agrava ainda mais a situação, porque 50% dos usuários permanecem em espera por mais de uma hora nas agências, muitas vezes para ouvir "não" como resposta, ou seja, permanecem em uma espera fadada ao fracasso.

Os dados indicam também que a avaliação dos trabalhadores varia entre as agências pesquisadas, o que significa que a organização do atendimento ou a distribuição do fluxo entre agências podem interferir na satisfação do trabalhador com o atendimento.

Esses resultados devem ser considerados em conjunto para se pensar mudanças no Sistema que o tornem mais efetivo. Considerar isoladamente esses resultados pode levar a interpretações inadequadas, da mesma forma que considerar o tempo de atendimento isoladamente como critério de qualidade pode ser um equívoco, uma vez que ter muitos atendimentos rápidos e frustrados não é melhor do que ter um número menor de atendimentos, mas efetivos; e a efetividade do atendimento, além de outros fatores, depende de tempo também.

5. Considerações finais

As agências de emprego desempenham importante função social ao contribuir para a inserção de mais trabalhadores no mercado de trabalho formal, permitindo o acesso ao serviço de intermediação mesmo para aqueles que não teriam condições de pagar por esse serviço. Além disso, as agências constituem espaço que pode ser utilizado para oferecer aos trabalhadores condições de melhorarem sua empregabilidade por meio de orientações e parcerias com cursos de qualificação.

Muitas dificuldades observadas nas agências públicas de emprego que foram objeto desta pesquisa podem ser explicadas pelo contexto em que as agências se inserem, marcado pelo excesso de demanda por atendimento, pelas poucas vagas ofertadas, pela incompatibilidade entre as demandas dos empresários e o perfil dos trabalhadores. Some-se a isso a pouca oferta de outros serviços aos usuários do SINE e a intermediação, que tornam a situação ainda mais difícil. É preciso planejar uma melhor distribuição de esforços, de modo que os usuários recebam atenção diferenciada segundo suas necessidades, otimizando também suas possibilidades de reinserção no mercado.

Além de promover melhorias na intermediação, é preciso investir em parcerias para qualificar o trabalhador. Investimentos em cursos de qualificação, especialmente voltados ao mercado local, e em cursos de formação básica (ensino formal), podem ser de grande valia. Quanto mais atualizado ele estiver, mais possibilidades de conseguir oportunidades no mercado. Paralelamente às ações de qualificação, é importante a certificação de experiências. Muitos trabalhadores têm experiências profissionais que não constam em carteira de trabalho ou certificados formais de escola profissionalizante, mas que tiveram na prática funcional, no seio da família ou pela necessidade de ter um ofício.

É preciso investir também nos agentes de atendimento e de captação, que desempenham importante função nas agências. A qualidade dos serviços prestados e a imagem das agências dependem desses profissionais. Deles ainda depende a garantia da qualidade do preenchimento do cadastro — essencial para a convocação —, a coleta adequada de informações sobre a vaga, a negociação com os empregadores sobre as condições das vagas, a realização de uma boa pesquisa no Sistema para encontrar oportunidades compatíveis com o perfil do trabalhador.

Para cumprir seu papel, os funcionários precisam de suporte, pois sua função é muito exigente, inclusive emocionalmente. O treinamento, o acompanhamento e a supervisão dos atendentes podem prepará-los melhor para a situação de trabalho com os usuários e empregadores. É preciso oferecer alternativas institucionais para os funcionários enfrentarem as dificuldades cotidianas.

O clima durante a permanência na agência também pode ser melhorado. O espaço e o tempo podem ser utilizados de modo mais proveitoso, como fazem algumas agências que usam vídeos instrutivos e palestras cuja tônica esteja em elementos que possam contribuir para a melhoria no posicionamento dos trabalhadores em busca de oportunidades. Até mesmo questões que parecem banais — como a preservação de seus documentos, a higiene, o comportamento, a vestimenta e o currículo — podem contribuir.

Para melhor atender os usuários, também o investimento em programas diferenciados para grupos de mais difícil colocação é importante. Já existem iniciativas nesse sentido e outras devem ser estabelecidas.

Há necessidade de integração dos setores para evitar conflitos entre captação, convocação e intermediação. A troca de informações deve ser constante e os canais de comunicação precisam estar sempre abertos. Medidas desse tipo podem evitar mal-entendidos e problemas na gestão das vagas.

Capítulo 4

O Perfil dos Usuários do Sine e as Mudanças no Mercado de Trabalho

Lúcia Soratto
Ione Vasques-Menezes

Mudanças no mundo do trabalho vêm acontecendo a partir da década de 70, alterando as características do trabalho, as exigências de qualificação dos trabalhadores, a estrutura dos postos de trabalho, colocando novos desafios para empresários, trabalhadores e para gestores de políticas de emprego, trabalho e renda.

Dessas mudanças, identificadas como Terceira Revolução Industrial, fazem parte a reestruturação produtiva do setor industrial e também as mudanças que acontecem em outros setores, como o de serviços. As transformações em curso afetam o tipo e principalmente a quantidade de vagas oferecidas, mudando, consequentemente, o perfil dos trabalhadores requisitados.

Com a introdução de novos sistemas tecnológicos de informação e comunicação, o esforço de produção requer cada vez menos horas de trabalho para atingir os mesmos níveis ou níveis superiores de produtividade. Não apenas a indústria, mas também os serviços, como é caso dos bancos, cada vez mais informatizados, necessitam de menos trabalhadores. Dessa maneira, o conjunto de mudanças na área do trabalho, observado em nível mundial, tem consequências diretas para o trabalhador, que se encontra diante de cada vez menos oportunidades de emprego.

O emprego em declínio provoca mudanças que atingem toda a sociedade. Junto com a informatização e a automação, passam a fazer parte do vocabulário atual no mundo do trabalho a flexibilização, a terceirização, a desregulamentação, a precarização. Estratégias empresariais de flexibilização e redução do custo do trabalho compõem esse cenário. A redução de empregos estáveis e permanentes nas empresas vem acontecendo simultaneamente à subcontratação de trabalhadores temporários, trabalhadores em tempo parcial e trabalhadores eventuais. Essas transformações eliminam postos de trabalho e alteram a natureza da atividade e as demandas por qualificação.

Os efeitos desses processos são sentidos no aumento do número de pessoas desempregadas, assim como no aumento do tempo de desemprego. Além disso, novas exigências são feitas aos trabalhadores para garantir a empregabilidade. Para que os trabalhadores construam e garantam suas possibilidades de colocação em um mercado com oportunidades cada vez mais escassas, são necessários novos investimentos. O momento atual traz, de um lado, exigências e competências mais complexas, e, de outro, a degradação do trabalhador, que não encontra colocação formal e garante o seu sustento em ocupações precárias.

Para enfrentar essa situação, é preciso conhecer a atual conjuntura e também o perfil dos trabalhadores e as diferentes dificuldades que enfrentam. A pesquisa realizada pelo Laboratório de Psicologia do Trabalho — LPT envolveu agências do SINE em seis estados de diferentes regiões nos anos 2005 e 2006 e permitiu fazer um bom retrato do trabalhador desempregado.

Essa pesquisa foi realizada em dois momentos. Na primeira etapa, os usuários participaram de uma entrevista abordando questões relacionadas a trabalho, emprego e desemprego, busca de colocação ou recolocação no mercado. As entrevistas permitiram a elaboração de um formulário estruturado, que foi aplicado a usuários das diversas localidades.

Esse formulário, contendo 54 questões, abordou seis áreas temáticas: características sociodemográficas; área de atuação e escolha de oportunidades de atuação; histórico de empregos anteriores e relação com o trabalho; situação de desemprego e estratégias de busca de colocação e recolocação profissional; histórico da qualificação profissional; e avaliação dos serviços de atendimento do SINE.

Assim, os trabalhadores responderam aos questionários a partir da referida entrevista, feita por pesquisadores preparados para a coleta de dados. Os trabalhadores eram abordados na agência e convidados a participar. Houve pouca recusa durante o processo de coleta, caracterizando alto nível de aceitação do trabalhador em participar da pesquisa.

1. NECESSIDADE DE ATENÇÃO ESPECIAL A USUÁRIOS JOVENS E NA TERCEIRA IDADE

Os usuários do SINE compõem um grupo heterogêneo, que inclui desde jovens em busca do primeiro emprego até trabalhadores demitidos depois de muitos anos no mercado, além de pessoas em busca de melhores oportunidades. Alguns desses usuários estão em condição de risco e devem receber apoio especial.

Um grupo nessa condição é composto de ingressantes no mercado de trabalho. Apesar da presença de todas as faixas etárias, a concentração nos postos de atendimento do SINE é justamente de trabalhadores com idade entre 20 e 25 anos. Mais de 10% dos usuários do Sistema têm menos de 20 anos. São trabalhadores em busca de primeiro emprego. Mesmo entre os que já têm alguma experiência de trabalho, falta a comprovação em carteira.

Esse grupo é preocupante porque a taxa média de desemprego entre jovens é superior à dos demais trabalhadores (FLORI, 2006). De acordo com os dados da Pesquisa Nacional por Amostra de Domicílios — PNAD de 1998, na zona urbana quase um quarto dos jovens entrava no mercado de trabalho antes dos 13 anos de idade, e na zona rural o ingresso era ainda mais precoce para a grande maioria dos jovens. Quase três quartos deles tiveram seu primeiro trabalho aos 12 anos ou menos de idade (SILVA; KASSOULF, 2001). Embora parte dos jovens brasileiros ingresse muito cedo no mercado de trabalho, como isso não significa experiência comprovada em carteira, não facilita a inserção formal almejada pelos trabalhadores que buscam o SINE. Boa parte desses jovens ocupa justamente os postos de trabalho menos exigentes e que também não qualificam para o mercado.

A exigência de experiência profissional por parte dos empregadores é o principal empecilho para a colocação de jovens no mercado. Os investimentos do Governo em programas de primeiro emprego são necessários e ainda insuficientes.

Embora predominem no Sistema Público de Emprego usuários jovens, solteiros, com nível médio de escolaridade e, em boa parte, com alguma qualificação, esse grupo não é o único que precisa de atenção especial. Os trabalhadores acima dos 40 anos, apesar de menos numerosos (representam aproximadamente 20% do total de usuários), compõem outro grupo preocupante, pois são os menos escolarizados e menos qualificados. A combinação dessas características agrava as dificuldades de inserção e reinserção profissional deles no mercado formal. Nas agências pesquisadas, o tempo de desemprego é maior entre os trabalhadores com mais de 40 anos.

Os referidos trabalhadores, pelas dificuldades que encontram para conseguir um novo emprego, são os que apresentam maior risco de desalento, desestimulando a busca por melhor qualificação ou maior escolaridade, que poderia melhorar a condição de empregabilidade. A situação desse grupo é ainda mais grave porque muitos são os principais ou únicos provedores das suas famílias. Isso significa que o desemprego coloca não apenas o trabalhador, mas também seus dependentes, em sérias dificuldades materiais. Além dessas dificuldades, é preocupante ainda a possibilidade de sofrimento psíquico que acompanha a situação de desemprego. Esses trabalhadores, pela dureza da situação, encontram-se em maior risco de adoecimento.

Contudo, é interessante ressaltar que a atividade chamada informal ou "bico" é frequente entre esses trabalhadores. São justamente os trabalhadores com mais de quarenta anos, menos escolaridade e menos qualificados (em termos formais) os que atuam mais frequentemente no mercado informal, obtendo sua sobrevivência com atividades alternativas, que nunca são vistas como ocupação profissional plena. Entre estes, 50% realizam atividades informais para se manter enquanto não conseguem um emprego formal.

Tabela 1 — Percentual de trabalhadores de diferentes faixas etárias envolvidos em atividade alternativas de trabalho ("bico")

IDADE	QUANDO ESTÁ DESEMPREGADO, MANTÉM-SE COM ALGUMA ATIVIDADE REMUNERADA COMO "BICO"		
	SIM	NÃO	TOTAL
Até 25 anos	32,9%	67,1%	100%
De 26 a 35 anos	42,9%	57,1%	100%
Mais de 36 anos	50,1%	49,9%	100%

Além disso, eles continuam exercendo alguma atividade informal para complementar a renda, mesmo quando estão formalmente empregados. Isso significa que a atividade informal é incorporada na sua vida de trabalho de tal forma que se torna a atividade mais constante, sendo exercida exclusiva ou paralelamente ao emprego formal.

Figura 1 — Condições sob as quais os trabalhadores usuários do SINE se envolvem em atividades informais ("bico")

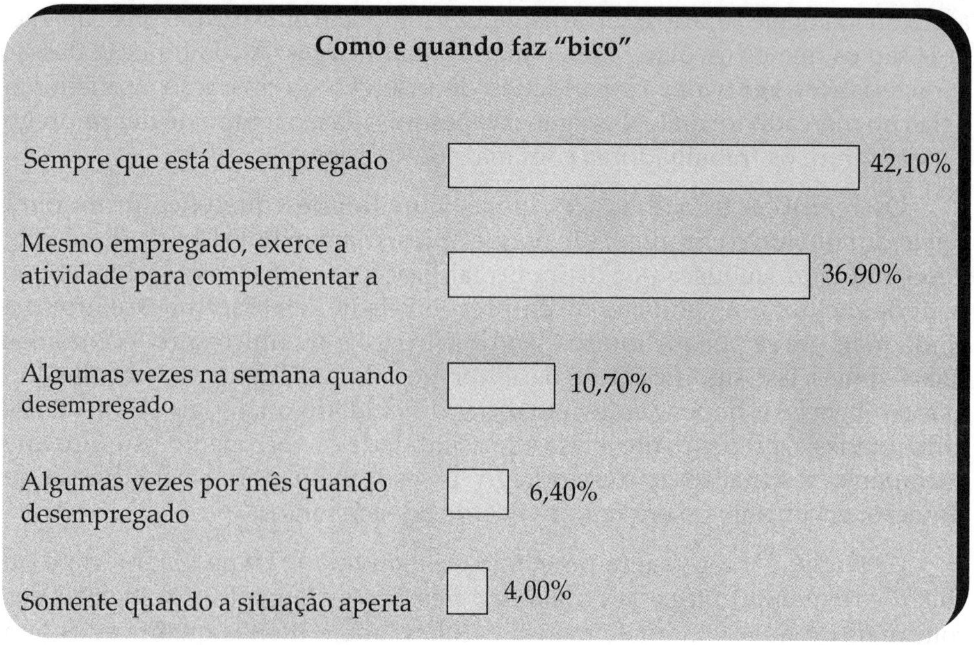

Como e quando faz "bico"

- Sempre que está desempregado — 42,10%
- Mesmo empregado, exerce a atividade para complementar a — 36,90%
- Algumas vezes na semana quando desempregado — 10,70%
- Algumas vezes por mês quando desempregado — 6,40%
- Somente quando a situação aperta — 4,00%

Considerando a frequência da atividade informal, deve haver mais esforço do poder público na busca de soluções para legalização desses trabalhadores. O acesso à formalização precisa ser facilitado por meio de orientação, incentivos e apoio às iniciativas autônomas.

A certificação de experiências profissionais adquiridas na informalidade no decorrer da vida no trabalho também é medida importante. Em muitos casos, a aprendizagem acontece na prática, às vezes repassada de pai para filho. Passa, portanto, longe dos cursos de qualificação e ocorre bem antes do primeiro emprego.

Parte das dificuldades que atingem os jovens e os trabalhadores com mais idade afeta os demais trabalhadores porque decorre da atual conjuntura no mundo do trabalho. O desconhecimento das condições do mercado é comum entre os candidatos às vagas e torna a busca mais difícil. O trabalhador encontra dificuldades para relacionar suas habilidades, formação e experiência com as possibilidades do mercado.

O desespero e a necessidade de encontrar emprego levam os trabalhadores a aceitar qualquer oferta, inclusive atividades que não lhes interessam, mas que são pouco exigentes. O resultado é a alta rotatividade e a saída do emprego em muito pouco tempo, prejuízo tanto para o empregador quanto para o trabalhador, já fragilizado pela situação em que se encontra. É preciso, entre outras coisas, que esses trabalhadores recebam atenção especial na forma de atendimento, oportunidades reais de encaminhamento, qualificação e valorização de suas experiências e facilitação da atividade autônoma. É preciso evitar que esses trabalhadores tornem-se vítimas de desalento e desistam definitivamente do mercado.

2. Caracterização geral dos usuários

Foram identificadas também outras características sociodemográficas dos usuários do SINE com a finalidade de refletir acerca da frequência de diferentes grupos nas agências de atendimento ao trabalhador. Esse tipo de informação é relevante para o planejamento do atendimento desses trabalhadores, inclusive para tornar possível a oferta de atenção diferenciada, quando necessário.

Entre os usuários do SINE, mais de 60% iniciaram suas atividades de trabalho antes dos 18 anos e uma parcela considerável (14%), antes dos 14 anos.

Tabela 2 — Faixa etária de ingresso no mercado de trabalho

IDADE COM QUE COMEÇOU A TRABALHAR	PERCENTUAL
Menos de 14 anos	20,7
De 14 a 17 anos	43,2
De 18 a 20 anos	24,6
De 21 a 25 anos	5,4
Mais de 25 anos	0,6
Nunca trabalhou	5,5
TOTAL	100,0

No entanto, está havendo uma mudança considerável na idade com que os trabalhadores ingressam no mercado de trabalho. A proporção de trabalhadores que ingressaram muito jovens no mercado é cada vez menor. Entre os trabalhadores mais antigos, quase metade ingressou no mercado com menos de 14 anos. Já entre os jovens com menos de 25 anos, menos de 14% ingressaram antes dos 14 anos.

Tabela 3 — Idade, por faixa etária, com que os trabalhadores começaram a trabalhar

FAIXA ETÁRIA	IDADE COM QUE COMEÇOU A TRABALHAR						Total
	Menos de 14 anos	De 14 a 17 anos	De 18 a 20 anos	De 21 a 25 anos	Mais de 25 anos	Nunca trabalhou	
Menos de 18 anos	11,4%	42,9%	0%	0%	0%	45,7%	100%
De 18 a 20 anos	10,7%	52,2%	18,0%	0%	0%	19,0%	100%
De 21 a 25 anos	13,9%	43,2%	30,3%	5,0%	0%	7,6%	100%
De 26 a 29 anos	21,5%	41,6%	26,8%	8,2%	0,9%	0,9%	100%
De 30 a 35 anos	23,7%	40,7%	26,4%	7,3%	1,5%	0,3%	100%
De 36 a 40 anos	29,4%	42,3%	21,6%	5,7%	0,5%	0,5%	100%
De 41 a 45 anos	27,6%	47,4%	20,7%	4,3%	0%	0%	100%
Mais de 45 anos	46,4%	34,5%	13,1%	4,8%	1,2%	0%	100%

Entre os mais jovens, a vida laboral tem início durante o ensino médio (cerca de 50% aproximadamente). De qualquer modo, a experiência de trabalho é construída cedo, junto ou em detrimento de escolarização fundamental e média. Entre todos os entrevistados, apenas 5,5% declararam nunca ter trabalhado. Porém, a experiência concreta desses trabalhadores no mercado não significa que estejam se qualificando, uma vez que muitas das experiências são informais.

Como predominam os jovens entre os usuários do SINE e estes são mais escolarizados que os trabalhadores mais antigos, prevalecem nas agências os usuários com nível médio de escolaridade. Com esse dado, contata-se que os trabalhadores que buscam intermediação no SINE hoje são formalmente escolarizados. Por outro lado, ainda que a escolaridade seja um requisito fundamental, cada vez demandado com mais frequência, inclusive para funções operacionais, não é qualificação profissional. Assim, embora seja pré--requisito, não supre as condições necessárias para a inserção do trabalhador no mercado.

Esses números apontam para uma mudança no perfil dos trabalhadores, anunciando que, em médio prazo, o percentual de trabalhadores com baixo nível de escolaridade será muito inferior ao que se encontra atualmente. Além disso, observa-se que mais de 70% dos trabalhadores que não concluíram o ensino fundamental ou médio, ou que iniciaram o terceiro grau, continuam estudando. Esse número bastante elevado de trabalhadores dando continuidade aos estudos é coerente com a predominância de usuários jovens nas agências públicas.

Observa-se ainda que quanto menor o nível de escolaridade, menores também as proporções daqueles que continuam estudando. São os trabalhadores mais antigos, que começaram a trabalhar muito cedo e abandonaram definitivamente os estudos. Os resultados da pesquisa mostram que quanto maior o grau de escolaridade, maior o interesse dos trabalhadores em continuar estudando. Esse quadro mostra uma mudança no perfil de escolarização do trabalhador, que está se tornando formalmente mais escolarizado. A valorização crescente da escolaridade formal e a expansão do ensino público, que vem acontecendo nas últimas décadas no país, explicam essa mudança de perfil.

Coerente com a predominância de jovens ainda estudando, a maioria dos usuários das agências é de trabalhadores solteiros (62,4%) e sem filhos (44,3%). Entre os que têm filhos, o maior percentual é dos que têm apenas um filho ou no máximo dois. Porém, os filhos são menores e, portanto, dependentes, o que faz a situação de desemprego tornar-se mais grave. De modo geral, os usuários do SINE compõem famílias pequenas.

Essa condição se confirma quando se observa o número de habitantes por residência, uma vez que a maior parte dos usuários coabita com pequeno número de pessoas. Trata-se, portanto, de núcleos familiares pequenos, de duas a quatro pessoas, no caso de 65% dos trabalhadores. Outros 25% residem com cinco a sete pessoas. Famílias realmente numerosas representam menos de 4,5% do total. Os trabalhadores que moram sozinhos são poucos e, como muitos são solteiros, significa que também as famílias de origem desses trabalhadores são pequenas.

A renda familiar dos usuários é predominantemente de um a dois salários mínimos, no caso de quase 35% de trabalhadores, e de dois a três salários mínimos, aproximadamente, no caso de 25% dos trabalhadores.

As características sociodemográficas são importantes para adaptar as ações dirigidas aos trabalhadores usuários do SINE. Isso porque é preciso considerar as necessidades de grupos específicos, que são diferenciadas. Por um lado, há predominância de jovens, mais escolarizados, mas que chegam ao mercado sem experiência nenhuma para disputar as vagas. Por outro lado, há os trabalhadores mais antigos, que ingressaram precocemente no mercado, abandonando a escola. Estes têm experiência prática, mas falta-lhes a comprovação. Os dois grupos precisam ser tratados de maneira diferenciada para que não sejam excluídos do mercado, os jovens pela falta de experiência, e os mais antigos pela falta de escolaridade e comprovação da experiência em carteira de trabalho.

Quanto aos demais, também há dificuldades em relatar e comprovar suas experiências, bem como em falar de suas expectativas de entrada no mercado de trabalho. Estes também precisam de orientação e apoio para abreviar o seu tempo de desemprego e fazer opções mais assertivas.

3. O ESTÁGIO ATUAL DE QUALIFICAÇÃO DOS TRABALHADORES DO SINE

O levantamento feito nos postos de atendimento ao trabalhador mostra que um terço deles nunca fez qualquer curso de qualificação. Os trabalhadores que nunca fizeram qualquer curso de qualificação são justamente os menos escolarizados. Entre os trabalhadores de 1ª a 4ª séries, 75% nunca fizeram curso de qualificação, e o percentual entre os que estudaram até a 8ª série do ensino fundamental também é bastante elevado (64,6%). Quando a falta de qualificação desses trabalhadores se soma à baixa escolaridade e às dificuldades de comprovação de experiência, está criada uma conjunção de fatores que os exclui do mercado.

Considerando os dados levantados pela pesquisa com os trabalhadores, observou-se ainda que existe certa variação na participação dos trabalhadores em cursos de qualificação entre os postos de atendimento. Em alguns postos, apenas 15% dos trabalhadores nunca fizeram curso de qualificação, enquanto em outros esse percentual chega a 50%.

Entre os trabalhadores que já fizeram cursos de qualificação, a maior parte dos cursos (57%) foi financiada por eles mesmos. A necessidade de bancar financeiramente os cursos exclui muitos trabalhadores. Os que estão desempregados e percebem a urgência de atualização das competências para concorrer a uma vaga no mercado podem não ter meios de fazê-lo. Mas a falta de dinheiro aparece apenas como o terceiro motivo mais frequente para a não realização de cursos de qualificação. A falta de oportunidade para fazer os cursos aparece em maiores proporções. Portanto, além das dificuldades financeiras, a falta de informações, ou mesmo de cursos apropriados, impede o trabalhador de se atualizar.

Questionados ainda sobre a influência dos cursos de qualificação para a sua colocação no mercado, quase 50% consideraram que a qualificação aumentou as possibilidades de colocação, enquanto a outra metade não percebeu benefícios. Esse resultado mostra a necessidade de ajustes nos cursos de qualificação para elevar o índice de aproveitamento.

A qualidade do curso e principalmente sua adequação às demandas do mercado podem aumentar o seu potencial de auxiliar a colocação do trabalhador. A integração entre as ações de captação de vagas, qualificação do trabalhador e intermediação de mão de obra é essencial para que os cursos potencializem as chances do trabalhador de encontrar uma vaga e de se adaptar ao trabalho.

4. A EXPERIÊNCIA SUBJETIVA DO DESEMPREGO

As agências públicas recebem um fluxo bastante grande de recém--desempregados, quase 80% do total de usuários. Como a pesquisa realizada focou apenas trabalhadores em busca de intermediação[13], não incluindo os que estavam em busca de seguro-desemprego, esse dado mostra que as agências são procuradas espontaneamente pelos recém-desempregados, inclusive pelos que ainda recebem o benefício do seguro-desemprego. O sistema público tem, portanto, a oportunidade de tentar recolocar esses trabalhadores ainda durante a vigência do seguro-desemprego. O problema é que a efetiva colocação do trabalhador ocorre em proporções muito baixas.

Por sua vez, uma frequência menor de trabalhadores desempregados não significa necessariamente que tenham encontrado emprego. Parte desses

---

(13) A maior parte das agências oferece atendimento independente para intermediação e seguro--desemprego, separando esses dois grupos durante a espera por atendimento, o que permitiu a coleta de dados apenas entre os trabalhadores em busca de intermediação.

trabalhadores pode ter simplesmente desistido do mercado formal e se estabelecido na informalidade. Os que permanecem em busca de emprego depois de um ano desempregado precisam de atenção especial, para que tenham aumentadas as chances de vencer as barreiras que estão enfrentando. Ademais, o desemprego de longa duração é fator de risco para a saúde física e mental, como mostra a literatura especializada na área. É preciso, então, que as agências propiciem condições para que esses trabalhadores consigam reorganizar a sua vida profissional.

Quando se analisa a relação entre o tempo de desemprego e a escolaridade dos trabalhadores, percebe-se que existe uma tendência de que os menos escolarizados fiquem mais tempo desempregados.

O percentual de desempregados há mais de três anos é quase três vezes maior entre os trabalhadores que cursaram apenas o primeiro ciclo do ensino fundamental. São esses trabalhadores que na atual configuração do mercado encontram maior dificuldade de se encaixar em empregos formais, uma vez que a maior parte das oportunidades é oferecida para trabalhadores que cursaram ao menos o ensino fundamental.

Há também uma tendência de as mulheres permanecerem mais tempo desempregadas. A partir de um ano de desemprego, os percentuais que eram semelhantes entre homens e mulheres se distanciam, havendo um aumento na proporção de mulheres.

A perda do emprego está relacionada, na maior parte dos casos (60% aproximadamente), à iniciativa do empregador e não do empregado, o que inclui a dispensa do funcionário por razões particulares, a redução do quadro de pessoal por falência etc. Mas há também um percentual considerável de saída do trabalho, 30% aproximadamente, que acontece por iniciativa do trabalhador. O pedido de demissão se dá principalmente por razões particulares, por insatisfação pessoal ou por descontentamento com o salário.

A situação de desemprego traz dificuldades para o trabalhador, que vê comprometida sua possibilidade de contribuir ou de arcar com suas responsabilidades financeiras e lança mão de outras formas de rendimento para garantir a sobrevivência da família. As formas mais frequentes de manutenção financeira entre os trabalhadores desempregados são: a renda de outros membros da família e as atividades informais ("bico"), comuns a aproximadamente 40% dos trabalhadores. Mesmo na condição de desemprego, 16% dos trabalhadores continuam os principais provedores das despesas, retirando não apenas o seu sustento, mas também o da família, de ocupação informal e de outras formas de renda.

Conforme o tempo de desemprego, tanto as ocupações informais quanto a contribuição de outros membros da família vão se tornando mais importantes. Isso porque, com um mês de desemprego, os trabalhadores ainda podem contar com o que recebem com a rescisão do contrato, mas, após alguns meses, precisam recorrer a outras fontes. Aos três anos de desemprego, cerca de 60% dos trabalhadores obtêm sua renda de ocupações informais, o que no início ocorria com 30% das pessoas.

A importância do trabalho informal é maior entre os menos escolarizados e os trabalhadores com mais idade. Enquanto entre os trabalhadores que cursaram ou estão cursando o terceiro grau apenas 22,6% têm atividade informal, entre os de 1ª a 4ª séries a proporção é bem maior, 58,3%. Também entre os trabalhadores mais jovens e os com mais idade a diferença é muito grande.

No caso dos mais antigos, a necessidade de manter não apenas a si próprios, mas também a família, e a possibilidade menor de contar com ajuda financeira da família de origem pressionam para que se insiram em um meio de sobrevivência que não dependa do mercado formal. Para mais de 30% dos usuários, as atividades informais são definitivamente incorporadas, paralelamente, à ocupação formal, complementando a renda.

Quanto ao retorno obtido da atividade informal, para a maior parte desses trabalhadores (quase 70%), o rendimento é inferior ao que era obtido com o trabalho em situação formal. Apenas um pequeno percentual, 30%, consegue obter um rendimento semelhante ou superior proveniente da atividade informal. Mesmo assim, eles continuam à procura de oportunidades formais. O maior motivo dessa busca é o desconforto da instabilidade, principal preocupação manifestada por esses trabalhadores.

Ações para facilitar a regularização de atividades informais e políticas públicas que incluam esses trabalhadores na seguridade social são fundamentais em um contexto que se caracteriza pela crise do emprego, marcada pela extinção de postos de trabalho formal. Apesar de muitos trabalhadores obterem uma remuneração considerada baixa com atividades informais, há situações em que os trabalhadores conseguem obter uma remuneração acima da média e ainda assim se ressentem pela falta de segurança. A regularização e, principalmente, o suporte ao trabalhador em atividades autônomas poderiam modificar o *status* dessas atividades. A falta de segurança faz com que o trabalho, quando não realizado por meio de emprego, torne-se algo negativo, ficando o trabalhador à margem da sociedade, mesmo quando a remuneração é superior à obtida por meio de emprego formal, conforme mencionado anteriormente.

Essa situação do trabalhador, que fica entre o desejo do trabalho formal, cada vez mais escasso, e o informal, que não atrai, precisa ser repensada. O trabalhador precisa ter alternativas viáveis à disposição, além do emprego. A crise do emprego iniciada na década de 70 é um bom motivo para a busca de novas possibilidades. De qualquer modo, o fato é que existem trabalhadores no presente com dificuldades de inserção no mercado, que frequentam as agências de emprego e constantemente se frustram por não encontrarem o que procuram. Alternativas institucionais devem ser construídas para viabilizar os impasses enfrentados pelos trabalhadores em situação de desemprego.

5. AS DIFICULDADES DA BUSCA PELO EMPREGO

As principais dificuldades do trabalhador quanto à procura de emprego situam-se em duas esferas distintas: no mercado, pela falta de vagas, e no trabalhador, pela falta de experiência. Essas dificuldades foram indicadas, por mais de 60% dos trabalhadores que participaram da pesquisa, como as principais barreiras para a colocação no mercado. Outras dificuldades, como idade mais avançada e baixa escolaridade, também aparecem como dificuldades importantes, sendo mencionadas por 20% dos trabalhadores.

Quanto à procura de emprego, 90% dos trabalhadores não se restringem ao SINE, recorrendo a outros meios para tentar se colocar ou se recolocar no mercado. Entre esses outros meios, deixar currículo diretamente nas empresas é prática comum de quase metade dos trabalhadores. A busca de vagas nos jornais e a visita a outras agências também é comum. Aproximadamente um quarto dos usuários do SINE utilizam essas formas de busca.

Cerca de 60% dos trabalhadores procuram ocupações compatíveis com a formação ou experiência. Além desses fatores, também o gosto ou interesse encaminham as escolhas para 20% dos trabalhadores. A oportunidade como elemento principal é mencionada por apenas 15% dos trabalhadores.

Esses dados indicam que a história das ocupações anteriores é o grande definidor da trajetória a ser seguida no futuro por esses trabalhadores, uma vez que a experiência e a formação são os critérios mais utilizados para determinar o tipo de trabalho procurado no mercado. De fato, a experiência e a formação como principais critérios de escolha é o mais condizente com a história de trabalho desses trabalhadores e o que mais facilita o sucesso na procura. Porém, quando a história anterior conduziu o trabalhador a ocupações com as quais ele não se identifica, novas habilidades precisam ser construídas. Nesse caso, a qualificação pode ser o caminho.

A formação e a experiência ganham relevância com a idade. Entre os mais jovens, o gosto, o interesse e a crença de que existem boas oportunidades aparecem como os critérios mais frequentes para a busca. Os critérios usados para a escolha vão mudando com o tempo. Ganham relevância a formação e a experiência e diminui a relevância de outros critérios. Os mais jovens, menos experientes, ainda estão em busca de formas de efetivar as suas escolhas e de descobrir os espaços em que existam mais oportunidades para investir. Os mais antigos ou já encontraram esses espaços ou podem ter desistido de buscá--los. Para estes, orientação e suporte podem ajudar a ampliar a avaliação de mercado e as perspectivas de trabalho. No caso dos trabalhadores mais jovens, as crenças, os gostos e os interesses devem ser reavaliados juntamente com análises sobre as possibilidades do mercado.

6. Histórico dos empregos anteriores

Os trabalhadores que participaram da pesquisa também responderam acerca das experiências de trabalho pregressas. A maior parte deles teve carteira assinada no último emprego. São, portanto, trabalhadores que estavam inseridos no mercado formal e estão tentando retornar a ele.

Aproximadamente 40% dos trabalhadores ficaram pouco tempo nos últimos empregos, menos de um ano, e a maioria dos usuários (75%) permaneceu menos de um ano em pelo menos um dos três últimos trabalhos. Essa tendência generalizada à rotatividade alta, denunciando a influência de fatores estruturais de mercado, acontece com um grupo em especial, que pode estar enfrentando dificuldades pessoais para se manter no trabalho. São trabalhadores que perderam os três últimos empregos antes de completar um ano de trabalho. Eles representam 10% dos usuários. Essa rotatividade pode estar relacionada ao tipo de escolha feita, a dificuldades de adaptação ou a outros fatores. É importante que esses trabalhadores tenham algum tipo de orientação que os ajude a encontrar não apenas uma oportunidade no mercado, mas também uma na qual seja possível permanecer por um período maior de tempo.

Os trabalhadores também foram questionados a respeito do modo como conseguiram os três últimos empregos. A forma predominante de conseguir trabalho é a indicação de amigos e da família. Cerca de 60% dos usuários das agências conseguiram os empregos anteriores dessa maneira. Já as agências tiveram uma participação bem menor. Contribuíram com um pequeno percentual, entre 3% e 10% das oportunidades anteriores.

Outro aspecto interessante levantado com base na trajetória dos usuários é quanto ao crescimento da proporção de empregos formais entre as ocupações mais recentes da série histórica do trabalhador. O tempo no mercado, apesar das dificuldades já discutidas, facilita a absorção do trabalhador no mercado formal.

Questionados acerca dos motivos que levavam a gostar mais de alguma das experiências de trabalho anteriores, quase 50% mencionaram o tipo de atividade como motivo principal da preferência. O salário aparece como motivo da preferência em 20% dos casos. Outros itens considerados, tais como horários, colegas, chefias e oportunidades de aprendizado, juntos, foram apontados por aproximadamente 30% dos trabalhadores como os elementos mais relevantes para definir a preferência pelo trabalho.

A resposta dos trabalhadores destacando a atividade como elemento mais importante não significa que o salário seja colocado em segundo plano por eles. Talvez os salários sejam semelhantes entre várias ocupações acessíveis para determinado trabalhador e o grande diferencial seja a própria atividade. As respostas dos mesmos trabalhadores a uma pergunta mais abstrata — que características permitem que um trabalho seja considerado bom — mostram o salário como primeiro item nesse caso. Em seguida vêm os relacionamentos interpessoais, as condições de trabalho, e apenas em quarto lugar, considerando a proporção das respostas, é que aparece a atividade.

Esse quadro é importante no sentido de pensar a orientação para o trabalho. A diferença observada entre o que é importante em tese e o que ganha relevância com a experiência concreta deve ser levada em consideração, uma vez que, com base na experiência concreta, determinados elementos podem ganhar ou perder relevância. A possibilidade de refletir acerca dessa situação pode ajudar a organizar melhor as escolhas e a busca de oportunidades no mercado.

7. A RELAÇÃO DOS USUÁRIOS COM AS AGÊNCIAS DO SINE

Os trabalhadores tomam conhecimento das agências públicas de emprego ligadas ao SINE principalmente por meio da propaganda espontânea que acontece com a ajuda dos próprios usuários do sistema — amigos, conhecidos, familiares —, os quais conhecem ou já fizeram uso dos serviços do SINE. Foi por essa via que quase 40% dos usuários entrevistados tiveram contato com o Sistema. A TV também é um meio de divulgação poderoso, sendo que quase 30% dos usuários souberam do SINE dessa forma. Somadas as divulgações, pela televisão e por meios informais (contatos pessoais), elas representam mais de 70% da divulgação dos serviços das agências. As outras formas têm uma expressão muito pequena, juntas representando menos de 30%.

Quanto à frequência às agências, uma parcela considerável dos trabalhadores visita sistematicamente os postos de atendimento em busca de oportunidades no mercado. Quase 10% afirmam realizar visitas diárias às agências de atendimento, enquanto mais de 30% disseram que vão aos postos toda semana. Mas o percentual maior é o de usuários que procuram as agências uma vez por mês ou apenas de vez em quando. Juntos, esses dois grupos somam aproximadamente 60% do total.

A frequência do trabalhador nos postos de atendimento dimensiona também a responsabilidade da instituição e de seus representantes, pois cada visita do trabalhador ao posto representa um custo que pode ser bastante expressivo, considerando a situação de precariedade financeira que a falta de emprego impõe ao trabalhador. Mesmo assim, a frequência às agências é alta. Esse comportamento indica que os trabalhadores acreditam na possibilidade de encontrar trabalho por meio dos postos, a ponto de investirem financeiramente, inclusive, na busca de oportunidades nas agências públicas. As visitas envolvem gasto de passagens, além do tempo despendido na procura. Por sua vez, quanto maior a crença do trabalhador no Sistema, maior a responsabilidade e maior a importância de oferecer um atendimento à altura, que seja eficaz na realização dos objetivos aos quais se propõe.

O tempo de espera relatado pelos trabalhadores para serem atendidos nas agências é outro indicador importante, se não da eficácia, pelo menos da eficiência do Sistema, e o que se observa é uma situação preocupante nos estados pesquisados. Isso porque quase 60% dos usuários se queixam das longas esperas por atendimento.

O mais grave é que a espera aumenta ainda mais a frustração quando não há vaga, e esse é um desfecho comum. Não é difícil imaginar o que significa aguardar por uma ou duas horas para raramente conseguir um encaminhamento e, mais raramente ainda, um emprego de fato. O que se verifica é que, embora muitas agências tenham buscado formas de diminuir esse tempo de espera, oferecendo alternativas de consulta às vagas do Sistema, sem passar necessariamente pelo atendente, como no caso da consulta por meio de terminais eletrônicos, o problema ainda persiste de forma bastante expressiva. O que se observa também, considerando os dados da pesquisa, é que a situação é mais grave em algumas agências que em outras.

Essas diferenças podem estar relacionadas ao movimento da agência, que pode ser maior em uma e menor em outras, diferenças que têm impacto na avaliação dos usuários, mas podem não ter relação direta com a organização dos serviços. Porém, essas diferenças podem estar relacionadas também ao número de agentes de atendimento e a características de organi-zação. Esse é um dado que diz respeito à eficiência do processo de atendimento e precisa ser tratado como um problema a ser resolvido. No entanto, esse dado não deve ser considerado isoladamente, mesmo porque se trata apenas de um indicador de eficiência no atendimento quanto ao tempo de espera e nada diz da sua eficácia. Um atendimento rápido, mas que não potencialize as chances de o trabalhador encontrar uma vaga, não representa solução desejável para o problema.

Além de encontrar formas para atender mais rapidamente a esses trabalhadores, é importante também oferecer outros serviços paralelamente à consulta de vagas no Sistema, para que a espera não seja em vão.

Quanto ao local onde os trabalhadores procuram atendimento, as agências mais próximas da residência são as mais procuradas por eles (72,9%). Porém, existem trabalhadores, quase 30%, que procuram agências mais distantes. As centrais podem ser de mais fácil acesso, mesmo quando a distância da agência até a residência é maior. A qualidade do atendimento também é motivo para vencer a distância e procurar agências mais distantes da residência (20%). Outros trabalhadores escolhem postos mais distantes por acreditarem que as oportunidades oferecidas são melhores ou mais abundantes (quase 20%). No caso de algumas agências, a crença de que há mais oportunidades de emprego foi o motivo alegado por quase 50% dos trabalhadores para se deslocarem até ela. A qualidade do atendimento também foi responsável por 40% dos deslocamentos para agências mais distantes.

Como se pode observar com os dados até aqui apresentados, a percepção dos usuários a respeito das agências não é homogênea, havendo diferenças importantes nas crenças e avaliações quanto ao atendimento e às oportunidades oferecidas. Cabe então aprofundar a análise acerca da percepção dos usuários sobre o SINE, as agências, o serviço oferecido e o atendimento, o que será feito no próximo capítulo.

8. Considerações finais

O perfil dos trabalhadores aqui apresentado, bem como a percepção destes acerca dos serviços prestados pelas agências, é essencial para planejar uma melhor distribuição de esforços no atendimento ao trabalhador.

Com a descrição das características dos trabalhadores, o que se observou é que predominam jovens, inclusive com o 2º grau (atual ensino médio) completo, mas existem outros grupos, como o dos trabalhadores acima de 40 anos que, embora menos numeroso, apenas 10% do total, precisa de atenção em razão das dificuldades de colocação no mercado.

Está havendo uma mudança no perfil dos usuários. Trabalhadores mais escolarizados e que ingressam mais tarde no mercado de trabalho predominam em relação aos mais antigos e menos escolarizados. Os mais jovens apresentam-se mais dispostos a continuar estudando e a buscar qualificação. É preciso atender a essas demandas. Os mais antigos, que precisam de reciclagem, mas resistem a essa prática, necessitam de apoio e incentivos. É importante entender as necessidades desses trabalhadores e oferecer alternativas que estimulem maior envolvimento. Para isso, deve-se repensar horários e formas de treinamento para que estes possam se qualificar.

Boa parte desses trabalhadores não fez qualificação por diversos motivos, entre os quais a falta de recursos financeiros e de oportunidade. Porém, têm interesse em fazer. Sendo assim, a oferta dessas oportunidades, sobretudo as financiadas pelo Sistema, pode contribuir para um avanço na trajetória profissional dos trabalhadores com menos recursos financeiros, melhorando suas condições de empregabilidade.

Alguns trabalhadores precisam de apoio especial para se recolocarem no mercado. É o caso dos menos escolarizados, menos qualificados e mais antigos, que permanecem mais tempo desempregados (mais de um ano de desemprego).

Os usuários há menos tempo desempregados também precisam de atenção para se recolocarem o mais breve possível, mesmo porque o tempo de desemprego pode tornar cada vez mais difícil a reinserção desses trabalhadores. Além disso, o tempo de desemprego pode trazer sérios danos para a saúde física e mental do trabalhador e para sua vida social e familiar. Embora esses trabalhadores encontrem formas de garantir a sobrevivência no desemprego, seja por meio de atividades informais ("bico"), seja por meio da ajuda de familiares, permanecem em situação provisória, de precariedade. Eles dependem de algum tipo de formalização para se resolver, quer pelo emprego formal, quer pela transformação das atividades informais ("bico") em atividades autônomas.

Vale reforçar mais uma vez que, paralelamente às ações de qualificação, é importante a certificação de experiências. Muitos trabalhadores têm experiências profissionais que não constam em carteira de trabalho e também lhes faltam certificados formais de escola profissionalizante. Eles aprenderam na prática, às vezes na própria família, em resposta à necessidade de um ofício.

Os trabalhadores usuários do SINE, em sua maior parte, perderam o emprego por razões alheias à própria vontade. Muitos, inclusive, em decorrência das mudanças que vêm ocorrendo atualmente no mercado com a precarização do trabalho — contratos temporários e terceirização. Porém, uma parte considerável desses trabalhadores, 30%, abandonaram o emprego por iniciativa própria, por insatisfação ou outro motivo pessoal.

Esses trabalhadores tentam encontrar emprego recorrendo a diversas formas de busca, entre as quais as agências públicas. Mas a estratégia que ainda se mostra mais efetiva parece ser a indicação pessoal, forma predominante pela qual os últimos empregos foram conseguidos.

Esses resultados sobre o perfil do usuário devem ser considerados em articulação com outros, para que as mudanças no sistema, a fim de torná-lo mais efetivo, melhorem as condições dos usuários e agentes. Considerar isoladamente algumas informações pode levar a interpretações inadequadas. Por exemplo, o tempo de atendimento como critério isolado pode ser um equívoco. Muitos atendimentos rápidos e frustrados não é melhor que um número menor de atendimentos mais efetivos. Informações provenientes de entrevistas de aprofundamento, assim como as obtidas junto às agências e seus agentes, devem ser utilizadas para fazer as revisões necessárias com vistas a melhorar a qualidade dos serviços oferecidos aos trabalhadores.

REFERÊNCIAS

FLORI, P. M. Desemprego de jovens no Brasil. In: *I Congresso da Associação Latino--Americana de População*, ALAP, realizado em Caxambú, MG, Brasil, de 18 a 20 de setembro de 2004. Disponível em: <www.abep.nepo.unicamp.br/site_eventos_alap/PDF/ALAP2004_296. PDF> Acesso em: 5.9.2006.

SILVA, N. D. V.; KASSOUF, A. L. A exclusão social dos jovens no mercado de trabalho brasileiro. *Revista Brasileira de Estudos de População*, v. 19, n. 2, jul./dez. 2002. Disponível em: <www.abep.nepo.unicamp.br/docs/rev_inf/vol19_n2_2002/vol19_n2_2002_7artigo_p99a116.pdf> Acesso em: 5.9.2006.

Capítulo 5

A Importância do Trabalho e os Efeitos do Desemprego

Lúcia Soratto
Ione Vasques-Menezes

O trabalho é construtor da subjetividade e da identidade, pelo pertencimento a uma categoria profissional e pela própria natureza da atividade, que coloca o homem em uma posição ativa na construção da realidade. Por meio do trabalho o homem se relaciona com a natureza, com os outros homens e consigo mesmo ao colocar suas competências, seus afetos e suas representações em ação (CODO, 2003).

Pela importância do trabalho para a sobrevivência, para a identidade e para a saúde mental, a situação de desemprego acarreta consideráveis dificuldades objetivas e subjetivas, sendo um dos momentos mais críticos na trajetória profissional.

Porque o trabalho possui uma função social e psíquica, além da econômica, a sua falta pode provocar sofrimento e adoecimento. As dificuldades de encontrar colocação, a pressão da família, o peso da necessidade, a idade, a distância entre a condição e as exigências do mercado, associadas ao estado subjetivo que a perda do emprego provoca, resultam em situações de extremo sofrimento para o trabalhador e na urgência de encontrar solução (JAHODA, 1987).

O desemprego pode ser percebido como impossibilidade de se constituir como produtor da própria sobrevivência. Assim, o desemprego é sinônimo de sofrimento e provocador de várias alterações na vida do indivíduo. O sofrimento psicológico, associado à exclusão e à segregação social, influencia as representações que os sujeitos fazem de si mesmos. Isso porque não apenas a vida profissional é atingida pelo desemprego, mas também a vida familiar, os relacionamentos sociais e a vida afetiva (ANTUNES, 2001).

Entrevistas realizadas com trabalhadores em situação de desemprego, usuários das agências do SINE, mostram a necessidade de esses trabalhadores venderem bens materiais a fim de obter recursos financeiros para adquirir itens de primeira necessidade e ajudar nas despesas da casa. O desemprego desorganiza a família, desestrutura o orçamento e obriga à procura de outras fontes de renda e de sobrevivência. Pode também levar ao desalento e à desistência do mercado de trabalho quando as dificuldades de colocação ou recolocação parecem intransponíveis.

Os sentimentos gerados pela situação de desemprego são de intenso sofrimento. A perda da esperança, o desamparo, a tristeza, a revolta e a desorientação foram sentimentos expressos pelos participantes da pesquisa realizada. Essa situação se agrava na medida em que o desempregado se percebe mais distante das exigências do mercado, ou seja, com mais de 40 anos, baixa escolaridade, pouca qualificação e sem experiência formalizada em carteira. O trabalhador desempregado se culpa pelo desemprego em razão de sua baixa escolaridade e insuficiente qualificação profissional. No entanto, o desalento não lhe permite buscar alternativas que melhorem sua escolaridade ou qualificação.

Além das dificuldades próprias da falta de emprego, de renda, de segurança, de atividade que organize e estruture a vida pessoal e familiar, existem ainda as dificuldades específicas da procura por trabalho. Algumas dessas dificuldades, identificadas no estudo de Cruz e Souza (2004), envolvem o custo da própria busca, que implica despesas com transporte e impõe a necessidade de "apadrinhamento" na reinserção no mercado de trabalho ou pede um perfil profissional polivalente.

O desemprego crescente tem consequências diretas para o trabalhador que, excluído do mercado, tem suas condições de vida, saúde e dignidade comprometidas. O desemprego provoca insegurança, sentimento de incapacidade, minando a autoestima, fragilizando o trabalhador e empurrando-o para uma situação de desânimo profissional e pessoal. Nesse sentido, Caldas (2000) argumenta que as consequências da perda do emprego para o indivíduo podem ser de natureza emocional, psicológica, física, comportamental, familiar, econômica, profissional ou social. As de natureza emocional incluem dificuldades cognitivas e instabilidade emocional, perda da esperança e da autoestima. A perda do emprego pode fazer com que alguns trabalhadores tornem-se inseguros em relação a seus papéis familiares e/ou profissionais.

A saúde física também pode ficar comprometida com a perda do emprego, como consequência do estresse, geralmente associado ao desgaste causado pelas experiências negativas e frustrantes de recusas recorrentes e falta de oportunidades. O longo tempo de desemprego pode levar da apatia e da perda do estímulo à desistência completa de refazer a vida profissional, caracterizando o desalento.

O desalento ocorre quando os trabalhadores desistem completamente da crença de se colocar novamente no mercado. Para muitos indivíduos, as dificuldades familiares pioram nos períodos de crise e de insegurança. Aumentam as desavenças matrimoniais e os divórcios após as demissões, sugerindo que o desemprego compromete as estruturas de poder nas famílias. A falta de emprego faz, também, com que jovens e adolescentes abandonem precocemente os bancos da escola para ajudar no sustento da casa. Existem, ainda, evidências de sofrimento de crianças diretamente relacionado ao desemprego dos pais. Dessa forma, toda a família compartilha o sentimento de desesperança e inutilidade abrindo espaço, muitas vezes, para a marginalidade e a violência social e familiar.

Entrevistas de aprofundamento foram realizadas com trabalhadores desempregados com a finalidade de melhor entender a condição por eles vivenciada. Foi investigada a história dos trabalhos anteriores, as escolhas feitas e a presença ou ausência de algum tipo de planejamento profissional. As informações levantadas podem auxiliar a busca de soluções de curto, médio e longo prazos para o SINE, complementando os dados objetivos colhidos em diferentes estados no decorrer da primeira e segunda etapas da pesquisa.

1. A ENTRADA NO MUNDO DO TRABALHO E O PAPEL DA ESCOLHA PROFISSIONAL

As histórias dos trabalhadores que procuram as agências do SINE para intermediação de emprego e renda são muito parecidas. Envolvem o abandono da escola muito cedo e o ingresso precoce no mercado de trabalho. Esse abandono da escola traz implicações diretas nas possibilidades de colocação no mercado de trabalho, sobretudo no atual contexto de acirrada concorrência, por causa da diminuição nas oportunidades de trabalho formal. O que leva esses trabalhadores ao abandono da escola e ao ingresso precoce no mercado de trabalho são, sobretudo, as dificuldades de sobrevivência da família de origem e também da família constituída precocemente. A necessidade da contribuição dos filhos para a manutenção econômico-financeira da família antes da idade legal para o ingresso no mercado de trabalho leva esses trabalhadores tão cedo para o mercado de trabalho e ao abandono gradativo da escola. As ocupações informais, que por definição estão à margem da legislação trabalhista, permitem esse tipo de inserção. As primeiras experiências de trabalho de quem precisa contribuir muito cedo para a própria sobrevivência ou a da família, sem qualificação específica ainda, acontecem em ocupações que não exigem formação, qualificação e/ou experiência anterior.

> "... trabalho desde os 14 anos. Comecei como babá, daí também já arrumava tudo pra patroa e sempre fui ganhando um dinheirinho assim...precisava ajudar em casa..."

> "O primeiro trabalho foi como empacotador, fiquei sete meses, depois fui ser office boy, depois, a segunda experiência no almoxarifado,

> *todas as experiências foi com carteira assinada.... o trabalho no almoxarifado, auxiliar de depósito, não exigia experiência... foi uma experiência legal que eu tive durante dois anos e meio, foi o segundo emprego, o primeiro consegui através de indicação, numa fábrica, foi como empacotador. Sou formado em magistério."*

> *"Comecei a trabalhar com 14 anos... a primeira experiência foi trabalhar de recepcionista numa loja, pra mim foi bom porque logo cedo comecei a trabalhar... Foi por necessidade mesmo..."*

O trabalho que não exige formação e qualificação profissional coloca muitos trabalhadores em múltiplas ocupações, resultando em diferentes experiências, todas com poucas exigências de qualificação.

> *"... atendente de padaria, balconista, depois fui trabalhar como atendente em uma locadora, já tem uns 8 anos que estou por aqui, já trabalhei como balconista de padaria, atendente de loja, trabalhei como auxiliar de escritório e o recente foi como fiscal de loja na CA. Segurança..."*

A idade precoce de início no trabalho e a necessidade como principal motivo do ingresso no mercado excluem ou minimizam as possibilidades de escolha. No entanto, não impedem necessariamente o gosto pelo trabalho. Há os que desenvolvem afinidades pela ocupação, assim como os que se veem envolvidos em ocupações que rejeitam. Ainda assim, o trabalho continua sendo realizado por força da necessidade.

> *"... olha, não gosto exatamente dessa profissão de mecânico, mas a gente faz porque precisa, não é uma má profissão, é boa, ganha dinheiro e tudo, mas não é uma profissão assim bem rentável para um mecânico jovem..."*

> *"Eu acho legal trabalhar nessa área, mas não teve nada específico, eu gosto, você trabalhar com segurança é uma coisa legal, igual eu trabalhava na loja, a gente evitava muito furto, a adrenalina é boa...."*

O trabalho precoce acaba acontecendo de forma circunstancial, em resposta a oportunidades que aparecem naturalmente por meio, principalmente, de parentes, vizinhos ou amigos. Inicia-se desse modo o aprendizado prático de uma profissão.

> *"Trabalhar como mecânico, surgiu essa oportunidade porque o vizinho lá de casa tinha uma oficina mecânica, aí eu me interessei... aí com 11 anos eu fui limpar ferramenta, limpar oficina, essas coisas, eu fazia de graça para aprender e estudar..."*

> "... oportunidade, porque meu pai já ser marceneiro também, tocava serviço, devido a esse ponto quando dei por mim já tava fazendo alguma coisa, tenho habilidade, gosto muito..."

A experiência do trabalhador assim adquirida não é formalizada em carteira nem referendada por algum curso profissionalizante, deixando o trabalhador à margem do mercado formal, apesar da experiência prática. A falta de registro dificulta o preenchimento dos critérios das vagas disponibilizadas pelo SINE, reforçando a importância da oferta de oportunidades de certificação das experiências.

A inserção precoce no mercado é tão necessária quanto limitante para o futuro profissional, pois, ao mesmo tempo em que garante a sobrevivência imediata, implica o desencadeamento de um percurso que dificilmente será modificado no futuro se não houver investimento em escolarização e qualificação ou alguma forma de fazer valer a experiência prática.

> "Sempre é a mesma coisa na área que eu consigo trabalho, nunca consigo assim em serviços gerais ou em outras coisas que eu sei fazer, entendeu? Só olham o que eu fazia antes..."

> "Carteira assinada nunca tive, aliás é meu sonho ter férias, décimo terceiro, caso aconteça alguma coisa comigo ter afastamento pago pelo INSS... mas só consigo empregos onde não assinam carteira... mas preciso e aceito..."

Diante das dificuldades impostas pelo mercado, vem o arrependimento pelo envolvimento com os trabalhos anteriores, que não qualificaram para o mercado e que não estão permitindo a colocação desse trabalhador em outras atividades, quer pela falta de experiência, quer pela falta de qualificação/escolaridade.

> "... nunca fiz nada sem ser como mecânico, mas é uma profissão boa, eu me queixo agora, mas se fosse começar hoje eu não queria isso pra mim... A família apoiou minha escolha, na época eu queria porque queria ser mecânico, aí fui... Hoje tenho dois filhos, um menino e uma menina, e ele, graças a Deus, ele não quer saber disso..."

> "A dificuldade que enfrentei me fez pensar que se eu pudesse voltar atrás eu não trabalharia de empregada doméstica mais nunca... Eu acho que de preferência deixar um dia de trabalhar em casa de família, e isso eu tenho muita vontade... e sei que um dia vou conseguir, estou conseguindo uma poupancinha para fazer uns cursos, preciso me qualificar..., não..."

> "Não se trata de arrependimento por não estar satisfeito com a profissão escolhida, mas pela dificuldade em crescer a partir dessa profissão e,

> *sobretudo, pela dificuldade de encontrar colocação no mercado quando perde um emprego..."*

O desejo de conseguir ocupações que representem algum tipo de desenvolvimento e ascensão permanece no horizonte desses trabalhadores, e essa possibilidade é percebida como consequência da escolaridade. Embora essa vinculação subjetiva entre escolaridade e melhores oportunidades seja positiva, também pode gerar frustração, pois a condição desejada não será atingida em curto prazo, uma vez que mudar de posição no mercado exige investimento. É preciso contornar as dificuldades para vencer a distância entre a situação atual e a meta desejada.

> *"Você sempre procura melhorar, crescer, não posso ficar só nisso, é uma área que eu gosto e então poder fazer minha faculdade, mas sempre pensando em melhoras, enquanto vigilante não há dificuldade em relação à idade, eles até preferem mais velhos, só para concurso público que é difícil."*

O abandono dos estudos, motivado pelas necessidades do momento em que aconteceu, é visto agora com pesar. De fato, a baixa escolaridade comparece entre as principais barreiras enfrentadas pelo trabalhador. Muitas vezes, independente da experiência, o trabalhador não pode ser encaminhado a uma vaga em função da escolaridade. Esta funciona, portanto, como um grande filtro. O reconhecimento da necessidade de melhor escolarização e a retomada dos estudos devem ser incentivados.

O problema da baixa escolaridade atinge principalmente os trabalhadores mais antigos, pois o acesso à educação formal anos atrás era bem mais restrito do que hoje. Os motivos para o abandono da escola, embora variados, giram em torno da situação socioeconômica que, de alguma maneira, inviabilizam a frequência à escola, seja diretamente pela necessidade de ajudar a família de origem, seja pela constituição precoce de outra família.

> *"Eu estava estudando então eu não consegui, tive que parar de estudar e tive uma certa dificuldade de arrumar emprego porque parei de estudar, não concluí meus estudos, eu engravidei muito cedo, tive filho, daí parei de estudar... agora é mais difícil..."*

> *"Eu já fui estudar já muito tarde, eu comecei estudar já fora da idade normal, já tinha 10 anos... e consegui .... estudei até a 8ª série... mas ainda é pouco para o mercado de trabalho..."*

Esse abandono, que em um primeiro momento se impõe como necessidade, mais tarde é sentido como barreira para a colocação no mercado. O desejo de estudar continua presente em muitos trabalhadores que abandonaram os estudos, mesmo porque existe o reconhecimento explícito das exigências de escolaridade cada vez maiores no mercado de trabalho, assim como a percepção das limitações que a falta de escolaridade estabelece.

> *"Deixei de estudar muito cedo, com certeza eu iria estudar mais... eu teria mais possibilidades de arrumar emprego hoje, é um fator que interfere, e eu estou tendo muita dificuldade para voltar estudar, não tem como eu voltar estudar agora, eu queria demais, primeiro porque não estou trabalhando, a prioridade na minha vida é o emprego... preciso sustentar minha família..."*

Os trabalhadores com idade avançada têm menos anos de estudo e combinam também menor taxa de frequência em cursos de qualificação. Essa realidade os afasta do mercado de trabalho. Mesmo reconhecendo a importância de estudar, nem sempre encontram disposição para fazê-lo. Pode faltar estímulo ou confiança em suas próprias condições para realizar esse movimento.

> *"... eu tinha vontade de estudar e tenho, mas tem hora que a gente pensa já não tenho mais idade pra isso, porque olha se você não tem como pagar particular, a escola pública de hoje ta metendo um medo na gente, porque estudar a noite é a opção da gente, entra na escola com medo..."*

> "Hoje tá difícil os estudos porque tenho que me preocupar com o trabalho, preciso me manter e manter minha família..."

Já entre os mais jovens, o desejo é de bancar os estudos com o próprio trabalho, principalmente os que estão em busca do primeiro emprego.

> *"Quero muito estudar, fazer administração de empresas, mas, para conseguir, preciso de um trabalho, tenho deixado currículos e ficado atenta para conseguir alguma coisa, mas não tem sido fácil porque sempre pedem experiência e como não tenho..."*

> *"... procurar um serviço melhor, estudar também, no momento não estou estudando, por isso que eu queria arrumar nessa área de vigilante porque a gente ganha um pouquinho melhor pra mim vê se eu fazia uma faculdade. Gosto muito da área de administração, administração em hotelaria, acho que se eu tiver condições de fazer, vou fazer nessa área. O trabalho que eu arrumei, o salário não dava para eu pagar uma faculdade..."*

No caso dos mais jovens, parece haver mais resistência em abandonar os estudos e uma tendência maior em procurar formas de trabalho que permitam conciliá-lo com os estudos. A preferência é para trabalhos em tempo parcial, como *call centers*, que, além de não serem exigentes do ponto de vista de experiência, permitem tal conciliação.

"O que eu procuro mesmo para poder conciliar meu estudo com trabalho seria um trabalho simples, mas se aparecer qualquer coisa que eu possa conseguir conciliar com estudo eu me candidato à vaga..."

"Sou estudante de cursinho pré-vestibular, nunca trabalhei, e hoje resolvi vir ao SINE ver se consigo um trabalho de seis horas corridas, talvez num call center, porque pretendo continuar me preparando para o vestibular, minha família já não está conseguindo me manter no cursinho, e como não quero parar, preciso do primeiro emprego."

Embora o desejo de melhorar o estudo, visto como condição principal para alcançar esse objetivo, seja comum entre os trabalhadores, a capacidade de planejamento envolvendo um projeto de vida varia entre eles. Alguns conseguem traçar metas intermediárias e buscar condições para tentar atingi-las, enquanto outros têm suas tentativas frustradas e acabam se desanimando.

"Tem muitas dificuldades, mas a gente tem que começar assim, um emprego médio, e cada vez ir passando mais pra frente pra ter um futuro melhor e não pretendo ficar numa coisa que não gosto... quero realizar meu sonho..."

Se as dificuldades estão presentes no caso dos trabalhadores que conseguem se organizar e ter iniciativas na direção almejada, mais difícil fica para os que não conseguem planejar sua trajetória. A ausência de planos torna as perspectivas de melhores condições de colocação ainda menores. Nesses casos, a orientação é fundamental.

"Nunca fiz um estágio, nunca procurei..."

"Não sei explicar qual minha perspectiva de futuro..."

O planejamento e a orientação contribuem para a construção de uma trajetória profissional que envolva progresso, crescimento. Esse caminho exige o reconhecimento das dificuldades e a crença na possibilidade de superá-las. Entretanto, conhecer o contexto atual do campo do trabalho e aperfeiçoar-se para encontrar um lugar em um mercado cada vez mais competitivo exige vontade e empenho.

Nesse sentido, a necessidade de formação continuada é uma constante para todos os trabalhadores, uma vez que a desqualificação técnica acontece muito rapidamente em função do acelerado avanço tecnológico. O desenvolvimento de novas tecnologias influencia, portanto, o nível de conhecimento exigido do trabalhador.

A experiência dos trabalhadores evidenciada até aqui mostra que muitos vêm do trabalho informal, por meio do qual aprendem determinada habilidade e começam sua vida profissional. Mostra também que a inserção precoce no trabalho para sustentar a família, acompanhada de afastamento da escola, é situação muito frequente, que causa, posteriormente, arrependimento e desejo de retomar os estudos.

Entre os que estão há mais tempo no mercado, o abandono da escola, quando ainda eram crianças, fica muito mais distante. As dificuldades de conciliar horários, a exigência de dedicação e mesmo a dificuldade de se colocar novamente como estudante podem impedir a retomada dos estudos pelo trabalhador adulto. De qualquer forma, esses aspectos indicam a necessidade da construção de um processo de atendimento ao trabalhador que envolva orientação para o trabalho, certificação de experiências e identificação de alternativas de trabalho com flexibilização de escolaridade.

2. Dificuldades de colocação e recolocação

Diferentes tipos de dificuldade são mencionados pelos trabalhadores em busca de oportunidades no mercado de trabalho. As dificuldades relatadas pela maior parte dos trabalhadores entrevistados foram: impossibilidade de comprovar experiência, falta de flexibilização e baixa escolaridade. No caso dos trabalhadores em busca do primeiro emprego, a falta de experiência acaba sendo a barreira mais relevante.

> "A maior dificuldade que eu tenho é conseguir um emprego, acho que o que mais dificulta são as exigências, acho que a experiência é o que mais me atrapalha..."

> "... tenho que pelo menos tentar trabalhar e adquirir experiência em alguma coisa, tenho dificuldade porque falta experiência, falta de qualificação também..."

> "... eles dão mais oportunidade para quem tem experiência e como eu não tenho fico na fila esperando."

Entre os mais antigos no mercado, mais experientes, o problema é a comprovação dessa experiência. Alguns trabalhadores têm toda a experiência prática construída em uma ocupação única. Outros, ao contrário, passaram por diversas ocupações que exigem pouca qualificação e não potencializam para a ascensão no mercado de trabalho.

> "... sempre trabalhei só nessa área (mecânica) desde quando comecei a trabalhar. Entrei em oficina aos 11 anos de idade, era a profissão que eu queria ... e agora? Não tem papel..."

> "... minha experiência de todos esses anos nada vale porque não está comprovada em carteira ou em qualquer outro lugar... é como se eu não tivesse feito nada..."

Muitos desses trabalhadores já exerceram várias atividades, mas, sem o registro, a experiência que têm não é considerada. O problema, então, não é propriamente a falta de experiência, mas a sua falta de formalização.

> *"Eu acho que dificulta porque é, tipo assim, eles exigem muito, eu acho que tenho a experiência, experiência, porque, assim, você começa a trabalhar muito cedo, você vem correndo atrás de alguma coisa pra você fazer, só que você não consegue, você não tem oportunidade, entendeu? Então, quando você chega na hora, mesmo que você tem que trabalhar muito, que você vai pra conseguir, eles exigem muito de você, e a experiência que é exigida é registrada em carteira, sempre que trabalhei como doméstica foi registrada, então não tenho experiência declarada em outras áreas... embora tenha feito... eu era secretária, pagava contas, resolvia coisa em banco... sem falar do que fiz antes..."*

Assim como a experiência adquirida na prática e a falta dela restringem as possibilidades do trabalhador, também a idade constitui barreira, dificultando ainda mais a colocação do trabalhador no mercado formal de trabalho.

> *"Com a idade de 40 anos que já tenho e devido ter trabalhado pouco tempo fixado na área de marcenaria de forma comprovada, porque eu trabalho de marceneiro, mas a maior parte como autônomo, isso não vale nada..."*

Então, as dificuldades de encontrar colocação atingem tanto os trabalhadores que têm uma profissão construída pela prática, mas com pouca formalização — caso de marceneiros e mecânicos, por exemplo —, como os que têm experiência em atividades variadas, mas pouco qualificadas, como é o caso de uma entrevistada que já trabalhou em pizzaria, escola, com idosos e como doméstica, entre outras ocupações.

Nos dois casos, a falta de registro em carteira é identificada como a principal barreira. Os trabalhadores que passaram por diversas experiências teoricamente teriam a vantagem de um leque maior de opções de inserção no mercado. Porém, muitas experiências não são registradas e ficam sem valor.

Para os trabalhadores que têm experiência prática construída em uma ocupação única, a dificuldade pode ser ainda maior, sobretudo para os que já se consideram profissionais realmente experientes na sua ocupação e, consequentemente, esperam ser remunerados à altura. Nesse caso, a dificuldade não é apenas encontrar a vaga, mas resolver a incongruência entre o que o trabalhador pode oferecer ao empregador e a retribuição que este está disposto a conceder àquele. A dificuldade se agrava ainda mais quando se considera a diferença entre o nível de proficiência adquirido, em anos de atuação no mercado, e o baixo nível de escolaridade. Isso porque as melhores vagas exigem também maior nível de escolaridade.

Uma das consequências dessa situação é a frustração do trabalhador que não consegue serviço. A procura de trabalho formal pode ser bastante frustrante para esses trabalhadores com experiência prática — porém sem registro formal —, quando percebem que sua experiência não tem valor no mercado. Surge também o sentimento de injustiça por não conseguirem encontrar ofertas de trabalho compatíveis com a experiência prática e a capacidade adquirida.

> *"... é muito difícil, querem contratar um profissional e pagar um salário de auxiliar, e a gente precisa se submeter a isso, pois as pessoas que têm mais instrução acabam levando a nossa vaga, mesmo quando a gente é mais experiente."*

> *"Tenho por mim que o que mais dificulta é a falta de estudo, pois só tenho até a oitava série, e o mercado exige mais 2º grau. Já encontrei vagas que não fui aceito pela falta de escolaridade... Sou mecânico experiente e para o que tenho que fazer não precisa de escola..."*

Talvez o empregador encontre na não escolarização a possibilidade de pagar salários menores, apesar da experiência do trabalhador. O aumento da concorrência com a diminuição das oportunidades de emprego formal agrava as condições dessas pessoas, pois torna a falta de comprovação de experiência e de escolaridade barreiras ainda mais importantes, inviabilizando, assim, as possibilidades de conseguir trabalho formal.

Mesmo trabalhadores que já estiveram formalmente inseridos no mercado de trabalho passam a ter dificuldades de se manter ou de retornar ao mercado após perder o emprego. A qualificação e a escolaridade que antes permitiam um emprego já não são mais suficientes. Como motivos para essa situação aparecem as alterações no mercado e a diminuição dos empregos, fenômenos percebidos pelos trabalhadores no aumento da concorrência, nas vagas oferecidas e no aumento do nível de exigência das empresas, possível em situações de excesso aparente de trabalhadores disponíveis.

> *"Essa é uma área complicada de arrumar, muita concorrência, é uma área que tá pagando um pouquinho melhor, então tem muita gente fazendo curso, se formando em vigilante. Eu tenho o curso, inclusive acabei de fazer minha reciclagem, porque precisa renovar de 2 em 2 anos. E a valorização?"*

Com a diminuição do número de vagas para empregos formais e o consequente aumento da concorrência, a falta de escolaridade e de experiência impõe-se como barreira ainda mais intransponível, uma vez que existe desequilíbrio entre a oferta e a procura por vagas no mercado.

> *"Emprego está cada vez diminuindo mais, tem mais oportunidade para as pessoas de classe mais alta... Porque tem mais condições de pagar cursos, a questão da qualificação... Penso em fazer curso de secretariado, já fiz de informática... Hoje em dia conta mais a idade e também você tem que ter experiência..."*

> *"O mercado, ele é muito cruel com os profissionais em geral, devido à demanda de gente ser muita, precisando de serviço, o que acontece... os empresários aproveitam muito esse ponto, às vezes um profissional vai numa empresa e lá eles fazem a carta como oficial, sendo profissional, e com isso ganha bem menos, um profissional pelo salário do sindicato, creio que é R$ 640,00, e vale-transporte só dá um, procura sempre dar prioridade para quem mora mais perto, esse mesmo que fui lá ele disse que não se interessava porque a quantidade de vale-transporte, mais de dois.*

O motivo atribuído pelo trabalhador para as dificuldades é o excesso de mão de obra, o excesso de concorrência para qualquer vaga que aparece no mercado, principalmente as que oferecem melhores condições, sobretudo de remuneração. Mas há dificuldades como a distância entre a residência do trabalhador e o local de trabalho.

Como decorrência do histórico de buscas frustradas, o trabalhador constrói uma percepção bastante negativa do mercado, uma vez que não consegue colocação, apesar de insistir na busca e lançar mão de diferentes estratégias com essa finalidade. As dificuldades de colocação no mercado pela falta de experiência prática, pela pouca escolarização, pela idade e por outros obstáculos fazem com que as contingências sejam o principal fator definidor do tipo de trabalho a ser realizado. Com isso, os trabalhadores se dispõem a aceitar qualquer tipo de trabalho, independente das habilidades, dos interesses, das facilidades e do conhecimento adquirido.

> *"No momento estou procurando um emprego, qualquer emprego, aceito qualquer coisa, se for numa área que eu não conheço se não exigir experiência também topo."*

> *"Aceito qualquer emprego que me apareça, que seja um emprego honesto."*

É a necessidade impedindo a escolha e o investimento em uma trajetória profissional mais adaptada às características, aos interesses e às facilidades do trabalhador.

> *"... estou procurando trabalho na área de segurança, fiscal de loja, vigilante, é no que gosto de trabalhar, é a área que eu procuro... mas*

também estou procurando em outras áreas também... o que vier é bem-vindo..."

"... se não tiver competência até concordo, mesmo porque eu e várias outras pessoas no mercado não podem escolher, mas melhor pouco do que nada..."

O que faz o trabalhador procurar "qualquer coisa" são as dificuldades do mercado de trabalho e as dificuldades de se colocar naquilo que deseja, tendo em vista experiências anteriores. Isso significa que, mesmo quando existe preferência e preparação definidas, as dificuldades de encontrar trabalho flexibilizam as alternativas.

3. AS ESTRATÉGIAS PARA PROCURAR EMPREGO

Os trabalhadores entrevistados nas agências públicas de emprego, embora utilizando os serviços oferecidos pelo Sistema, não creem na sua efetividade. O Sistema parece quase não contribuir para a inserção no mercado porque são oferecidas poucas vagas e estas poucas fazem exigências difíceis de serem atingidas.

"... hoje é melhor você conseguir uma vaga para emprego através de jornais do que pelo SINE. Olha, eu acho assim, a gente chega... eles pegam a carteira, olham, olham, e diz que não tem, daí você olha no jornal e tem a vaga, aí eu não entendo, no jornal é mais fácil, eu gosto de comprar muito jornal de quinta-feira e domingo, dias que é melhor. Eu já morei aqui 10 anos, mas todo emprego meu que arrumei foi através de jornal e desde dezembro sou cadastrado e nunca consegui nada pelo SINE... as vagas nunca são de acordo com as experiências dos que vão lá..."

"Hoje, se você conhece as pessoas, é mais fácil conseguir alguma coisa... até porque você pode negociar... aceitar ficar por experiência..."

A percepção do trabalhador é de que outras fontes são mais promissoras que as agências públicas. A ideia predominante é de que a indicação é a melhor forma de conseguir uma oportunidade efetiva de trabalho.

"... deixo meu currículo nas empresas de vigilante, só que é muito difícil, pois hoje em dia só com o QI, alguém lá dentro pra te colocar... Realmente as empresas tá funcionando assim..."

"Acho que não sou chamada no SINE pela quantidade de pessoas, essa é a dificuldade, talvez tem indicações, ou talvez pelo meu grau de

escolaridade, talvez sejam essas minhas dificuldades... você precisa conhecer pessoas..."

Nas agências, assim como em outras formas de acesso às vagas, são feitas diversas exigências relativas à qualificação e à experiência, que devem ser comprovadas, e a concorrência, que é sempre muito grande, torna a situação ainda mais difícil. A indicação coloca o candidato em posição privilegiada em relação aos concorrentes, funciona como um "atalho". Essa situação é ilustrada pelo caso de um trabalhador que relata não ter sido selecionado por meio de agência, apesar da experiência, e após alguns meses ter conseguido emprego como manobrista em um estacionamento, por indicação de um primo que trabalhava no local. A falta de experiência e a carteira de habilitação emitida poucos dias antes não foram empecilhos. A indicação dispensa parte das exigências feitas nas agências.

A percepção dos trabalhadores sobre as vantagens da indicação não está equivocada. Mas esse não é o único recurso para procurar emprego. Além do mais, nem todo trabalhador tem alguém para indicar e nem todo empregador contrata por meio de indicações. As agências, portanto, têm seu papel de facilitadoras e precisam aperfeiçoar sua atuação para alcançar mais efetividade nas colocações. Aumentar o número de vagas disponíveis (captação), ajudar o trabalhador a melhorar suas chances de ser absorvido (qualificação, certificação), promover uma comunicação mais direta com o trabalhador e uma articulação maior com o empregador para captação de vagas, objetivando mais flexibilização e ajustamento da vaga às reais necessidades do empregador, sem as superexigências frequentes, são medidas que podem ajudar.

4. A PRECARIZAÇÃO DO EMPREGO E A REJEIÇÃO DE VAGAS

O trabalho precário faz parte da trajetória de trabalho dos usuários do SINE. Essa precariedade é uma tendência atual e atinge diretamente o trabalhador. Reduz ainda mais suas oportunidades e provoca insegurança. A precarização manifesta-se nas condições de trabalho, no tipo de vínculo e na remuneração. As contratações informais permitem jornada de trabalho e salários que desconsideram os acordos coletivos.

"Quando você trabalha como vigilante sem ser pelas empresas realmente de vigilância eles não pagam o salário da categoria... eu ganhava a metade, então não dava. A carga horária é de 8 horas, mas sempre fica mais, 10 horas, era ruim porque eles não pagam hora extra, só ia para o banco de horas que você nunca podia tirar..."

"No interior não trabalhei com carteira assinada, aqui já é com carteira assinada, vai fazer 4 meses que estou desempregada. No último trabalho

guardei o que ganhei com o tempo de casa, seguro-desemprego e com isso estou sobrevivendo. O motivo da saída foi corte de pessoal em todas as lojas."

A precarização do emprego dificulta a inserção do trabalhador no mercado formal, pois reduz o número de vagas. Além dessa redução, as vagas oferecidas nas agências nem sempre são atrativas. Algumas são rejeitadas porque são percebidas como exploração excessiva, principalmente devido ao salário incompatível com as exigências da função. O trabalhador recusa vagas por outros motivos também: por se tratar de empresa muito distante, porque a empresa quer assinar a carteira de trabalho com um salário mínimo e pagar a diferença sem registro, por exemplo. O registro com salário inferior é visto como desqualificação e desvalorização do currículo. O descompasso entre escolaridade formal e experiência registrada em carteira também leva o trabalhador a recusar as vagas oferecidas que se apresentem abaixo da sua expectativa salarial.

Na situação de intermediação, não apenas o empregador escolhe, como também o trabalhador aceita ou rejeita o emprego, apesar da pressão da necessidade.

"... um emprego até bom, numa empresa de ônibus, como mecânico, fiz o teste, passei, trabalhei 3 dias, tem 8 dias que eles mandaram eu ir no escritório da empresa, só que quando cheguei lá, me disseram que a empresa se interessa por mim, será contratado, só que na relação de exames que a empresa solicitava, tem uns que a gente que tem que pagar, exame de coluna, essas coisas, daí ela deu o endereço, e disse que eu teria que pagar 125,00 lá... eu ter que pagar 125,00 reais, eu digo rapaz eu já estou desempregado to atrás de emprego e ter que pagar 125,00 conto nisso aí, eu disse fico trabalhando, eu faço o exame, a empresa paga e depois a empresa desconta de mim."

A recusa de oportunidades por más condições não é fruto de exigências descabidas do trabalhador. Na pesquisa junto aos agentes de atendimento, alguns relataram que ficam constrangidos em oferecer determinadas vagas ao trabalhador. São ofertas de trabalho em condições ruins, e, mesmo que o trabalhador aceite a oportunidade, dificilmente permanecerá na vaga.

As dificuldades de colocação sentidas por trabalhador e agentes de atendimento decorrem do excesso de oferta de trabalhadores e da precariedade das oportunidades. O trabalhador, apesar da necessidade, não aceita ser explorado. Nesse contexto, as ocupações informais aparecem como estratégias de resistência do trabalhador, que pode recusar empregos muito ruins, sem inviabilizar sua sobrevivência. Mas essa via tem as suas dificuldades e, por essa razão, o trabalhador não desiste do mercado formal.

5. Sobre a sobrevivência na informalidade

A realidade do desempregado no Brasil é preocupante. Cada vez mais trabalhadores dependem de ocupações informais para garantir a sobrevivência. A falta de boas oportunidades de trabalho formal estimula iniciativas autônomas no mercado e a informalidade. Porém, as dificuldades de se fixar dessa maneira são muitas e levam o trabalhador a procurar emprego formal novamente.

> *"... eu mesmo já fui dono de oficina, você não dá conta de manter, você tem que registrar, manter funcionário registrado, é muita coisa, muita burocracia, tive a oficina em 2004, não fiquei nem 6 meses com ela, por causa da fiscalização, o tempo até deu para regularizar, não teve foi dinheiro..."*

> *"Sempre procurei trabalho com carteira assinada, mas os salários são muito baixos e devido a isso sempre trabalhei como autônomo, 2 anos atrás meu primeiro trabalho com carteira assinada, não desisti do meio autônomo, mas tenho que procurar melhorar, por exemplo não tem o autônomo, não tem o bico, daí você procura até uma hora dar certo, como eu trabalhei na empresa lá, não dava, salário baixo..."*

Entre as dificuldades enfrentadas como autônomo, a instabilidade é a que mais causa mal-estar. Muitos trabalhadores exercem atividades autônomas ou informais mesmo quando estão empregados. A renda dessas atividades complementa o orçamento, podendo, por vezes, superar o rendimento do trabalho formal, principalmente entre os menos escolarizados. Mas não é uma fonte de renda constante.

> *"O bico é péssimo porque não é uma coisa certa, não é um dinheiro certo, tem vez que aparece, tem vez que não aparece, e eu com a carteira assinada eu sei que todo mês eu vou ter aquele, nem que seja menos, mas todo mês eu vou ter aquele dinheiro, posso contar com ele pra alguma coisa..."*

> *"Bico a gente não arruma todo dia. O bico não é seguro. É necessário ter mais oportunidade de emprego. O bico é assim, faz uns quinze dias, depois fica outros quinze dias sem fazer, não é algo certo. Quero continuar fazendo cursos para melhorar, já estou aguardando o de cozinheiro geral/ camareiro."*

Além da falta de estabilidade, os entrevistados consideram a informalidade uma estratégia de trabalho arriscada. Caso sofram algum acidente de trabalho, não terão direito à assistência. Se ficarem sem atividade também não terão acesso ao seguro-desemprego. O desconforto pela incerteza e pela falta de seguridade social torna-se uma constante.

> *"É ruim porque você não tem estabilidade nenhuma, essa é a maior dificuldade, não tem seguro-desemprego, no bico não tem essas coisas, você saiu tem que providenciar algo imediatamente. Pra mim bico não é legal..."*

> *"A gente se vira para sobreviver, faz bico, no bico tem serviço demais, pessoas me ligam, vêm aqui, tem um serviço para você fazer, eu faço e vou embora, aparece muito, dá pra viver, mas você não pode ficar nisso direto, você corre o risco de um acidente e aí???"*

Estar na informalidade não é propriamente uma escolha do trabalhador. Para muitos, é decorrência da falta de oportunidades no mercado formal. O medo e a insegurança fazem parte da rotina dessas pessoas, principalmente porque são homens e mulheres que garantem não apenas a sobrevivência individual, mas também a da família. A atuação direta no mercado dificilmente sai da informalidade para transformar-se em ocupação autônoma. A falta de vínculo empregatício é vista como problema por esses trabalhadores, e não sem razão. Falta suporte que facilite e garanta recursos em momentos de dificuldade — acidentes, doenças —, já que a renda obtida quase sempre é consumida nas despesas imediatas e não há nenhum tipo de seguro ou garantia para dificuldades futuras. Paira constantemente a ameaça da falta de condições de sobrevivência.

É preciso encontrar alternativas para esses trabalhadores que estão entre a insistência em conseguir um emprego formal, cada vez mais escasso no mercado, e a insegurança da informalidade. É preciso também investir em políticas públicas que deem conta do autônomo de baixa renda, assim como propiciar meios para que a legalidade seja algo possível e possa garantir a estabilidade financeira que, para a maioria dos trabalhadores, é sinônimo de segurança.

REFERÊNCIAS

CODO, W. *Saúde mental e trabalho*. Brasília: Laboratório de Psicologia do Trabalho — UnB, 2003.

ANTUNES, R. *Os sentidos do trabalho*. Ensaio sobre a afirmação e negação do trabalho no Brasil. 5. ed. São Paulo: Boitempo, 2001.

CALDAS, M. P. Enxugamento de pessoal no Brasil: podem-se atenuar seus efeitos em empresa e indústria. *Revista de Administração de Empresas — RAE*, n. 40, 1, p. 29-44, 2000.

CRUZ, M. H. S.; SOUZA, S. A. S. Desemprego e formas de exclusão: implicações sobre a carreira profissional entre trabalhadores fabris em Sergipe. Trabalho apresentado no *II Seminário de Pesquisa FAP — SE*, Aracajú, 2004.

JAHODA, M. *Empleo y desempleo:* un análisis sociopsicológico. Madrid: Morata, 1987.

Capítulo 6

AGENTES DE ATENDIMENTO DO SINE E CARACTERÍSTICAS DO TRABALHO E DA CATEGORIA

Ione Vasques-Menezes
Lúcia Soratto

O propósito deste capítulo é colocar em discussão o trabalho dos agentes de atendimento das agências públicas de emprego do SINE com base na atividade desenvolvida, nas dificuldades enfrentadas e nos sentimentos que o trabalho provoca.

O Sistema Nacional de Emprego — SINE é um sistema complexo. Para atingir seu objetivo final de intermediação de mão de obra, promovendo e facilitando os encontros entre empregadores e trabalhadores, desenvolve um conjunto de atividades e coloca em atuação uma série de atores. No final dessa engrenagem estão os agentes de atendimento. Em contato direto com os trabalhadores em situação de desemprego, e muitas vezes com empregadores, exercem atividade de atendimento ao público. É preciso voltar a atenção para essa atividade, considerando-a tal como ela é: uma atividade complexa, de simplicidade aparente. Para se entender a complexidade da intermediação, há necessidade de dispensar atenção especial aos agentes que realizam a ponta do serviço de intermediação: a interlocução com os trabalhadores.

A tarefa de atendimento, de acordo com Ferreira (2000), é a última etapa de um processo que se articula e depende de etapas anteriores ou simultâneas, executadas por outros participantes do processo que fornecem condições para que o atendimento se efetue. Nesse caso, as etapas anteriores definem, delimitam e viabilizam ou não a consecução do objetivo final da intermediação, que é o encaminhamento do trabalhador, em situação de desemprego, a uma vaga de emprego.

No sistema SINE, três etapas precedem ou são simultâneas ao atendimento e são fundamentais para que o processo de intermediação aconteça realmente: o cadastramento do trabalhador em situação de desemprego; a captação de vagas, que influencia diretamente as possibilidades de encaminhamento dos trabalhadores, pela quantidade e tipo de vaga disponibilizada pelo

Sistema; e a qualificação dos trabalhadores, por meio de treinamentos, fornecendo melhores condições à empregabilidade.

Parte dos agentes de atendimento faz o cadastramento e o acompanhamento dos usuários no Sistema registrando os dados pessoais e profissionais do trabalhador em situação de desemprego, enquanto outros fazem o trabalho de captação de vagas, por meio de contatos pessoais e telefônicos com empresas empregadoras, para alimentar o Sistema com as vagas disponíveis e suas exigências. As informações dos usuários e as características das vagas disponíveis são cruzadas no processo de atendimento para verificar possibilidades de encaminhamento. A disponibilidade de programas de qualificação vai definir a esfera de ação do atendente que pode ficar em uma situação mais flexível ou mais restrita de atuação.

Ainda segundo Ferreira (2000), o serviço de atendimento ao público pode ser considerado uma atividade social mediadora que coloca em cena a interação de diferentes sujeitos em um contexto de trabalho, visando a responder a necessidades específicas dos usuários. Há necessidade de se conhecer os diferentes cenários e atores que são colocados em interação.

Nesse sentido, Minayo-Gomez e Thendim-Cost (1997) consideram que, embora o processo de trabalho no setor de serviços apresente vários elementos análogos às relações estabelecidas no trabalho industrial, é a relação que se estabelece entre trabalhadores e clientes, usuários ou consumidores, que define e diferencia essas atividades. A maior parte dos serviços exige contato direto entre o prestador de serviço e o consumidor/cliente. O que varia é a proximidade, a frequência, o tipo e a intensidade do contato. Essas características que marcam a prestação de serviços de forma direta fazem as relações interpessoais e os afetos ocuparem um lugar de destaque nesse ramo de atuação profissional.

Soares (2001) chama a atenção para as diversas competências que são exigidas desse trabalhador, como competências relacionais, de negociação, de interação e de comunicação, além de habilidades técnicas específicas do sistema de informações. A falta dessas competências, segundo Soares, pode comprometer a própria realização do serviço, já que sua realização depende, de um lado, da qualidade da interação direta com os usuários do serviço e, de outro, da sua interação com o Sistema e com os empregadores na captação e flexibilização das vagas. Os serviços de atendimento do SINE demandam, dos agentes de atendimento, a gestão das próprias emoções. Para garantir as condições de atendimento e fazer frente às expressões emocionais dos usuários do Serviço, que podem incluir diferentes estados emocionais, inclusive de conotação negativa — irritação, raiva, desprezo, ansiedade, angústia —, é preciso moldar suas emoções e expressões afetivas de acordo com o contexto, o cliente e a situação.

O agente de atendimento se vê obrigado a aprender a controlar as suas próprias manifestações afetivas para manter a postura adequada ao serviço. Tanto a supressão dos afetos quanto a expressão de determinados sentimentos e emoções passam a ser demanda de trabalho e não apenas reações espontâneas. Muitas dessas competências sequer são visíveis, mas representam uma demanda quotidiana para o trabalhador desses serviços de atendimento.

Nos postos do SINE, esse tipo de exigência também aparece de forma muito expressiva, sobretudo porque se trata de prestar atendimento a usuários que não raramente estão em situação de sofrimento e desalento em razão da situação de desemprego. Tristeza, irritação, desânimo, desesperança, angústia são alguns dos estados emocionais que podem estar presentes na interação agente-usuário. Nesse contexto, tanto as competências — relacionais, diplomacia, comunicativas — quanto a capacidade de gestão das próprias emoções são requisitos para garantir a qualidade do atendimento prestado. Mas não é só isso. É preciso considerar também as condições da organização do trabalho que permitem ao atendente desenvolver e sustentar essas competências.

Não se pode atribuir apenas ao agente de atendimento e ao seu perfil a boa execução do serviço. É preciso considerar também o modo como está estruturado e as condições que esse trabalhador tem para exercer o seu trabalho. Nesse contexto, é importante verificar aspectos como suporte técnico, material e equipamentos, relacionamento com chefia e colegas de trabalho, carga e controle sobre o trabalho, treinamento adequado e orientação dos supervisores, entre outros.

Assim, é igualmente importante conhecer o perfil dos agentes de atendimento, suas condições de trabalho e o suporte que têm para o desempenho da função, além da dinâmica específica que o serviço de atendimento ao trabalhador desempregado envolve. Diagnosticar o serviço de atendimento implica conhecer a origem e a dinâmica dos problemas que se impõem aos profissionais que atuam nessa atividade, a organização do trabalho e as diferentes lógicas ou estratégias utilizadas no processo para superar as dificuldades enfrentadas. Implica também considerar e conhecer o perfil desses trabalhadores, suas características sociodemográficas, funcionais e de bem-estar no trabalho e como todos esses aspectos podem influenciar as situações de atendimento.

O objetivo deste capítulo é tratar especificamente do perfil dos agentes de atendimento e da organização do trabalho considerando dados de uma pesquisa diagnóstica desenvolvida com mais de 4.000 agentes de atendimento em todo o Brasil.

1. A PESQUISA

Os dados apresentados neste relatório foram levantados por meio de um questionário estruturado com 23 questões acerca do perfil do agente de atendimento e de características do seu local de trabalho. As questões que nortearam a investigação podem ser consideradas em quatro blocos: características sociodemográficas, características funcionais, funcionamento do posto de atendimento e dificuldades enfrentadas. Essas questões foram incluídas no Diagnóstico Integrado do Trabalho, instrumento utilizado para levantar o perfil dos agentes de atendimento do SINE. Esse instrumento foi encaminhado para os postos de atendimento em todo o país de acordo com os endereços do cadastro do Ministério do Trabalho e Emprego — MTE, juntamente com um envelope endereçado para devolução.

O número de questionários enviados para cada posto de atendimento foi definido com base nos números atualizados em 2006 a pedido do MTE. Os questionários e um ofício circular explicando a respeito da pesquisa foram enviados diretamente para as agências. Também foi realizada uma reunião em Brasília com os coordenadores estaduais do SINE com o intuito de explicar os objetivos da pesquisa e orientá-los quanto aos procedimentos e às entrevistas com agentes de atendimento em diferentes estados do Brasil.

As instruções foram para que os agentes de atendimento, os funcionários de apoio ao atendimento e os coordenadores respondessem aos questionários individualmente. Ao responsável pelas agências foi requisitada a reunião e a devolução dos instrumentos respondidos. Os participantes não foram identificados.

Os questionários foram encaminhados de forma censitária a todos os postos do SINE e o nível de devolução foi de mais de 50%. As cinco regiões do país ficaram representadas nessa devolução. Os postos que participaram da pesquisa, devolvendo questionários respondidos, perfazem um total de 606, o que representa aproximadamente 50% do total dos postos. Quanto ao tamanho das agências, tanto as menores quanto as maiores estão bem representadas.

A devolução de questionários permitiu um bom retrato do perfil dos agentes de atendimento, assim como permitiu caracterizar algumas condições de trabalho, problemas e dificuldades típicas desse serviço. É o que será apresentado a seguir.

2. PERFIL DOS AGENTES DE ATENDIMENTO

2.1. CARACTERÍSTICAS SOCIODEMOGRÁFICAS DOS AGENTES

A maior parte dos agentes de atendimento é do sexo feminino (66,3%), representando 2/3 do total. O estado civil predominante é casado (50,4%). Os solteiros representam 38,6%, e os separados ou viúvos 11%. A maior parte tem filhos (61,2%). Em termos de faixa etária, os agentes de atendimento estão em idade adulta ou meia idade, em que cerca de 25% têm entre 30 e 40 anos e cerca de 40% têm mais de 40 anos de idade, o que pode indicar maturidade no atendimento. Quanto ao nível de escolaridade formal, dividem-se entre ensino médio (51%) e nível superior (46,4%).

A faixa salarial desses trabalhadores é bastante variada. Um percentual alto dos atendentes, 51%, recebe entre um e dois salários mínimos; 25,5% têm renda de aproximadamente três a quatro salários mínimos e o restante, cerca de 25%, têm renda pessoal acima de 3 salários mínimos.

A renda familiar desses funcionários também é baixa. Cerca de 40% têm a renda familiar entre 1 e 3 salários mínimos.

2.2. Características funcionais

O vínculo empregatício predominante é o de funcionário público concursado (44,6%), mas estes não representam nem 50% do total. Os demais são, na maioria, contratos temporários (36%) e uma parcela bem menor é de funcionários cedidos e comissionados.

Os funcionários que são cedidos ou comissionados foram para as agências por escolha própria, na maior parte dos casos (47,3%), ou por seleção (38,4%) e apenas 14,3% foram independentemente da própria vontade. Isso significa que as agências têm funcionários que estão nesse serviço por vontade própria, e isso é bastante positivo, pois o interesse e a motivação para o serviço têm um ponto a favor em decorrência dessa condição.

O tempo de trabalho no SINE é bastante variado entre os funcionários, havendo desde funcionários que ingressaram há pouco tempo no serviço (menos de 6 meses no serviço) até os que estão no SINE há mais de 10 anos.

Para grande parte dos participantes da pesquisa, a atuação no SINE é o primeiro emprego (81,9%). Dos que tinham experiência profissional anterior, apenas 12,2% já trabalharam em atividades que envolviam atendimento ao público. A maior incidência de atividades anteriores é de escritório (mais de 50%), seguida de vendas, digitação e docência.

Quanto à organização do setor em que trabalham, o maior percentual (31,6%) respondeu que não há divisão por atividade, ou seja, o funcionário exerce várias funções no posto de atendimento onde trabalha. O percentual dos que trabalham em apenas uma função é bem pequeno (14,8%), mostrando que essa forma de organização do trabalho que especializa o funcionário em um único tipo de atendimento é mais exceção do que regra. Os demais atuam em duas ou mais frentes de atendimento, como cadastro e intermediação ou intermediação e seguro-desemprego. Esse aspecto pode ser considerado positivo tanto do ponto de vista da formação em serviço quanto do ponto de vista da saúde do trabalhador.

A captação de vagas nos postos em que trabalha a maior parte dos funcionários (64,4%) é mista, ou seja, envolve a captação ativa, que implica a iniciativa de contato por parte de funcionário, e a captação passiva, que consiste em apenas responder às chamadas dos interessados em disponibilizar vagas no Sistema.

Quanto a programas de treinamento promovidos pelo MTE, uma parcela de 30% dos pesquisados informaram não ter participado de nenhum treinamento e 7% afirmaram não ter sido promovido nenhum curso durante o tempo em que estiveram no posto. Contudo, o restante, que representa mais de 60%, afirmou ter participado de algum treinamento.

Analisando a participação em treinamento com relação ao tempo de trabalho, o que se observa é que a maior proporção de trabalhadores que não participaram de treinamento está entre os mais novos nas agências. Se por um lado isso é esperado, por outro merece atenção o fato de os funcionários começarem a atuação sem passar por treinamento, uma vez que são justamente os iniciantes na função os que mais necessitam de preparo e de informação, tanto do ponto de vista técnico-operacional quanto do relacional.

Participaram de treinamento promovido pela Secretaria Estadual ou diretamente pelo posto de atendimento quase 80% dos funcionários, sendo que destes quase 60% fizeram algum tipo de treinamento formal e outros 20% participaram de treinamento em serviço. Apenas 20% alegam nunca terem participado de nenhum treinamento promovido pela Secretaria ou pelo posto de atendimento. Também no caso da participação em treinamentos promovidos pela Secretaria, o que se observa é muito parecido com o que acontece no caso dos treinamentos promovidos pelo MTE: os mais novos não participam de treinamentos.

Foi solicitado que os atendentes assinalassem as principais dificuldades encontradas na realização do trabalho. Foram apresentadas as seguintes opções: (a) grande número de atendimento por dia; (b) problemas de relacionamento com os trabalhadores em situação de desemprego; (c) localização do posto; (d) falta de recursos materiais; (e) cobranças feitas por superiores ou por órgãos externos; (f) problemas com a captação; (g) insatisfação com a estrutura física da agência; (h) exigências das atividades; (i) problemas de relacionamento com colegas e/ou chefia; (j) problemas com os outros setores do posto; (k) problemas com a intermediação; (l) problemas com cadastro de desempregados; (m) problemas com seguro-desemprego; (n) problemas de operacionalização do Sistema de Intermediação (SIGAE); (o) contato com o público.

As principais dificuldades identificadas pelos funcionários dos postos na realização do seu trabalho estão relacionadas à falta de condições materiais (36,4%) e de estrutura física dos postos (26,3%) para a execução das atividades. Os problemas relacionados ao SIGAE também foram apontados por uma proporção considerável de funcionários (23,9%). É interessante observar que o número de atendimentos por dia/atendente fica em quarto lugar quando se consideram as proporções das queixas. Outros problemas foram apontados por percentuais menores de pessoas, sempre abaixo de 10%. Esses aspectos também são discutidos no Capítulo 3 deste livro, que trata das Agências Públicas de Emprego, mais especificamente da intermediação.

3. Organização do trabalho

A literatura registra como importante a relação positiva da atitude, do significado e do relacionamento do trabalhador com os colegas, com a chefia e com o próprio trabalho, independente dos vínculos funcionais dos trabalhadores e da instituição onde trabalham. Ou seja, estar satisfeito com o trabalho, comprometido com a organização e não se sentir pressionado, mas entrosado com o que faz e com as pessoas com quem trabalha é importante tanto para o desempenho da instituição quanto para o bem-estar do trabalhador.

Além disso, é bom que o trabalho tenha um significado positivo, não seja visto como simples modo de sobrevivência, mas detentor de importância social e de oportunidades. Esses aspectos serão agora analisados com relação ao trabalho e aos trabalhadores das agências de atendimento vinculadas ao SINE.

3.1. Relação homem-homem: sentimentos do trabalhador diante do trabalho

A atitude do trabalhador frente ao trabalho pode ser entendida pela percepção do indivíduo quanto ao trabalho no que se refere ao seu grau de comprometimento com a organização e o nível de satisfação com a sua escolha (profissão/emprego). Foi medida por duas variáveis: (a) satisfação do trabalhador com o trabalho; e (b) comprometimento com a organização.

A satisfação pode ser entendida como estado de contentamento decorrente da percepção do trabalhador daquilo que realiza e daquilo que deseja do trabalho; interação entre as experiências do trabalho e valores pessoais.

Os estudos que tratam de satisfação no trabalho iniciaram-se ainda na década de 30. É um fenômeno complexo e de difícil definição e aferição, por se tratar de um estado subjetivo, que varia de pessoa para pessoa e de circunstância para circunstância, para a mesma pessoa, ao longo do tempo. É sujeito às influências internas e externas à organização do trabalho (FRASER, 1983).

Para Borges *et al.* (2004), comprometimento implica sentimento de "lealdade em relação a algo". Assim, comprometimento organizacional é uma variável multidimensional e pode ser entendida como um conjunto de sentimentos e reações afetivas positivas como resposta do trabalhador à organização para a qual trabalha e ao compromisso assumido com essa instituição em função de como ela atua com seus trabalhadores.

No caso desta pesquisa, foram analisados os aspectos de satisfação em relação ao trabalho atual no que se refere a vínculo funcional e atividade/profissão e de comprometimento em relação ao envolvimento positivo com a organização.

Os trabalhadores do SINE não apresentaram problemas com relação a esses dois aspectos. Tanto o nível de satisfação quanto o de comprometimento com o trabalho são elevados. Pode-se afirmar que os agentes de atendimento estão envolvidos com a organização e satisfeitos com o trabalho, não querendo sair dela ou mudar de atividade.

3.2. Relação homem-sociedade: relações sociais de produção

Outro aspecto importante na relação do trabalhador com o seu trabalho diz respeito ao relacionamento interpessoal que se estabelece nesse contexto. Esse relacionamento envolve as relações sociais constituídas pelo trabalhador no ambiente de trabalho com chefias (com a finalidade de identificar o grau de relacionamento pessoal e profissional entre o trabalhador e seu superior, em nível profissional e pessoal) e com colegas (profissional e na vida privada). São estudadas nesse contexto sob três vertentes: relacionamento com chefia, relacionamento com colegas de trabalho e suporte social.

Esses aspectos também não apresentaram problemas com relação aos trabalhadores das agências do SINE. As relações entre os agentes de atendimento e chefias ou entre os agentes e seus colegas de trabalho são satisfatórias, e isso é altamente importante para o desenvolvimento do trabalho e do suporte afetivo e social para superar as dificuldades no decorrer do trabalho.

Contudo, os serviços demandam, no relacionamento com a clientela específica, a afetividade do atendente, exigindo a gestão das próprias emoções e das emoções do outro. É preciso moldar as emoções e as expressões afetivas de acordo com o contexto, o cliente e a situação. Ser mais agressivo, duro, delicado ou sensível passa a ser uma demanda profissional. E essa é a real dificuldade estabelecida nas relações sociais de produção.

A gestão dos afetos exige o controle das manifestações afetivas, seja por meio da supressão dos afetos, seja por meio da expressão direta de determinados sentimentos e emoções. Essa gestão das emoções é demandada nos serviços, por exemplo, quando os trabalhadores têm que ouvir sem poder responder, não podem exprimir as verdadeiras emoções, tendo que disfarçar ou camuflar o que sentem. Também o controle das emoções é exigido quando os trabalhadores têm que expressar certas emoções sem que sejam autênticas.

Soares (2001) considera que o exercício das competências necessárias para dar suporte ao caráter relacional dos serviços demanda muito esforço e importante sobrecarga, que nem sempre são reconhecidas, visto que as competências requeridas são de difícil visibilidade, na maior parte das vezes. Sentimentos negativos, tais como ódio e irritação, comumente despertados pelas atividades de atendimento ao público, são objeto de censura social, criando uma dificuldade adicional ao trabalhador: a necessidade de negar até para si mesmo a presença desses sentimentos, o que aumenta ainda mais a sobrecarga afetiva.

Molinier (2001, 2004), também abordando a importância dos afetos nos serviços, especialmente nos serviços domésticos, sugere explicações para o lugar central que os afetos ocupam nesse tipo de ocupação. Para esse autor, a indiferença afetiva é impossível nos serviços, por causa da proximidade dos corpos e da psique daqueles a quem se serve, visto que os serviços implicam contato direto com as vontades, as angústias, os medos, a aparência, o cheiro, a sujeira do outro. Essa proximidade pode despertar tanto afinidade quanto aversão. Além disso, colocar-se a serviço do outro requer disponibilidade permanente e capacidade de acordo afetivo, que não são naturais, exigindo um esforço pessoal para conseguir se envolver. Molinier (2004) considera, ainda, que servir sem se alienar implica um grande esforço para conservar um espaço psíquico autônomo e para administrar a sobrecarga de sentimentos positivos e negativos provocada pela proximidade e dedicação que os serviços exigem.

Para Codo e Gazzotti (1998), quando a relação afetiva é obrigatória para o próprio exercício do trabalho, como acontece nos serviços, é maior também a possibilidade de quebra do circuito afetivo. Isso porque a exigência do vínculo afetivo para a realização do trabalho provoca uma contradição: ao mesmo tempo em que faz necessário o estabelecimento de vínculo afetivo, impossibilita o estabelecimento desse vínculo de forma satisfatória, pois as mediações na relação de trabalho remunerado impedem o retorno para o trabalhador na mesma medida do que foi investido. Isso quer dizer que, para realizar bem o trabalho, é preciso envolver-se afetivamente com os clientes. No entanto, se fizer dessa maneira, o trabalhador estará sujeito ao sofrimento. Para esses autores, a impossibilidade de completar o circuito afetivo nas atividades de cuidado é de caráter estrutural. O trabalho requer um vínculo afetivo, mas a forma de organização do trabalho não permite que esse circuito afetivo se complete, por causa das regras, da técnica e dos princípios estabelecidos independentemente da vontade do trabalhador. Esse tipo de conflito, provocado pelo trabalho que envolve diretamente o cuidado, a relação e o afeto, pode manter-se invisível, sendo percebido somente quando os danos se tornam evidentes.

Esse problema afeta os agentes de atendimento principalmente nos primeiros anos de serviço. Embora parte dos agentes já houvesse realizado outros tipos de atendimento direto ao público, muitos sentem o impacto das características próprias desse serviço e das situações trazidas pelos usuários. Por isso o fato de muitos agentes do SINE, mesmo com experiência anterior em outros serviços de atendimento, relatarem a passagem de um período difícil de adaptação no novo trabalho. Essa adaptação não envolve apenas a aprendizagem técnica e a adaptação ao Sistema de Informação utilizado para cadastrar os trabalhadores e fazer a intermediação, mas também a adaptação emocional e o desenvolvimento de estratégias para enfrentar as dificuldades características desse tipo de prestação de serviço.

Isso ocorre porque o atendimento no SINE não se reduz ao fornecimento e coleta de informações e encaminhamento para uma vaga de emprego/trabalho, qualificação ou os cálculos de seguro-desemprego. O atendimento exige, como já dito, o manejo das dificuldades postas pela situação pessoal vivida pelo trabalhador desempregado, pelas condições do mercado e pelas exigências dos empregadores. O atendente atua como mediador e precisa lidar constantemente com essas dificuldades. Cada serviço e cada público exigem dele uma adaptação à especificidade dos serviços prestados pela instituição em que se encontra. Essas exigências que vêm do próprio trabalho são responsáveis pelo impacto que alguns agentes sofrem no início do novo emprego.

Somente o desenvolvimento de um programa de treinamento continuado e o bom relacionamento com a chefia e com os colegas vão permitir desencadear o preparo emocional e as estratégias de enfrentamento que venham a consolidar maneiras de se adaptar a esse tipo de atendimento.

3.3. Relação homem-natureza: significado do trabalho

As medidas relacionadas ao significado do trabalho permitem analisar o que esse trabalho representa para o trabalhador, que lugar ele ocupa em sua vida, o quanto permite crescimento, realização e progresso. Mais ainda, permite estimar como o trabalho é percebido pelo trabalhador.

O trabalho que faz sentido é o trabalho que gera um produto que o trabalhador tem condições de identificar como seu, ou seja, consegue visualizar o resultado final, reconhecendo sua participação para a obtenção daquele produto. Reconhece suas competências, habilidades, esforços e, acima de tudo, reconhece o resultado em si, a consequência do trabalho realizado. Quando essa consequência do trabalho realizado não é reconhecida, quer por falta de conclusão, quer por excessiva departamentalização, em que cada um faz uma pequena parte e ninguém tem a noção do todo, diz-se que há um trabalho alienado.

Assim, quando o trabalhador, por qualquer razão, não consegue olhar para o seu trabalho e fazer algum tipo de identificação entre o resultado obtido e o resultado idealizado (importância social do trabalho), um elo se quebra. O trabalho passa a não ter vínculo com o trabalhador e o resultado não é de sua responsabilidade, uma vez que se sente distanciado ou desconhece o resultado. Sabe o que faz, mas não reconhece na consequência do seu trabalho a importância ou significado que ele tem para si e para os outros, mesmo como trabalho idealizado. O trabalhador se sente alienado do próprio trabalho. A tarefa fica circunscrita a obrigações formais, normas, regras, procedimentos, salário, horário. Em resumo, fica circunscrita à sobrevivência que o trabalho lhe garante. O trabalho alienante é aquele que constitui apenas um meio para viver e representa um fim em si mesmo.

Infelizmente isso pode estar acontecendo junto aos postos do SINE. A missão do Sistema, reconhecida por seus trabalhadores como de grande importância social, não se concretiza por meio do trabalho realizado. O percentual de encaminhamento de candidatos a uma vaga do Sistema é baixo e o percentual de emprego realmente efetivado é mais baixo ainda. Dessa forma, o agente de atendimento sente-se "traído" pelo resultado do seu trabalho e isso se reflete no seu dia a dia profissional. Essa situação é mais grave na medida em que a grande maioria dos funcionários (98%) reconhece a importância social do trabalho que realiza. Porém, essa importância não é traduzida só em resultados satisfatórios.

Quando os trabalhadores dos postos de atendimento do SINE foram questionados quanto às dificuldades para alcançar as metas de intermediação, as respostas que mais se destacaram e que aparecem como queixas quase unânimes foram a baixa qualificação dos trabalhadores e as exigências dos empregadores. Em seguida, a pouca experiência dos trabalhadores em situação de desemprego. Isso significa que, independente da região, do estado ou do posto de atendimento, o grande vilão para atingir as metas definidas pelo

MTE são as incompatibilidades entre as exigências do mercado materializadas nas demandas dos empregadores e a formação, preparação e experiência dos trabalhadores em situação de desemprego.

Vale ressaltar a necessidade de se diferenciar qualificação, experiência e nível de escolaridade. Os dados obtidos entre os trabalhadores em situação de desemprego revelam, em sua maioria (algo em torno de 65%), uma escolaridade de ensino médio (antigo 2º grau) completo. Contudo, esses trabalhadores muitas vezes não têm experiência comprovada em carteira de trabalho ou cursos de qualificação que os habilite para as exigências do cargo. Sabe-se que existe uma supraexigência em grande parte das vagas, o que leva a outro problema: necessidade de maior articulação e flexibilização na captação de vagas, promovendo uma discussão entre a realidade da oferta de mão de obra e as exigências reais para aquela função, além de se estabelecer um modelo de captação de vagas mais ativo (captação e flexibilização). É importante verificar que o número baixo de vagas para intermediação também é considerado um problema por cerca de 20% dos trabalhadores dos postos.

A Tabela 1 mostra o percentual de respostas dos agentes de atendimento quanto às dificuldades mais significativas para atingir as metas de intermediação.

Tabela 1 — Dificuldades significativas para alcançar as metas de intermediação

Dificuldades significativas de alcançar as metas de intermediação	Sim %	Não %
Baixa qualificação dos trabalhadores	70,2	29,2
Exigência dos empregadores — perfil da vaga	61,3	38,7
Pouca experiência dos trabalhadores	45,2	54,8
Problemas na convocação devido à não atualização dos cadastros	21,0	79,0
Pequeno número de vagas para intermediação	19,5	80,5
Cadastro incompleto por falha no preenchimento	11,3	88,7
Cadastro incompleto por dificuldade de se obter informação do trabalhador	10,3	89,7
O SIGAE deveria ter mais campos para registro de experiência do trabalhador	8,1	91,9
Problemas na convocação quanto à possibilidade de seleção dos trabalhadores a serem convocados	7,6	92,4
Erro no cadastro	6,4	93,6
Erro no sistema	3,6	96,4

Os problemas referentes à convocação, aqui indicados por 21% dos trabalhadores, muitas vezes ocorrem por endereços incompletos no cadastro do próprio desempregado e por dificuldades de contato.

Quanto às dificuldades na relação com os trabalhadores em situação de desemprego, os agentes do SINE apontam as dificuldades de o desempregado informar a atividade/cargo/função a que se candidata ou se habilita.

Isso pode ser explicado pela própria divergência entre as exigências da vaga e a realidade, tanto da função quanto do perfil dos desempregados. Tanta dificuldade para comprovar experiência, por um lado, e por apresentar altas expectativas com relação ao resultado desse contato, por outro, coloca os agentes de atendimento em uma situação ainda mais conflitante (resultado idealizado *versus* resultado real ou possível).

É importante ressaltar que as dificuldades para atingir as metas são apontadas com maior proporção do que as dificuldades relativas à realização do trabalho em si. Ou seja, os agentes de atendimento cadastram o trabalhador, verificam as vagas, encaminham os candidatos, mas nada disso é suficiente para alcançar as metas de efetiva colocação no mercado.

Essa realidade tem suas consequências na relação dos agentes de atendimento com o seu trabalho. Aspectos como controle sobre o trabalho, percepção de rotina, sobrecarga no trabalho e, principalmente, percepção de trabalho vazio foram analisados e apresentaram resultados preocupantes. Nesses resultados pode estar a origem do rompimento entre a existência de importância social do trabalho e um resultado satisfatório do trabalho.

O trabalho tem um lugar importante na vida das pessoas, papel de agente socializador e construtor da identidade do adulto. É preciso pensar no lugar que o trabalho ocupa na vida de todos e de cada um de nós. Assim, um trabalho repleto de sentido é um trabalho que permite a cada indivíduo colocar sua subjetividade naquilo que faz. Ou seja, o resultado do trabalho contém muito do trabalhador: lá está seu conhecimento, suas habilidades, sua capacidade criativa, seu jeito de fazer. Um trabalho repleto de sentido permite crescimento e realização, cria oportunidades de aprendizagem e desenvolvimento, de interação social.

E um trabalho sem sentido? É o trabalho esvaziado, percebido pelo trabalhador como sem propósito, sem possibilidade de identificação, quer pela dificuldade intrínseca que ele apresenta, quer pelo distanciamento entre o resultado real e o resultado esperado. O trabalho sem sentido é um trabalho que se traduz pelo nada, por um amontoado de tarefas que não se vincula a nenhum aspecto pessoal do trabalhador. O trabalhador faz, mas sem saber por que, nem para que, e, às vezes, mesmo sem saber o quê. Não que o trabalhador não saiba contar sobre suas atividades. Ele é capaz de listar suas tarefas. Mas não consegue saber o que tem a ver com elas. Nem tampouco consegue identificar o resultado final do seu trabalho, o que ele concretamente produz.

Quando em contato com os agentes de atendimento do SINE, fica clara a ruptura entre missão e resultados do trabalho executado. Em função das exigências do Sistema, da visão dos empregadores, das exigências/desenho das vagas e da realidade da clientela (trabalhadores em situação de desemprego), a efetividade do trabalho executado pelos atendentes é relativamente baixa. Ou seja, o número de encaminhamentos realizados em relação à proporção dos cadastros preenchidos é pequeno e a relação entre encaminhados e efetivados é ainda menor. Essa realidade impõe aos atendentes uma dissonância cognitiva entre o que deveria ser feito — missão do órgão — e o que na realidade é desenvolvido, fazendo com que o trabalho se torne vazio. Nessa dura realidade, outros problemas se estruturam: percepção de falta de controle, rotina excessiva, sobrecarga de trabalho e sofrimento psíquico, conforme abordado a seguir.

3.3.1. Controle do trabalho

Diz-se que o trabalhador tem controle de seu trabalho quando ele tem domínio do processo de trabalho, conhece sua atividade e é o principal responsável pela execução e pelo resultado. Em outras palavras, o trabalhador tem controle quando decide como fazer, quando fazer, em que ordem fazer e quando alterar o processo; cabe a ele, portanto, tomar as decisões para que o objetivo da tarefa seja alcançado. Tem controle, ainda, quando não depende do ritmo e do funcionamento de uma máquina, não está imobilizado por normas e procedimentos que tolhem a autonomia, não depende da aprovação e decisão de outro para realizar sua tarefa. O controle está intimamente relacionado à autonomia que é conferida ao trabalhador na execução do seu trabalho. Nesse sentido, quanto mais autonomia e poder de decisão possuir o trabalhador, quanto maior o conhecimento de como realizar suas atividades, quanto maior o domínio e o sentimento de responsabilidade pelo resultado do seu trabalho, maior será o seu controle desse trabalho.

Embora os trabalhadores dos postos do SINE tenham autonomia no desenvolvimento do trabalho no que se refere à relação entre trabalhador e clientela (trabalhadores em situação de desemprego), os limites desse contato são definidos pelas exigências do Sistema e das vagas oferecidas pelos empregadores. Ainda de forma mais grave, esse limite de controle na maior parte das vezes inviabiliza a conclusão efetiva do trabalho, ou seja, o encaminhamento do trabalhador a uma vaga.

A proporção de trabalhadores do SINE que percebem a relação de controle do trabalho como problemática é significativa, 13,8%, e deve funcionar como alerta para problemas mais graves.

3.3.2. Rotina

A percepção de rotina também é um dado importante a ser analisado. Um trabalho rotineiro pode minar as forças do trabalhador, impedindo o envolvimento e a motivação para o trabalho. Cabe, então, perguntar a respeito dessa característica no caso dos trabalhadores do SINE.

Mas, antes disso, é preciso perguntar o que faz com que um trabalho seja considerado rotineiro. A natureza da atividade responde a essa questão: trabalho rotineiro envolve atividades que se caracterizam por serem repetitivas, sem variações, padronizadas, em que os procedimentos realizados pelo trabalhador são os mesmos todos os dias.

Embora a percepção de rotina seja elevada nos diversos setores do trabalho dos postos do SINE (algo em torno de 60%), a percepção de rotina ocorre com maior frequência entre os trabalhadores das áreas de intermediação (69%) e seguro-desemprego (68%).

A percepção de rotina pode ser ocasionada por várias razões, tanto da ordem do trabalho em si quanto da relação subjetiva do trabalho. Considerando que o trabalho com o público implica grandes diferenças, em que cada um traz um tipo de problemática, conduzindo o trabalho a caminhos variados, esse nível elevado de percepção de rotina de certa forma nos surpreende. Em relação às áreas de atividade do SINE em que a percepção de rotina foi mais elevada, duas análises devem ser feitas.

Nesse momento, vale compreender os outros fatores da relação do trabalhador com seu trabalho que estão associados à rotina para verificar se existem fatores, além da natureza da tarefa, que interferem na percepção de que o trabalho é muito rotineiro.

No caso da área de seguro-desemprego, o trabalho desenvolvido em função do próprio controle exigido pela legislação pertinente implica, com certeza, maior burocracia, que pode ser percebida pelo trabalhador como excesso de rotina. Nesse caso, a percepção de rotina é ocasionada pelo trabalho em si.

Quando analisada a percepção de rotina na intermediação, a situação é outra. O trabalho na intermediação, pela sua origem e definição, não é burocratizado nem repetitivo. As pessoas são diferentes, colocam-se de formas diferentes e exigem respostas e condutas também diferentes. Então, o que faz com que esse trabalho "não rotineiro" por definição se transforme em rotineiro?

A rotina acontece quando ocorre a substituição do contato aberto com a clientela, o que garantiria o trabalho não rotineiro, por uma burocratização da relação. Essa mudança ocorre porque, na situação de contato, os agentes de atendimento ficam expostos ao conflito da própria situação que se apresenta: envolvimento com o trabalhador em situação de desemprego e precária possibilidade de solução.

Nesse contato direto, evidencia-se a limitação do trabalho. Por defesa, os agentes buscam não estabelecer contato, rotinizando a relação. Os agentes de atendimento sabem que a maior probabilidade é de inoperância em termos de produto final do trabalho, uma vez que os atendimentos geram resultados positivos em poucos casos, o que vai de encontro à importância social atribuída ao trabalho.

Outros aspectos também podem estar contribuindo para a percepção de rotina, tais como as características específicas de articulação entre estado ou município e os postos de atendimento, o relacionamento com a chefia imediata, o volume de atendimento por dia e a divisão de trabalho interno.

3.3.3. Sobrecarga no trabalho

A sobrecarga de trabalho é mais um aspecto apontado por boa parte dos agentes do SINE como problemático nas agências de atendimento ao trabalhador. A modernização dos processos, aos poucos, vem substituindo a sobrecarga física, aquela que incide sobre os músculos diretamente, para uma sobrecarga mental, seja em função de tempo ou de esforço. No instrumento de coleta de dados a que os trabalhadores do SINE responderam, a sobrecarga no trabalho foi analisada sob duas dimensões distintas: (1) uma dimensão de tempo para realização do que deve ser feito; e (2) uma dimensão de esforço mental necessário para a realização da tarefa.

As causas da sobrecarga mental pelo trabalho são variadas, sendo que todas, quase sempre, relacionam-se à forma de organização do trabalho: pouca mão de obra, mão de obra pouco qualificada, divisão do trabalho precária ou altamente burocratizada, trabalhos que não geram produtos ou resultados significativos, dando a sensação de um eterno recomeçar.

Há situações em que a sobrecarga de trabalho é concreta, real. O trabalhador tem um volume de trabalho muito grande, ou lida com tarefas muito complexas ou que exigem altos níveis de concentração.

Porém, existe um tipo de sobrecarga mental com um caráter mais subjetivo. Nesse caso, não há fatores objetivos justificando o sentimento de sobrecarga no trabalho, mas, mesmo assim, o trabalhador percebe o trabalho como exaustivo ou volumoso, quase que impossível de ser realizado.

Pesquisas indicam que trabalhos repetitivos, monótonos, altamente normatizados ou sem significado são considerados pelos trabalhadores como pesados e desgastantes, dando a sensação de sobrecarga. Ou seja, é muito desgastante realizar um trabalho em que o nível de variação, desafio ou resultado é reduzido ao mínimo.

A proporção dos trabalhadores que se sentem sobrecarregados pelo trabalho é muito elevada entre os funcionários dos postos de atendimento ao trabalhador, sendo de 32% em relação a sobrecarga/tempo e de 46% em relação a sobrecarga/esforço.

De um lado, o trabalho nos postos do SINE tem picos ao longo do dia, da semana e mesmo do mês e do ano. O período da manhã, por exemplo, é mais puxado que o período da tarde e existe um volume grande de trabalhadores em situação de desemprego que procuram as agências no início da semana. Esse número vai decrescendo no decorrer da semana, sendo que sexta-feira é o dia de menor movimento na maior parte das agências. O número de atendentes por posto, considerando essa oscilação de movimento, de maneira geral, é insuficiente para os momentos de pico e ocioso nos momentos de maior tranquilidade. Nesses momentos aparentemente ociosos, o agente de atendimento é deslocado para outras atividades dentro da agência, como captação de vagas. Essa situação pode explicar a percepção de sobrecarga com relação ao tempo para a execução. Uma fila de 400 pessoas à frente do funcionário gera, sem sombra de dúvida, uma pressão de tempo.

A sobrecarga no trabalho com relação ao esforço, em parte, pode ser decorrente dessa pressão de tempo, somada às condições físicas e operacionais não satisfatórias, que incluem sistemas lentos que travam a todo instante, cadeiras não ergonômicas, iluminação insuficiente, barulhos e uma série de problemas estruturais do trabalho. Somam-se a isso as dificuldades ocasionadas pela relação trabalhador-clientela e a falta de resultados positivos já mencionada anteriormente.

As consequências dos problemas de trabalho apresentados e discutidos até agora podem ser resumidas em dois pontos inter-relacionados: problemas de desempenho no trabalho e sofrimento do trabalhador. Como sofrimento psíquico, o *burnout* parece ser o que mais tem afetado os trabalhadores do SINE, tendo como consequências, além dos aspectos inerentes a essa síndrome — como exaustão emocional, baixa realização pessoal no trabalho e despersonalização —, também a depressão e algumas somatizações conversivas.

REFERÊNCIAS

BORGES, L. O. *et al*. Comprometimento no trabalho e sua sustentação na cultura e contexto organizacional. *Revista de Administração de Empresas — RAE*, Rio de Janeiro, v. 3, n. 1, p. 1-15, 2004.

CODO, W.; GAZZOTTI, A. A. Trabalho e afetividade. In: CODO, W. (org.). *Educação: carinho e trabalho*. Petrópolis: Vozes, 1998.

FERREIRA, M. C. Serviço de atendimento ao público. O que é? Como analisá-lo? Esboço de uma abordagem teórico-metodológica em ergonomia. *Revista Multitemas*, Campo Grande: MS, n. 16, p. 128-144, 2000.

FRASER T. M. *Human stress, work and job satisfaction:* a critical approach. Germany: International Labour, 1983.

MOLINIER, P. O ódio e o amor, uma caixa preta do feminismo? Crítica da ética do devotamento. *Psicologia em Revista*, Belo Horizonte, v. 10, n. 16, p. 227-242, 2004.

_____ . Souffrance et théorie de l'action. *Travailler*, Paris, n. 7, p. 131-46, 2001.

SOARES, A. *Les émotions au travail:* le coeur des services. Université du Québec à Montreal, École des Sciences de la Gestion, Département d'Organisation et Ressources Humaines. Disponível em: <www.ergonomie-self.org/self2001/v2/V2-033-R125-SOARES.pdf> Acesso em: 27.1.2001.

Capítulo 7

Burnout entre os Funcionários das Agências Públicas de Emprego

Ione Vasques-Menezes
Lúcia Soratto

Pode-se entender *burnout* como estado decorrente de tensão emocional crônica gerada por meio do contato direto e excessivo com outras pessoas na situação de trabalho, particularmente quando envolve atividade de *cuidado*, fazendo com que o trabalhador, para exercer sua atividade, tenha que se envolver com a sua clientela. Como clientela de risco, a literatura aponta os profissionais das áreas de educação e de saúde, policiais e agentes penitenciários. Contudo, a atividade dos agentes de atendimento do SINE em muito apresenta essa relação de cuidado.

Cuidar é uma tarefa que implica envolvimento emocional, estar disponível para o outro. O panorama é amplo e complexo, já tendo sido explorado por muitos pesquisadores, tais como: Freudenberger (1974), que usou pela primeira vez o termo *burnout* para se referir à série de sintomas que compunha a "síndrome"; Maslach e Jackson (1986), que pesquisou o assunto e construiu um instrumento de avaliação em *burnout*; Cherniss (1980), que defendeu a ideia de que os sintomas que compõem a síndrome são respostas possíveis para um trabalho estressante (frustrante ou monótono); assim como os estudos de Maslach e Jackson (1981), Farber (1983), Leiter e Maslach (1988) e tantos outros, como o de Codo e Vasques-Menezes (1998), no Brasil.

No caso dos trabalhadores do SINE, a tensão vincular-se afetivamente *versus* não se vincular afetivamente está sempre presente e o trabalhador, portanto, está sujeito, em maior ou menor grau, às dificuldades por ela provocadas. Entre as dificuldades, existem as diretamente relacionadas ao trabalho em si, como o descompasso entre o perfil do trabalhador em situação de desemprego e as exigências das vagas do Sistema, implicando um baixo grau de compatibilidade e, consequentemente, poucos encaminhamentos. Os problemas decorrentes dessa situação acarretam a *indiferença em relação ao trabalhador desempregado* e a *identificação excessiva com o trabalhador desempregado*.

Sendo assim, compreender a subjetividade do próprio trabalho de *cuidador* é, de certa forma, dupla responsabilidade, uma vez que visa à promoção da saúde dos trabalhadores que oferecem algum tipo de cuidado, o que acaba por interferir na qualidade do próprio cuidado prestado por estes a outros trabalhadores. A Síndrome de *Burnout* ocorre pela tensão gerada entre envolver-se afetivamente e não poder completar o circuito afetivo. Por um lado, o trabalhador precisa estabelecer, na sua relação de cuidado, o vínculo afetivo, para que seu trabalho se realize. Por outro lado, em se tratando de uma relação profissional mediada por normas, exigências, perfil das vagas e dos trabalhadores em desemprego, valores e outras variáveis, estabelecer um vínculo afetivo torna-se impossível. A tensão gerada no paradoxo entre a necessidade de estabelecer um vínculo afetivo e a impossibilidade de concretizá-lo provoca inquietação e esta, na falta de estratégias internas[14] ou externas[15] para enfrentá-la, leva à exaustão emocional e ao *burnout* (VASQUES-MENEZES, 2005).

A contradição em envolver-se afetivamente para realizar o trabalho sem perceber o retorno desse circuito afetivo provoca sofrimento nos trabalhadores. Adoecem tentando ajudar. O cuidador (*caregiver*) torna-se também carente de cuidado. Se antes era um trabalhador sofrendo, agora são dois: o desempregado que foi procurar ajuda e o atendente que sofre tentando ajudar. Ou ainda, "o trabalhador envolve-se afetivamente com os seus clientes, desgasta-se e, num extremo, desiste simbolicamente, não aguenta mais, entra em *burnout*" (CODO; VASQUES-MENEZES, 2000).

É importante destacar que, desde os primeiros estudos, *burnout* não foi considerado uma resposta isolada de tensão individual, mas, reconhecendo o papel do trabalho no processo de adoecimento/sofrimento, foi estudado com base nas dimensões social e relacional do trabalho. Assim, na tentativa de entender *burnout* em termos da relação do trabalhador com o seu trabalho, privilegia-se o contexto interpessoal e a atenção às emoções sem se descuidar dos aspectos específicos da organização do trabalho, considerando *burnout* uma síndrome com multideterminações.

Como um conceito multidimensional, a Síndrome de *Burnout* envolve três componentes:

a) exaustão emocional: esgotamento físico e mental dos trabalhadores; pode ser entendida como o desgaste provocado pela tensão

---

(14) Entendemos por estratégias internas os recursos pessoais direcionados a atingir as demandas apresentadas, ou seja, tudo o que estiver associado à subjetividade do trabalhador na relação com o seu trabalho.
(15) Entendemos por estratégias externas os recursos externos, objetivos e subjetivos, percebidos pelo trabalhador na sua relação com a organização do trabalho.

vincular-se afetivamente *versus* não se vincular afetivamente, gerando um nível de esgotamento percebido pelo trabalhador, como se ele já não pudesse dar mais de si afetivamente. Nessa situação, é comum se ouvir queixas como "... deito, mas às vezes não consigo dormir direito... sonho com o que tenho que fazer no dia seguinte..." ou "... já acordo cansada, parece que nem parei de trabalhar...", "... domingo à noite já fico esgotada só em pensar em trabalhar na segunda...";

b) baixa realização pessoal no trabalho ou ineficácia: insatisfação no que se refere às expectativas quanto às atividades desempenhadas; ocorre nessa relação afeto-trabalho com a perda do investimento afetivo no desenvolvimento do trabalho, como se tudo que fizesse não resultasse em nada de positivo. Pode ser caracterizada por depoimentos como "... parece que tudo que faço não serve para nada... nado, nado e morro na praia...";

c) despersonalização ou cinismo: estabelecimento de um contato indiferente e impessoal com a clientela. O vínculo afetivo é substituído por um vínculo racional. O trabalho passa a ser visto somente pelo seu valor de troca em uma "coisificação" da relação com o cliente, que é tratado como objeto ou peça anatômica: "... às vezes faço meu trabalho quase que maquinalmente...", "... muitas vezes penso nos meus pacientes como um número de matrícula...".

Existe uma variedade de concepções acerca da Síndrome de *Burnout* adotada por diferentes autores. A concepção usada neste estudo foi desenvolvida pelo Laboratório de Psicologia do Trabalho — LPT da Universidade de Brasília — UnB com base em pesquisa com trabalhadores em educação envolvendo 38.000 sujeitos e os 27 estados brasileiros; articula aspectos objetivos e subjetivos da relação trabalho-trabalhador (CODO; VASQUES--MENEZES, 1998).

Essa concepção entende a Síndrome de *Burnout* a partir da ruptura afeto--trabalho, em que, de um lado, o afeto se impõe como condição e necessidade para o desempenho do trabalho e, de outro lado, a organização do trabalho, compreendida pelos seus aspectos objetivos e subjetivos da relação trabalhador-trabalho, não favorece o incremento desse afeto de forma satisfatória. Nessa proposta, a despersonalização e a baixa realização no trabalho surgem como alternativas possíveis, desenvolvidas pelo trabalhador como resposta ao sofrimento decorrente da situação de exaustão emocional em que ele se encontra, ou seja, surgem como forma de desistência simbólica, eliminando o outro, ou eliminando a si mesmo, com sentimentos de baixa realização profissional (VASQUES-MENEZES, 2005).

1. COMO O BURNOUT SE APRESENTA PARA TRABALHADORES DOS SINEs

O percentual de funcionários das agências públicas de emprego que manifestam exaustão emocional, baixa realização emocional e despersonalização é bastante elevado, ficando em torno de 25%.

Vasques-Menezes (2005) considera que a tensão gerada nesse paradoxo entre a necessidade de estabelecimento de um vínculo afetivo e a impossibilidade de concretizá-lo leva à exaustão emocional e ao *burnout*. Assim, torna-se imprescindível, para o entendimento da ocorrência de *burnout*, conhecer como as condições de trabalho estão sendo percebidas pelos trabalhadores e como estão afetando a existência de *burnout*.

Estudos como os de Vasques-Menezes (2005) mostram que aspectos objetivos e subjetivos da organização do trabalho — como satisfação/insatisfação, sobrecarga mental, controle do trabalho (possibilidade de influir no processo), rotina, sentido do trabalho, suporte afetivo e social, relações sociais (relacionamento com chefia e colegas), conflito trabalho-família (se o trabalho rouba tempo da família ou vice-versa), tipo de gestão e importância social do trabalho (perceber o trabalho como importante) —, quando problemáticos, podem ser preditores da ocorrência de *burnout*.

No que se refere à exaustão emocional, aquele sentimento de esgotamento em que o trabalhador se sente como se já não pudesse dar mais de si afetivamente, que ocorre em 25% dos trabalhadores do SINE, pode ser explicado em grande parte (55% da variância de exaustão emocional foi explicada dessa maneira) pela percepção de sobrecarga no trabalho, percepção de rotina, percepção de trabalho vazio e de conflito trabalho *versus* família. Cerca de 47% da ocorrência de baixa realização pessoal no trabalho e de 32% da ocorrência de despersonalização são explicados por essas mesmas variáveis.

Por outro lado, a satisfação no trabalho, assim como o suporte social e a importância social do trabalho, aparece como variável que protege.

Do ponto de vista clínico, a associação de *burnout*, considerando seus três fatores, com depressão, conversão e mania também é elevada. Pode-se afirmar que estas surgem como consequência do *burnout*. O trabalho sem produto ou resultado, somado ao dilema de envolver-se *versus* não se envolver afetivamente com uma clientela que praticamente não tem como ajudar, leva ao *burnout*. O desânimo, a autoestima comprometida, o sentimento de exaustão física e emocional, a ansiedade e a tristeza, da distimia até a depressão maior, assim como a conversão e o eterno recomeçar sem saber bem o quê (mania), surgem em uma psicodinâmica de sofrimento e de desalento no trabalho.

Nos contatos feitos com os trabalhadores do SINE, três perfis foram identificados entre os atendentes e exemplificam muito deste quadro de *burnout* no trabalho:

I. Identificação excessiva com o trabalhador desempregado

a) Agentes de atendimento se identificam com a situação de vida do trabalhador desempregado; consideram que a separação entre sua condição e a dele é mínima porque também podem passar para a condição de desempregado;

b) Solidarizam-se com o drama dos atendidos a ponto de tentar resolver com recursos próprios as dificuldades imediatas do trabalhador — dinheiro para comprar um lanche para o trabalhador que está sem comer, dinheiro para a passagem quando o trabalhador não tem como chegar até a empresa, alteração de alguma informação para conseguir encaminhamento quando não há vaga e a situação do trabalhador é muito dramática.

Essa identificação excessiva pode levar a um distanciamento como forma de defesa, para não se ver refletido naquele drama. Portanto, o distanciamento do trabalhador e a identificação excessiva são reações opostas, mas muito próximas, havendo sempre a possibilidade de que o envolvimento venha a ser transformado em desenvolvimento para minimizar o peso emocional que a situação de atendimento ao trabalhador desempregado acarreta. As reações observadas nos agentes de atendimento das agências do SINE são características de uma forma de adoecimento provocada pelo trabalho que se manifesta em trabalhadores cuja tarefa é cuidar e dar atenção a outras pessoas — educadores, profissionais de saúde. Essa forma de adoecimento pode estar acontecendo entre os trabalhadores das agências de atendimento ao trabalhador. O desgaste emocional provocado pelo trabalho gera exaustão emocional e a desistência ou o afastamento da situação que provoca sofrimento.

II. Indiferença em relação ao trabalhador desempregado

a) O trabalhador é recebido com indiferença;

b) Há pouco ou nenhum contato visual com o trabalhador;

c) Há pouca comunicação direta com o trabalhador;

d) Quase não há envolvimento dos agentes no sentido de realmente ajudar/orientar o desempregado fornecendo informações e auxílio em relação às escolhas feitas;

e) São feitos comentários pejorativos com colegas de trabalho a respeito da condição do trabalhador;

f) O trabalhador desempregado é considerado pertencente a uma condição muito distante da que é experimentada pelos agentes.

III. Envolvimento, mas com reconhecimento de limites da situação de cada um

a) O agente reconhece seu papel profissional de fazer um bom atendimento e entra em conflito em função das limitações que se apresentam para o desempenho do seu trabalho;

b) Ele sabe que o trabalhador desempregado está em situação crítica, o que justifica que chegue nervoso, e desenvolve estratégias para enfrentar essa situação;

c) O agente assume uma postura cooperativa com relação ao desempregado: cumprimenta, olha para o trabalhador, sorri e fala diretamente com ele; ouve com atenção, anota as informações necessárias — quando o trabalhador tem dificuldade para fornecer as informações necessárias, faz perguntas ajudando o trabalhador a fornecê-las; recolhe as informações e complementa o que falta; fornece informações ao trabalhador, inclusive quando tem vaga, mas os detalhes inviabilizam o encaminhamento, mostrando os motivos da incompatibilidade.

Nas duas primeiras situações, o atendimento fica igualmente comprometido, mas por razões opostas: na primeira pelo afastamento, e na segunda pelo excesso de proximidade. Situações de atendimento ao púbico exigem envolvimento em algum nível, porém, quando é excessivo, o agente se confunde com o trabalhador e toma decisões que podem ter consequências negativas para ele mesmo, para o trabalhador e para o SINE. Um exemplo é quando o agente de atendimento encaminha, conscientemente, trabalhadores desempregados sem o perfil desejado, como tentativa de ajudar o trabalhador (caso do excesso de envolvimento). No extremo oposto estão as consequências do distanciamento. O afastamento tira justamente a possibilidade de satisfação e prazer próprios do trabalho de atendimento ao público: a sensação de ter feito um bom atendimento, de ter feito alguma diferença para o trabalhador, de não tê-lo feito apenas perder tempo mesmo quando não é encaminhado, embora o encaminhamento seja a meta principal e condições devam ser criadas para que seja alcançado.

Maslach, Schaufeli e Leiter (2001) tecem conclusões importantes acerca de *burnout*, que são resultado de pesquisas desenvolvidas até hoje, tais como a aplicada junto aos trabalhadores do SINE. Essas conclusões podem ser assim resumidas:

a) *burnout* é uma experiência individual *específica* do contexto do trabalho, provocada por fatores situacionais e ambientais da organização do trabalho;

b) pode ser entendida como o resultado de uma exposição longa a estressores crônicos no trabalho;

c) os trabalhadores mais motivados e idealistas estão mais sujeitos ao *burnout*, uma vez que defendem mais seus ideais, chegando a um esgotamento emocional, à despersonalização e ao sentimento de baixa realização quando, apesar de seus esforços, não conseguem atingir suas metas;

d) *burnout* ocorre nos primeiros anos de trabalho (mais ou menos 5 anos) e tende a se estabilizar em torno de 20 anos de serviço; pesquisas desenvolvidas por Codo e Vasques-Menezes (1998, 2000), comprovando essa colocação, mostram que a maior incidência de *burnout* ocorre no período entre 10 e 20 anos de trabalho;

e) é frequente a associação de *burnout* à sobrecarga de trabalho, ou seja, à alta demanda com poucos recursos;

f) não existe um consenso de como ocorre o processo de adoecimento em *burnout* no que se refere à hierarquia dos três fatores ou dimensões, embora se venha a identificar a exaustão emocional como fator importante e central nesse caso;

g) quanto mais altos os fatores de exaustão emocional e despersonalização e mais baixo o fator de realização pessoal no trabalho, em conjunto ou separadamente, maior será o sofrimento do trabalhador e piores serão os índices com relação ao desenvolvimento no trabalho;

h) pesquisas têm associado *burnout* a dimensões de trabalho (sobrecarga, controle, relacionamento com a comunidade, valores, equidade e recompensa) como aspectos importantes no ajustamento do trabalhador (MASLACH; LEITER, 1997);

i) outras pesquisas, utilizando ambiguidade e conflito de papéis, severidade dos problemas dos clientes, ausência de recursos no trabalho, falta de suporte social (no trabalho ou em casa), ausência de autonomia ou baixo controle dos resultados do trabalho demonstram que esses aspectos podem provocar ou agravar o nível de *burnout* do trabalhador;

j) com relação ao desempenho no trabalho, *burnout* pode ser associado à baixa produtividade e efetividade; absenteísmo; intenção de abandonar o emprego; problemas de relacionamento com colegas, superiores e clientela; reduzida satisfação no trabalho e baixo compromisso com a Organização ou o trabalho em si;

k) apesar de o *burnout* ser um fenômeno social e não individual, trabalhadores com muito envolvimento com o trabalho, necessidade de controle excessivo e lócus de controle externo apresentam alta correlação com *burnout*, principalmente no que se refere ao fator de exaustão emocional;

l) a exigência da expressão de emoção no trabalho, como suprimir falhas de papéis afetivos ou mostrar-se emocionalmente empático, responde pela discrepância adicional em *burnout* sobre estressores de trabalho (ZAPF *et al.*, 2001);

m) pesquisas usando o MBI e várias medidas de depressão estabelecem que *burnout* é um problema específico do contexto de trabalho, ao contrário da depressão, que perpassa todo domínio da vida de uma pessoa (FREUDENBERGER, 1983; WARR, 1987; MASLACH; SCHAUFELI, 1993; SCHAUFELI; VAN DIERENDONCK, 2000; BAKKER; SCHAUFELI, 2000; GLASS; MCKNIGHT, 1996; GLASS; MCKNIGHT; VALDIMARSDOTTIR, 1993; LEITER; DURUP, 1994);

n) pessoas que estão vivenciando *burnout* podem favorecer um impacto negativo nos colegas, causando conflito pessoal e comprometendo atividades no trabalho. As decorrências do *burnout* podem afetar as relações familiares por um efeito que Burke e Greenglass (1989, 1995) denominaram de *spillover*;

o) o vínculo de *burnout* com saúde mental é complexo, tendo sido anteriormente associado à dimensão de neuroticismo e ao perfil psiquiátrico de neurastenia no trabalho; contudo é considerado uma síndrome;

p) são observados com frequência em trabalhadores com *burnout* sintomas que vão desde a ansiedade, falta de ânimo, autoestima comprometida e sentimento de exaustão física e emocional até a depressão.

Referências

BAKKER, A. B.; SCHAUFELI, W. B. Burnout contagionprocesses among teachers. *Journal of Applied social Psychology*, 30, 2000.

CHERNISS, C. *Professional burnout in human service organizations*. New York: Praeger, 1980.

CODO, W.; VASQUES-MENEZES, I. Educar, educador. In: CODO, W. (org.). *Educação:* carinho e trabalho. Petrópolis: Vozes, 1998a.

_____. O que é *burnout*? In: CODO, W. (org.). *Educação:* carinho e trabalho. Petrópolis: Vozes, 1998b.

_____. Trabalho docente e sofrimento: burnout em professores. In: AZEVEDO, J. C. *et al. Utopia e democracia na educação cidadã*. Porto Alegre: UFRGS, 2000.

CODO, W. (org.). *O trabalho enlouquece?* Petrópolis: Vozes, 2004.

FARBER, B. A. *Stress and burnout in the human services professions.* New York: Pergamon, 1983.

FREUDENBERGER, H. J. Staff burnout. *Journal of Social Issues,* 30, 1974.

_____. Burnout: contemporary issues, trends and concerns. In: FARBER, B. A. *Stress and burnout in the human services.* New York: Pergamon, 1983.

GLASS, D. C.; MCKNIGHT, J. D. Perceived control, depressive symptomatology and professional burnout: a review of the evidence. *Psychology and Health,* 11, 1996.

GLASS, D. C.; MCKNIGHT, J. D.; VALDIMARSDOTTIR, H. Burnout, depression, and perceptions of control in hospital nurses. *Journal of Consulting and Clinical Psychology,* 61, 1993.

GREENGLASS, E. R.; BURKE, R. J.; KONARSKI, R. *Components of burnout, resources and gender,* 1998.

LEITER, M. P.; DURUP, M. J. A discriminant validity of burnout and depression: a confirmatory factor analytic study of spillover. *Anxiety, Stress and Coping,* 7, 1994.

LEITER, M. P.; MASLACH, C. Impact of interpersonal environment on burnout and organizational commitment. *Journal of Organizational Behavior,* 9, 1988.

MASLACH, C.; LEITER, M. P. *The truth about burnout.* San Francisco: Jossey, 1997.

MASLACH, C.; JACKSON, S. *Maslach burnout inventory manual.* Palo Alto: Psychologist, 1986.

_____. The measurement of experienced burnout. *Occup. Behav.,* 2, 1981.

MASLACH, C.; SCHAUFELI, W. B. Historical and conceptual development of burnout. In: SCHAUFELI, W. B.; MASLACH, C.; MAREK, T. *Professional burnout:* recent developments in theory and research. Washington: Taylor & Francis, 1993.

MASLACH, C.; SCHAUFELI, W. B.; LEITER, M. Job burnout. *Annual Review of Psychology,* 52, 2001.

SCHAUFELI, W. B.; DIERENDONCK D. Van. *Utrechtse Burnout Schaal,* 2000.

VASQUES-MENEZES, I. *A contribuição da psicologia clínica na compreensão do burnout:* um estudo com professores. Tese (Doutorado em Psicologia). Instituto de Psicologia. Brasília: Universidade de Brasília, 2005.

WARR, P. B. *Work, unemployment and mental health.* Oxford: Clarendon, 1987.

ZAPF, D. et al. *Emotion work and behavioral disords.* Geneva: WHO, 2001.

BURKE, R. J.; GREENGALSS, E. A longitudinal study of psychological burnout in teacher. *Human Relations,* v. 48, 1995.

_____. The client's role and psychological burnout in teachers and administrators. *Psychological Reports,* 64, 1989.

Capítulo 8

Proposta Metodológica de Orientação para o Trabalho das Agências Públicas de Emprego

Ione Vasques-Menezes
Lúcia Soratto

1. Orientação para o Trabalho e Agências Públicas de Emprego

O projeto Saúde Mental e (Re)alocação Profissional para Trabalhadores Desempregados buscou, entre outras coisas, o desenvolvimento de uma metodologia de orientação para o trabalho pelo Sistema Nacional de Emprego e Renda, com o intuito de melhorar e otimizar o engajamento dos trabalhadores desempregados em atividades produtivas mais adequadas às suas expectativas, interesses e aptidões; buscou também estabelecer uma forma de orientar o desempregado para sua qualificação de forma a permitir melhores condições de alocação e permanência no mercado de trabalho. Nesse sentido, a proposta metodológica de Orientação para o Trabalho apresenta outro paradigma para a orientação vocacional ou profissional. Esse novo (velho) paradigma se estabelece na relação identidade e trabalho. Propõe um modelo de orientação capaz de identificar competências, atividades e desenvolvimento pessoal e profissional, estimulando o autoquestionamento e o planejamento de vida profissional, orientando trabalhadores a enfrentar as exigências do mercado de trabalho, de forma a possibilitar maior empregabilidade e estabilidade.

A primeira fase do projeto Saúde Mental e (Re)Alocação Profissional para Trabalhadores Desempregados, realizada no período de dezembro de 2004 a dezembro de 2005, revelou resultados preocupantes da realidade dos trabalhadores desempregados e do serviço de atendimento aos trabalhadores, oferecido pelas agências do Sistema Nacional de Emprego. Esses resultados mostraram de um lado a falta de foco no atendimento, por desconhecer o perfil do trabalhador atendido pelo SINE e as características atuais do mercado de trabalho, sobretudo a contradição entre trabalho e emprego amplamente desconsiderada na organização do sistema. Por outro lado, os trabalhadores em situação de desemprego também desconhecem a realidade do mercado e apresentam dificuldades ao precisar qual a experiência que possuem e qual o tipo de emprego ao qual estariam interessados ou mais habilitados a se candidatar.

Na segunda fase do projeto, realizada de janeiro de 2006 a junho de 2007, detalhou-se melhor essa realidade na qual ocorre o atendimento, mediante aprofundamento dos dados tanto em relação aos trabalhadores em situação de desemprego que buscam o SINE, quanto no desenvolvimento do perfil dos atendentes e trabalhadores usuários do sistema. Com base nessas duas realidades é que essa proposta de orientação para o trabalho se construiu.

1.1. O DESAFIO DA ORIENTAÇÃO EM AGÊNCIAS PÚBLICAS

Uma proposta de metodologia de orientação para o trabalho adaptada para os usuários do SINE representa um desafio. Um desafio por várias razões. Entre elas está o fato de que a maior parte dos programas, métodos e técnicas de orientação para o trabalho dirigem-se a jovens em processo de escolha de curso de formação superior. As escolhas dos adolescentes prestes a enfrentarem o vestibular têm mais visibilidade porque mobilizam crenças, visões de mundo, recursos materiais e financeiros, destacando-se como um processo em que a vontade pessoal tem participação efetiva. Fora desse grupo, bem menos se fala em *escolha* para ingresso no mercado de trabalho. A integração desses trabalhadores à população economicamente ativa (PEA) acontece de formal contingencial, em resposta às oportunidades imediatas, minimizando o papel da escolha como elemento definidor da inserção no mundo do trabalho entre os que não passam pelas universidades. Isso não significa que, de fato, as escolhas não estejam acontecendo nesses casos. Ao contrário, elas acontecem de muitas maneiras e em muitos momentos da trajetória profissional. A perda de emprego, a insatisfação com o tipo de trabalho, a busca de melhores salários ou de crescimento na mesma trajetória profissional são algumas das circunstâncias que demandam escolhas. Ocorre que muitas dessas escolhas passam despercebidas porque fazem parte do quotidiano ou porque contrariam expectativas, envolvendo conflitos entre necessidade e desejo, ou por outros motivos.

A respeito do processo de escolha, Ferretti (1988) enfatiza a diferença entre expectativa ou intenção de opção e a opção de fato. No campo das expectativas, as escolhas são sempre possibilidades sem restrições, enquanto as realizações efetivas são limitadas por diferentes determinações. Isso porque as opções reais não se concretizam em um contexto de plena liberdade. O que existe são menores ou maiores graus de liberdade para a tomada de decisão.

No caso da primeira escolha, essa diferença entre expectativa e realização efetiva da escolha já se anuncia no momento de saída do ensino médio, como pode ser visto em um estudo realizado por Sparta e Gomes (2005). Nesse estudo, os autores mostram que a formação superior e, portanto, o vestibular, está na pretensão tanto de estudantes do ensino público quanto na dos estudantes do ensino particular em altas proporções (77% entre os alunos de escola pública e 95,4% entre os alunos de escolas particulares), porém as condições de efetivação da escolha não se dão da mesma maneira nos dois grupos.

Nessa mesma pesquisa, os autores mostram que, enquanto cerca de 31% dos alunos de escolas particulares buscam entrar direto no mercado de trabalho ao término do ensino médio, essa proporção sobe para mais de 64% entre os alunos da escola pública. Essa já é uma condição que diferencia a implementação de metodologias de escolhas para os dois grupos, mas não impede o exercício da escolha e da preparação para a escolha e a importância da conscientização de um projeto de carreira. Vale ressaltar que aqui a palavra *carreira* é utilizada no sentido de *percurso a ser traçado pelo trabalhador, envolvendo o planejamento da inserção no mundo do trabalho e a sua capacidade de empregabilidade, permanência e crescimento no trabalho ao longo do tempo.*

Acerca dos fatores que influenciam o processo de escolha para o trabalho, teorias econômicas, sociológicas e psicológicas oferecem diferentes perspectivas de compreensão, privilegiando ora os fatores internos, ora os externos ou ainda tentando uma integração. Conforme revisão feita por Ferretti (1988), as teorias econômicas chamam atenção para fatores de ordem econômica que tornam atraentes determinadas ocupações e desestimulam outras. Já as teorias sociológicas demonstram a influência da cultura e da sociedade sobre a percepção e a escolha. A influência da origem socioeconômica, por exemplo, que organiza aspirações sociais e ocupacionais, define oportunidades de escolarização e de preparação profissional, impõe limites de mobilidade social e profissional e oportunidades de trabalho efetivo. Grupos responsáveis pela transmissão de valores como a escola e a família têm influência sobre as escolhas, na medida em que afetam os sistemas de valores. As teorias psicológicas, por sua vez, diferem das sociológicas e econômicas, colocando o foco nas características individuais e de personalidade, nas percepções pessoais e na psicodinâmica individual que influenciam a escolha. No caso dessas teorias, a ênfase está em identificar interesses, habilidades, tendências do indivíduo e facilitar o processo de escolha, contribuindo para que seja feita a melhor opção individual, aquela que oferece melhores perspectivas de efetivação e de satisfação para o indivíduo.

1.2. A INSERÇÃO PROFISSIONAL COMO RESULTADO DE SELEÇÃO E ESCOLHA

Com base em várias facetas implicadas na escolha, Blau *et al.* (1968), conforme Ferretti (1988), propõem um modelo geral, que apesar de antigo, ainda pode ser bastante útil, pelo seu caráter integrativo, para explicar a inserção do trabalhador no mercado. De acordo com esse modelo, a entrada no mercado se define mediante interação de dois processos: a *escolha* ocupacional e a *seleção* ocupacional.

A escolha ocupacional, feita pelo indivíduo, é delimitada pela hierarquia de preferências e expectativas pessoais cujas determinantes imediatas são as informações sobre as ocupações, as qualificações técnicas, as características do papel social e a hierarquia de valores pessoais. A clareza das escolhas ocupacionais vai implicar a busca de meios para realizá-las, mediante programações de curto, médio e longo prazos que envolvem a interface entre educação formal, qualificação e aperfeiçoamento.

No plano da seleção ocupacional, feita pelo mercado, o que conta são os padrões ideais definidos pelos contratantes e as práticas das agências de seleção cujos determinantes imediatos são as oportunidades formais, os requisitos funcionais e não funcionais e a quantidade e tipos de recompensas disponibilizadas. Aqui a intervenção possível seria com vistas à melhor adequação de ambas as entradas: de um lado, o ajustamento das exigências de cargos ou vagas às reais necessidades, utilizando-se de melhor combinação exigência-vaga, por outro lado, a promoção da certificação de experiências, qualificação e aperfeiçoamento nas competências técnicas e pessoais exigidas.

A ideia é que as pessoas selecionam e são selecionadas pelo mercado, havendo, portanto, duas forças em ação ao mesmo tempo. É essa interação entre os fatores individuais, relacionados à escolha pessoal, e os fatores ligados ao mercado que vai explicar a escolha e a sua efetivação. Então, para se pensar em orientação para o trabalho, duas condições se impõem: (1) conhecer o mercado e o trabalhador. É preciso conhecer em profundidade a realidade do mercado de trabalho, tanto no que se refere a empregos formais atuais e em prospecção, como em termos de capacidade de ações empreendedoras; e (2) conhecer as possibilidades de qualificação e aperfeiçoamento dos trabalhadores para encaminhamento e vazão na operacionalização das escolhas. É na interação entre essas duas dimensões da escolha que acontecem os encontros e desencontros. Por essa razão, a compreensão dessa interação é essencial para organizar programas de orientação para o trabalho que devem, independente da abordagem teórica, dos métodos e técnicas, trabalhar na intersecção entre o indivíduo e a sociedade/mercado.

Considerar as características do trabalhador e a conjuntura do mercado é requisito essencial para melhor compreender as escolhas e os caminhos de sua efetivação, levando-se em conta que sempre existe uma opção, mesmo que para isso se tenha de assumir escolhas intermediárias, enquanto se criam condições para a escolha idealizada.

Assim, reconhecer a escolha como parte da trajetória dos trabalhadores, admitindo que em alguns momentos possa haver graus de liberdade diferentes ou necessidades de investimentos de médio ou longo prazo, concluindo por uma definição mais ampla de escolha como a mencionada. Nesse sentido, Lisboa (2002) observa limites que circunscrevem qualquer escolha e sugere que ela deve ser entendida como "uma busca cuidadosa dentro das possibilidades, analisando as viabilidades, as realidades e as prioridades". No caso da escolha profissional, os limites incluem a situação das profissões e do mercado, presente e futura, assim como as condições concretas de existência do trabalhador, os seus objetivos e valores e as características individuais. Esses elementos devem ser reconhecidos e trabalhados no processo de orientação para o trabalho.

1.3. O papel da orientação para a escolha

A adequação das escolhas ocupacionais é condição importante para que o desempenho do trabalhador naquela atividade possa beneficiar tanto o próprio indivíduo quanto a sociedade. A *orientação para o trabalho* pode contribuir para a escolha de uma atividade, profissão ou carreira, procurando conciliar os desejos e condições pessoais à realidade do mundo do trabalho. Atualmente, quando se pensa em orientação profissional/carreira ou em *orientação para o trabalho*, terminologia adotada nessa proposta, o que se busca atender são os vários momentos em que é preciso tomar decisões, planejar a direção e assumir uma posição no mundo do trabalho, muitas vezes enfrentando desafios de qualificação.

Partindo-se dessa perspectiva, a orientação que já se ocupou predominantemente das problemáticas relacionadas à primeira escolha, volta-se também para a mudança de carreira ou para recolocação no mercado, de trabalhadores em mudança de trajetória profissional. Ou seja, aqueles que já fizeram uma primeira escolha e que tiveram interesse ou necessidade de revê-la, em decorrência de mudanças pessoais ou no mercado de trabalho, são clientes em potencial que podem ser beneficiados por programas de orientação.

A *orientação para o trabalho* pode ser útil em diferentes momentos da vida profissional por conduzir a uma reflexão sobre as dificuldades encontradas e os possíveis caminhos a serem seguidos. Entre esses momentos em que a orientação pode se útil estão: a entrada no mercado de trabalho, a perda do emprego, a insatisfação com o trabalho atual, a necessidade de mudança em função do mercado de trabalho, necessidade de qualificação e de crescimento pessoal. Nesses momentos, torna-se necessário, de acordo com Uvaldo (1995), um retrospecto das escolhas realizadas, das metas alcançadas e das perspectivas futuras, sem esquecer o universo do mercado de trabalho em que o trabalhador está inserido.

O processo de *orientação para o trabalho* auxilia a pensar sobre mercado de trabalho e a refletir sobre as colocações possíveis, propiciando a definição de projetos de curto, médio e longo prazos. É papel da orientação, auxiliar também na tarefa de elaboração da frustração das metas não alcançadas, repensando a relação com o trabalho, tanto nos casos de dificuldade de alocação no mercado, quanto nas situações de desemprego recorrente, de longo tempo e de falta de adaptação ao trabalho. Nesses casos, é importante reconhecer o que são dificuldades pessoais, o que são limitações impostas pelo mercado de trabalho e o que pode ser feito para superar essas dificuldades. A orientação, nesses momentos, de acordo com Uvaldo (1995) pode ajudar a reconhecer as próprias necessidades, a compreender o passado para poder delinear o futuro, planejando a própria vida.

Malschitzky (1995) defende, inclusive, a importância da continuidade desse processo ao longo da vida de trabalho. Isso porque, com as mudanças no mercado e nas condições de empregabilidade, torna-se cada vez mais importante que cada trabalhador possa fazer uma análise de suas competências, qualificações, possibilidades e limites. Esse conhecimento só vem a facilitar a condução de metas, o encontro do trabalho almejado e o aumento da permanência no trabalho e da satisfação profissional. Para essa autora, o planejamento e a gestão de carreira devem ser trabalhados a partir da identificação de necessidades de desenvolvimento de competências, habilidades e comportamentos apropriados que serão incorporados por meio da qualificação adequada. Quanto melhor o desenvolvimento pessoal e profissional e o conhecimento agregado, tanto maior poderá ser a chance de esse trabalhador ingressar ou manter-se no trabalho.

Por isso a importância de se ter um plano de percurso a ser seguido para aumentar o desempenho e a empregabilidade a curto, médio e longo prazo.

Qualquer projeto de carreira, de acordo com Dutra (1996), deve considerar os fatores interdependentes: autoavaliação, estabelecimento de objetivos, plano de implementação e acesso às experiências profissionais. A autoavaliação permite levar em consideração as qualidades, interesses e potencial individual para vários espaços do trabalho. O estabelecimento de objetivos permite conjugar a identificação realista de competências, interesses e motivações e a avaliação das oportunidades e realidade de mercado. O plano de implementação visa a estabelecer um direcionamento para a capacitação e acesso às experiências profissionais necessárias para competir pelas oportunidades e para atingir as metas propostas.

Do ponto de vista operacional, para o planejamento da orientação, Dutra (1996) considera que é necessário que o trabalhador siga algumas premissas básicas como: coletar informações sobre si mesmo e sobre o mundo do trabalho; traçar um perfil detalhado de si (personalidade, interesses e aptidões), bem como das possibilidades de atuação no mercado de trabalho, com conhecimento das possibilidades de ocupações e, por fim, o estabelecimento de metas realistas, baseadas nessas informações, com a definição de estratégias para o alcance das metas.

Uma dificuldade adicional mencionada por Dutra (1996) e que precisa ser levada em consideração no processo de orientação, diz respeito à resistência ao planejamento da vida profissional que pode estar presente no caso de alguns trabalhadores. Essa resistência acontece tanto pelo fato de o trabalhador encarar a trajetória profissional como algo dado, quanto pelo fato de não ter tido qualquer estímulo ao longo da vida profissional para esse planejamento. Na população de usuários do SINE, a possibilidade de resistência ao planejamento também existe, principalmente, por causa da trajetória desses trabalhadores que envolve poucas escolhas realmente conscientes no campo do trabalho, por terem de atender à demanda mais urgente da sobrevivência imediata.

No entanto, a necessidade de aproveitar as oportunidades disponíveis, embora seja real e não possa ser negada, também não deve funcionar como barreira que os impede de perceber a possibilidade e a importância de planejar o futuro.

1.4. A ORIENTAÇÃO NAS AGÊNCIAS PÚBLICAS

As agências públicas de emprego que fazem parte do SINE recebem diariamente em todo o país centenas de trabalhadores em busca de inserção ou reinserção profissional. Esses usuários do sistema público de emprego não são homogêneos. O perfil sociodemográfico traçado desses usuários indica vários grupos distintos. São trabalhadores de diferentes faixas etárias, níveis de escolaridade e renda, embora possam ser considerados pertencentes, na sua grande maioria, à classe média baixa. Para a construção de uma proposta de *orientação para o trabalho* ou ainda *de inserção ou reinserção profissional orientada*, essa diversidade deve ser considerada, pois tem implicações importantes, representando, de um lado, um desafio a ser enfrentado e, de outro, a necessidade de se pensar em níveis diferenciados de atenção e de alternativas a serem oferecidas.

Os vários subgrupos de usuários do SINE precisam ser contemplados levando-se em consideração suas necessidades específicas. Dada à heterogeneidade do público, essa proposta pretende trabalhar com as especificidades de quatro subgrupos de trabalhadores: (1) jovens com pouca ou nenhuma experiência; (2) trabalhadores com mais de 40 anos; (3) trabalhadores em situação de desemprego recorrente; (4) desempregados de longo tempo em risco maior de desalento.

Diferentes em características e em necessidades, cada um desses quatro subgrupos justifica enfoques diferenciados, embora deva passar pelos quatro momentos da orientação: (1) questionamento do seu papel no trabalho; (2) compreensão do seu passado (condição histórica) para visualização de futuro (construção da identidade); (3) conscientização de seus interesses e de suas necessidades e (4) planejamento do futuro (desenho de proposta de vida).

Os mais jovens, em sua grande maioria, ainda na busca do primeiro emprego, compõem o grupo dos usuários mais escolarizados. O que se observa é que esses trabalhadores ingressaram ou estão ingressando no mercado após mais anos de estudo que os trabalhadores mais antigos. A grande dificuldade é a harmonização do universo de múltiplos ideais e ansiedades a uma realidade restrita do mercado de trabalho que, entre outras coisas, valoriza a experiência e coloca esses candidatos em desvantagem nesse quesito. A consequência é que, embora com mais escolaridade e, em alguns casos, alguma qualificação, esses trabalhadores se encontram em uma situação de difícil empregabilidade.

Os trabalhadores em situação de desemprego acima de 40 anos, em geral, começaram muito jovens no mundo do trabalho, alguns ainda na infância como aprendizes do pai ou fazendo pequenos serviços para compor o orçamento doméstico, trocando os bancos da escola pela labuta diária. Esses trabalhadores, comumente, definem a trajetória profissional em função das oportunidades mais imediatas: trabalho do pai ou de algum familiar, a indicação de algum amigo da família, a oportunidade "caída do céu" em alguma fábrica, comércio ou serviço. A necessidade fez aprender um *ofício* que lhes possibilitou a sobrevivência. Parte desses trabalhadores tem experiência formal, embora não conste o registro dessas experiências de forma clara e precisa, a fim de habilitá-los como profissional de determinada área, pois, muitas vezes, o que consta na carteira não corresponde exatamente ao que fazia. Além disso, a experiência profissional desses trabalhadores varia muito, indo desde funções bem pouco especializadas até ocupações de média ou alta especialização.

Outro grupo, também preocupante, se define, não pela relação direta com a idade ou escolaridade, mas por um tipo de contingência na vida de trabalho: o desemprego recorrente. São pessoas que, por alguma razão, se veem confrontadas, repetidas vezes, com o desemprego. Os motivos variam muito e podem estar relacionados a problemas de ajustamento patrão-empregado ou empregado-atividade, área de atuação com alta concorrência ou em desativação ou, ainda, a falta de refinamento da escolha, entre outros. Aspectos como escolaridade, experiência e qualificação, às vezes são desconsiderados no momento de aceitar uma vaga, em decorrência do desespero da busca por colocação no mercado, transformando o trabalhador em um "faz tudo", independente de afinidades e habilidades. Esse tipo de inserção no mercado pode colocar esse trabalhador em situação de vulnerabilidade, uma vez que nem sempre é possível manter o interesse ou a motivação para o desempenho da atividade nessas circunstâncias, transformando o trabalhador em alvo fácil ao desemprego.

O desempregado de longa duração tem mais ou menos esse mesmo perfil ora se parecendo mais com os trabalhadores com mais idade (acima de 40 anos), ora com os trabalhadores com experiência de desemprego recorrente.

Outros subgrupos também podem ser identificados entre os usuários do SINE, como, por exemplo, os trabalhadores com nível de formação mais elevado e experiência, as mulheres, os trabalhadores que estão pela primeira vez desempregados, os trabalhadores que se demitiram e estão à procura de outro tipo de trabalho, os que querem fazer mudanças na trajetória de trabalho. Esses grupos são importantes e, embora devam receber atenção e suporte para se recolocar no mercado o mais rapidamente possível, não serão tratados separadamente para efeitos dessa proposta de orientação para o trabalho. Entretanto, poderão vir a formar grupos de atenção no futuro nos mesmos moldes destes ora definidos.

O que se espera de um programa de *orientação para o trabalho* é que ele possa contribuir para aumentar as possibilidades de empregabilidade, permanência e crescimento no trabalho ao longo do tempo. O objetivo da orientação dirigida a trabalhadores é, portanto, facilitar sua inserção no mercado e permanência no trabalho. Para isso, é preciso que o trabalhador aprenda outras maneiras de lidar com a sua trajetória profissional, de forma que seja capaz de fazer escolhas e de planejar mudanças não apenas atendendo ao que é possível em curto prazo, mas que seja capaz de pensar também em médio e longo prazos. Reconhecendo a importância do processo de orientação para o trabalho, fica a questão de como desenvolvê-lo. No caso das agências públicas de emprego outro desafio é a disponibilidade de pessoal e de tempo para fazer esse trabalho. Isso porque as agências atendem quotidianamente grande número de trabalhadores em busca de colocação e recolocação no mercado. Apenas a consulta no sistema já implica dispêndio de tempo suficiente para que se formem filas em muitas agências, levando o trabalhador a permanecer aguardando por atendimento durante uma hora, duas horas ou mais. Isso significa que a orientação ao trabalhador não pode ser incorporada no atendimento individual, uma vez que a estrutura e organização atuais do sistema de atendimento não comportariam mais essa atividade. Ademais, os próprios atendentes não poderiam simplesmente somar mais essa atribuição às suas ocupações atuais, mesmo porque o processo de orientação implica não apenas a definição de um método, mas também a preparação para sua realização. Então, a proposta de orientação que se apresenta a seguir, adaptada para a realidade das agências de atendimento, é de um trabalho a ser desenvolvido com grupos de trabalhadores. Esse trabalho em grupo pode ser conduzido por animadores que, embora devam preencher alguns requisitos, como facilidade de comunicação e manejo de grupo, não precisam ter formação específica voltada para a orientação para o trabalho, uma vez que se pretende que esse processo possa ser realizado em qualquer das agências ligadas ao sistema público de emprego.

2. Proposta metodológica

Esta proposta metodológica de orientação para o trabalho, embasada em conceitos de espontaneidade e criatividade, de abordagem psicodramática (MORENO, 1978), dos conceitos de identidade (CIAMPA, 1987) e de trabalho (MARX, 1971; CODO, 1993), está estruturada levando em consideração:

- a realidade dos trabalhadores em situação de desemprego;

- a importância das exigências do mercado de trabalho;

- a mundo das profissões; e

- o desenvolvimento de condições que permitam maior empregabilidade a quem busca oportunidade/alternativa para ingressar no mercado de trabalho.

2.1. Contribuições da teoria moreniana

A abordagem psicodramática, considerada aqui como método clínico, busca o maior comprometimento no processo de orientação para o trabalho, mediante ação participativa e atuante do indivíduo e do grupo durante o processo.

A teoria moreniana descreve como recursos inatos do homem os fatores Espontaneidade (E), Criatividade (C) e Sensibilidade (S). Esses fatores vão perdendo sua capacidade de atuação em função das adversidades ambientais e sociais repassadas ao homem pelo seu átomo social (grupo familiar e social de influência) e pelas conservas culturais (normas e valores de um grupo ou sociedade).

A revolução criadora proposta por Moreno (1978, 1994) visa à recuperação dessa espontaneidade e criatividade, pelo rompimento dos padrões de comportamento estereotipados e dos valores preestabelecidos pela sociedade. A retomada dessa espontaneidade e criatividade permite ao homem a recuperação de sua liberdade como recurso inato.

Moreno refere-se à espontaneidade como a capacidade de o homem agir de forma adequada e criativa. Embora num primeiro momento o termo adequado possa parecer contraditório ou limitador da própria espontaneidade, deve-se perceber nessa adequação um sentimento até mesmo mais reforçador da liberdade inata em que o homem vai buscar a espontaneidade adequada em si mesmo, permitindo a manifestação de seu potencial criativo, possibilitando respostas novas a situações novas ou antigas e tornando-se agente de seu próprio destino (GONÇALVES et al., 1988).

Outro conceito, também indispensável para o entendimento da teoria moreniana, e especificamente dessa abordagem na orientação vocacional, é o conceito de "papel" ou "Teoria de Papéis". Moreno define papel como uma unidade cultural de conduta e o classifica em papéis psicossomáticos, ligados às funções fisiológicas; papéis sociais, correspondentes às funções sociais assumidas pelo indivíduo na sua relação com o ambiente e, papéis psicodramáticos que surgem da atividade criadora do indivíduo. É utilizando-se do papel psicodramático que o indivíduo pode vir a treinar, modificar ou ampliar seus papéis sociais. Por fim, ainda com relação à teoria moreniana, deve-se inserir o termo *acting out*, entendido por Moreno como a concretização em atos de pensamentos e fantasias.

Com base nesses conceitos da teoria psicodramática queremos fazer com que os trabalhadores em situação de desemprego possam rever sua situação pessoal e profissional para em seguida construir uma proposta de curto, médio e longo prazo, no sentido da empregabilidade e estabilidade profissional, tornando-se, de fato, sujeitos de suas escolhas.

2.2. Identidade e trabalho

Ciampa (1987) apresenta como ponto de partida para definição de identidade a pergunta "quem sou eu?" Ao responder a tal pergunta, o indivíduo passa com certeza pelos componentes familiares, genéticos, sociais, afetivos, econômicos, profissionais e tantos outros quantos puder lembrar, para se caracterizar melhor como único e tornar-se singular. Assim, na constituição da identidade há necessidade de estabelecer uma relação significante entre o sujeito (eu) e esses componentes. Por meio da tensão sofrida entre *como eu me vejo, como eu vejo o outro* e *como ele me vê* é que se estabelece a dinâmica de *quem sou eu*. Quando a visão de si e do outro se torna distorcida em função da própria dinâmica das relações, a percepção de si mesmo e a decorrente construção da identidade se apresenta comprometida. Na dinâmica dessas relações se estabelece o confronto e, a partir do confronto, a conscientização pelo *significante (o que) e significado (o que é para mim)*. Essa relação é importante no ajustamento das escolhas e na percepção das necessidades que precisam ser cumpridas para atingimento dos objetivos, aproximando, assim, o projeto e a qualificação, facilitando a empregabilidade e aumentando a possibilidade de *(re)*inserção no mundo do trabalho.

Se de um lado tem-se que, pelo trabalho o homem modifica a natureza na mesma razão em que se modifica, de outro, que o indivíduo constrói sua identidade por meio de sua relação diária com sua própria vida, estabelece-se uma relação entre trabalho-identidade-projeto de vida (VASQUES-MENEZES, 2000). Pelo trabalho, o homem constrói sua identidade e sua história (CODO, 1993). A historicidade do homem não pode ser vista apenas do ponto de vista coletivo, mas também de seu próprio crescimento; ao transformar a natureza e por ela ser transformado, o homem também se autotransforma, cresce, se autoconstrói, identifica e testa sua criatividade e suas habilidades, estabelece seus limites e seus desafios, relaciona-se e vive seus afetos, altera sua visão de mundo para agir sobre esse mundo. A identidade, como diz Ciampa, será sempre construída num processo contínuo e sempre inacabado, muitas vezes indo até depois de nossa morte, sempre como um processo de singularização.

2.3. Da sociedade do emprego à sociedade do trabalho

As grandes mudanças sociais e econômicas ocorridas após a primeira e a segunda Revolução Industrial levaram a práticas que formaram o que se denomina hoje de sistema capitalista de produção em que o trabalho é valorizado pelo que gera e o trabalhador, diferentemente dos períodos escravagista ou feudal, recrutado pela compra da força do trabalho.

Marx (1971), ao discutir essa realidade, vai além da crítica ao capitalismo e nos permite chegar a um entendimento mais integrado sobre o trabalho e seu papel na sociedade. Sua definição sobre trabalho se aproxima daquela trazida nos dicionários: "aplicação das forças e faculdades humanas para alcançar determinado fim... certo domínio (do homem) sobre a natureza..." ou ainda "... atividade coordenada de caráter físico e/ou intelectual necessário à realização de qualquer tarefa, serviço ou empreendimento; o exercício da atividade como ocupação, ofício, profissão... serviço..." [*Novo dicionário da língua portuguesa Aurélio*, 1986]. Marx é contundente ao dizer que o trabalho deve ser entendido como produtor da condição humana, enriquecedora e diferenciadora da espécie, em contraposição à do animal, em que o trabalho não se efetua de forma consciente e planejada e sim por instinto de sobrevivência, como no *trabalho* das abelhas. Marx acrescenta ainda um aspecto importante para o entendimento da **categoria trabalho:** a dupla relação de transformação homem-natureza de forma consciente e planejada que pressupõe uma finalidade essencial dessa atividade. O trabalho passa não mais a ser visto como detentor de sofrimento, mas de parte essencial do homem, condição da sua existência.

Na crítica ao capitalismo, Marx aponta para a transformação do trabalho que passa a ser entendido como mercadoria e como tal imbuído de um valor de uso e de um valor de troca, e o trabalhador explorado por meio do único valor que possui: sua força de trabalho. Indo além, o trabalho como mercadoria tem como modo de expressão o trabalho concreto e abstrato, segundo seu valor perante a sociedade. O trabalho abstrato nada mais é do que o dispêndio do trabalho humano, fisiológico [cérebro, mãos, músculos], é o *agir*. Desse modo, o trabalho abstrato é referência para identificar a atividade profissional de cada categoria e, nessa medida, segundo Codo (1993), a concepção do trabalho abstrato em Marx torna-se categoria explicativa, na busca da compreensão da subjetividade humana. Por outro lado, mas falando do mesmo trabalho, o concreto, falamos da atividade produtiva propriamente dita que visa a determinado objetivo e gera um produto ao qual agrega um valor de uso. Existe, então, em qualquer produto do trabalho humano uma unidade dialética entre trabalho abstrato e concreto, corporificada. Nesse sentido, o trabalho é representado como uma mercadoria, na qual se projeta a dualidade valor de uso-valor de troca. Como valor de uso, realiza produtos capazes de atender às necessidades humanas, agregando significado subjetivado. Como valor de troca, é visto como mercadoria em um mercado, disponível para troca, universalizado pelo equivalente geral, a moeda.

Nessa realidade, estrutura-se a sociedade do emprego que tem as suas bases no capitalismo e caracteriza a relação do homem no mundo do trabalho pelo emprego, com definição de jornada e salário pela compra da força do trabalho e separação entre o planejamento e a execução da ação.

Mas o mundo mudou e o trabalho também. Assiste-se, no final do século XX, a uma crise sem precedentes do mercado de trabalho, tendo, entre outras consequências, o desaparecimento do *emprego* nos modelos tradicionais. Mais uma vez é preciso repensar *trabalho*. Desvinculá-lo da questão de emprego e olhá-lo no seu sentido original, independente do momento histórico particular: dupla relação de transformação homem-natureza de forma consciente e planejada que pressupõe uma finalidade essencial (MARX, 1971). Saímos da sociedade do emprego e iniciamos uma sociedade do trabalho, na qual a relação homem/trabalho não se faz mais na venda da força do trabalho na relação do tempo/jornada e salário, mas sim pelo produto.

As mudanças nas relações de trabalho exigem nova postura do trabalhador. Na lógica capitalista se paga salários [valor de troca] pelo uso de seu trabalho [por seu valor de uso] a fim de converter esse valor de uso [trabalho significado] em valor de troca adicional. É necessário que o trabalhador tenha poder de troca, valor equivalente, moeda, para que ele possa gerar mais mercadoria. Nessa relação circular, só o trabalho é capaz de criar valores, mais-valia, onde antes não existia valor nenhum, possibilitando criar valores maiores e gerar capital. Nesse momento, voltamos a nos questionar sobre a liberdade do homem sobre seu próprio destino. Se o 'tamanho' de sua liberdade vai depender do 'tamanho' do seu poder de troca e este da venda de sua força de trabalho, só pode ser pelo trabalho e somente por ele, que o homem pode garantir a sua liberdade. Numa relação de mútua dependência, o dono do capital precisa do trabalhador para garantir aumento do seu capital, ao mesmo tempo em que necessita que o produto produzido seja absorvido pelo mercado. Por sua vez, para que o produto seja absorvido pelo mercado, o dono do capital requer que o trabalhador tenha poder de troca, ou seja, moeda para comprar o seu produto. O conceito de equivalente geral trazido por Marx quando analisa a liberdade dos indivíduos, burgueses ou trabalhadores, em função do poder oriundo do valor agregado de sua força de trabalho nos leva a outro ponto de análise: a liberdade como valor decorrente do poder de troca que esse indivíduo conseguiu agregar mediante venda da sua força de trabalho.

Na sociedade do trabalho, esse novo profissional passa a estabelecer seu valor de mercado, o *valor* de sua força de trabalho, pela transformação de sua *competência* em *capital econômico*. Seu desenvolvimento, ou mesmo seu aproveitamento como profissional, vai estar diretamente relacionado à sua qualificação para o trabalho. Novas realidades de trabalho surgem tanto no estabelecimento de novos vínculos na relação trabalhador-empregador quanto na diferenciação das atividades e profissões, exigindo especializações e conhecimentos diversificados em todos os níveis de produção do mundo do trabalho. É dessa maneira que uma nova relação se estabelece caracterizando a sociedade do trabalho.

2.4. Quem são os trabalhadores em situação de desemprego nas agências públicas

A primeira surpresa em relação aos trabalhadores em situação de desemprego que buscam os serviços do SINE diz respeito ao nível de escolaridade: cerca de 65% desses trabalhadores completaram ou estão cursando o ensino médio e cerca de 19% completará o ensino fundamental. Um percentual bem menor, cerca de 4%, estudaram apenas até a 4ª série do ensino fundamental. Todavia, esse grupo com escolaridade mais baixa coincide com os trabalhadores de idade mais avançada (50% dos trabalhadores com mais de 40 anos e 46% dos trabalhadores de 35 a 40 anos), o que dificulta inserção deles no mercado de trabalho formalizado.

Outro dado interessante de ser analisado é que boa parte desses trabalhadores que procura o SINE está envolvida em alguma ocupação remunerada ("bico"), embora não tenha emprego formal. Mais uma vez, essa é a realidade de trabalhadores com menos escolaridade e mais idade. São 55% dos trabalhadores com ensino fundamental e 56% dos trabalhadores com mais de 40 anos em oposição a cerca de 30% dos trabalhadores com até 20 anos e escolaridade maior. Dados como esses obrigam a pensar em novas formas de inserção desses trabalhadores no mercado de trabalho.

Também são conhecidas as dificuldades de alocação, no mercado de trabalho, de trabalhadores com muito tempo de desemprego por motivos diversos que vão desde baixa escolaridade e/ou experiência, falta de qualificação, sentimento de fracasso até a postura inadequada resultando sempre sentimentos de desânimo e desalento. Na realidade do SINE, há nessa situação (trabalhadores com mais de 1 ano em situação de desemprego) aproximadamente 26%.

No outro lado dessa equação, os atendentes têm igualmente observações importantes a relatar sobre os trabalhadores em situação de desemprego e sobre as condições de intermediação. Embora a baixa qualificação, a pouca experiência e as exigências dos empregadores sejam vistas como os principais empecilhos da intermediação, os atendentes também encontram dificuldades em obter do desempregado informações e comprovação de suas experiências profissionais e dados de qualificação, tais como cursos realizados e escolaridade e, por fim, áreas de interesse para candidatar-se.

Vale ressaltar ainda que, apesar das diferenças nas características dos usuários como escolaridade, faixas etárias e tempo de desemprego, em todos os casos a situação de desemprego implica risco de desalento, desistência e deterioração das condições de vida. Por essa razão, é preciso criar e manter as condições de empregabilidade aos trabalhadores, considerando para tanto as necessidades específicas de cada grupo.

2.5. O processo de orientação para o trabalho

Pelo trabalho, ação do homem sobre a natureza transformando-a de forma planejada e objetiva, o homem se diferencia do animal (MARX, 1971), fato que aponta para o *trabalho* como parte integrante do homem. Por conseguinte, o sentimento decorrente do exercício do trabalho como ação transformadora existe quer no trabalho remunerado, quer no trabalho não remunerado, e a relação trabalho-identidade-projeto de vida está presente e estruturada na existência do homem.

Partindo-se do pressuposto de que a construção da identidade, sempre inacabada, se faz a cada dia, sendo construída num processo contínuo e que nessa contínua construção, crescemos, testando, criando e superando os limites, e buscando atingir nossos desafios, fazendo planos e novos planos e nos projetando para o futuro, buscando construir o que queremos, dois eixos se cruzam: trabalho e identidade.

Na orientação para o trabalho, busca-se reatar por meio do trabalho o elo essencial entre o indivíduo e a sociedade, importante na construção da sua identidade e na definição de seu papel na sociedade. É em função de uma projeção do papel que se quer assumir perante a sociedade, isto é, como o trabalho entra na sua vida, que se processa uma escolha profissional.

Não se pode perder de foco que hoje vivemos numa sociedade do trabalho em que novas exigências são feitas pelo mercado. Vimos que agora não basta a escolarização. Constatamos isso na realidade daqueles 65% de trabalhadores em situação de desemprego que buscam o SINE. Há necessidade de qualificação para esses trabalhadores. Os próprios atendentes das agências do SINE indicam essa deficiência, como também apontam as dificuldades sentidas na intermediação decorrentes, por um lado, das exigências do empregador, que muitas vezes superestima os parâmetros necessários para a função, por outro lado, pela insegurança dos trabalhadores na prestação das informações sobre suas experiências e aspirações.

Considerando essa realidade das agências de emprego e seus usuários, é necessário repensar a orientação para o trabalho articulando:

- qualificação profissional;
- orientação ao empregador na captação de vagas tendo em vista a realidade de mercado, o desenho das profissões e atividades e a realidade dos trabalhadores;
- orientação do trabalhador quanto às novas realidades do mercado e consequentes exigências profissionais, quanto às profissões e atividades existentes e ainda no que diz respeito à qualificação;
- reestruturação e treinamento do trabalho dos agentes de atendimento de forma a permitir maior interação agente-desempregado tanto para preenchimento do perfil do desempregado no cadastro do SIGAE quanto no encaminhamento para orientação, qualificação ou vaga.

Para atender aos diferentes perfis e demandas da clientela do Sistema Nacional de Emprego e Renda, propõe-se uma metodologia de orientação que, além de embasada na realidade já discutida, esteja direcionada a cada um dos diferentes grupos de trabalhadores em situação de desemprego que o SINE vem cadastrando.

Conforme a pesquisa realizada com essa clientela, foram identificados pelo menos quatro grupos de risco ou de maior necessidade de orientação: (a) primeiro emprego; (b) trabalhadores em situação de desemprego recorrente; (c) trabalhadores em situação de desemprego de longa duração; (d) desempregados em idade acima de 40 anos e baixa escolaridade.

O modelo de orientação para o trabalho, adaptado ao contexto das agências públicas e seus usuários, deve investir em captação de vagas, que deve estar alinhada à realidade do mercado e à qualificação oferecida aos trabalhadores. É preciso também munir os serviços de qualificação de mão de obra com informações sobre as necessidades em relação a cursos, duração e localidade, pautando-as na realidade da demanda de mercado de trabalho e de mão de obra.

Na operacionalização do processo de orientação, optamos por uma abordagem essencialmente grupal e de ação, embasada numa metodologia de ação e utilizando recursos do psicodrama pedagógico, o que favorece o compartilhamento de vivências pela interação do grupo. A troca de experiências e o apoio mútuo, acrescidos do uso constante de *role-playing* permitem, pelo lúdico, o aprofundamento das dificuldades e interesses, resultando *insights* significativos. Os diferentes contextos sociais que provêm das realidades trazidas pelos indivíduos para a sessão grupal, formada pelos integrantes do grupo, com normas e valores específicos para aquele contexto dramático, trazidos no momento da ação propriamente dita, permitem aos trabalhadores vivenciar seus conflitos e dificuldades na relação trabalho--emprego de forma mais ampla, uma vez que várias realidades são discutidas e interpretadas em conjunto, buscando também em conjunto alternativas de solução. Dessa forma, as sessões devem ser desenvolvidas nas seguintes etapas:

> Os trabalhadores devem passar por três momentos essenciais no processo de orientação: o autoquestionamento; a reflexão acerca da vida privada com foco no trabalho; e, por último, a identificação de alternativas para viabilização de escolhas profissionais. No processo de orientação que está sendo proposto, esses momentos serão trabalhados em quatro etapas que podem ser desenvolvidas em uma mesma sessão ou em duas sessões dependendo da disponibilidade e da organização local.

Etapa 1: Questionamento do seu papel no trabalho e no contexto social.

Objetivos:

- trabalhar as questões sobre importância social do trabalho;
- perceber características e interesses pessoais;
- fazer com que o orientando expresse sua dúvidas e ansiedades;
- levar o orientando a expressar seus sentimentos em relação à dificuldade de escolha.

Etapa 2: Compreensão do seu passado (condição histórica) para visualização de futuro (construção da identidade).

Objetivos:

- fazer com que o orientando estabeleça uma relação dele com sua trajetória profissional e os seus projetos;

- auxiliar o orientando a imaginar-se no passado, no presente e no futuro, inter-relacionando-os com o seu projeto de vida.

Etapa 3: Conscientização de seus interesses e de suas necessidades.

Objetivos:

- propiciar um contato com as habilidades genéricas e qualificação relacionadas à atuação profissional;

- proporcionar uma primeira reflexão sobre as profissões e as habilidades específicas requeridas por elas;

- permitir um contato com outras profissões, despertando o interesse por aquelas até então desconhecidas;

- ter uma visão global do mercado de trabalho, dos seus interesses, de suas possibilidades e necessidade de qualificação, bem como de afinidade entre outros membros do grupo permitindo articulações futuras;

- incentivar a pesquisa de informações tanto sobre mercado de trabalho, possibilidades de qualificação e áreas de atuação/ atividades;

- assinalar valores, preconceitos, estereótipos e fantasias que surgirem em relação às profissões e/ou atividades.

Etapa 4: Planejamento de futuro (desenho de proposta de vida)

Objetivos:

- aprofundar o conhecimento sobre trabalho, bem como levar o orientando a ter consciência de seus interesses, simpatias e antipatias em relação a profissões/atividades e como elas estão influenciando sua percepção do mundo do trabalho;

- propiciar o questionamento, construção e planejamento de sua entrada ou *re*-entrada no mundo do trabalho.

Vale ressaltar que, embora essas etapas tenham sido detalhadas de forma estanque, isso foi um recurso didático, na prática elas ocorrem simultaneamente.

3. Operacionalização do processo de orientação para os subgrupos

GRUPO 1 — Primeiro emprego.

Orientação com enfoque em conhecimento das profissões e direitos e deveres do trabalhador, buscando os seguintes objetivos:

- orientar a procura de emprego, trabalhando aspectos como apresentação pessoal, comportamentos competentes durante a entrevista de seleção, comunicação efetiva e aceitação de críticas;

- contribuir para o desenvolvimento de uma postura adequada, assertiva e participativa no convívio grupal, seja este durante a seleção, seja no posto de trabalho;

- estimular a reflexão sobre as experiências dos jovens na busca ou na execução de alguma ocupação e com referência aos direitos e deveres do trabalhador;

- estimular a reflexão sobre o significado e as representações sociais do trabalho;

- contextualizar a situação do mercado de trabalho naquela região;

- contextualizar características das diferentes profissões, atividades e exigências das profissões.

Instrumentos:

1. Catálogo de Profissões e Atividades

Catálogo construído com base na realidade do mercado com o qual o SINE vem atuando e o Catálogo Brasileiro de Ocupações — CBO, sendo permanentemente atualizado. Abrange a definição da atividade/profissão, exigências e características, análise de perspectivas quanto à continuidade de carreira/vida profissional.

Esse mesmo catálogo serviria também de base para a captação de vagas de forma a melhor aproximar as exigências do empregador à realidade de mercado e aos serviços de qualificação de mão de obra.

2. Cartilha de relações sociais e direitos e deveres do trabalhador

Abrange aspectos referentes às relações sociais na vida e no trabalho e normas e legislação básica do trabalho.

No caso de grupos de adolescentes, acrescentar o Estatuto da Criança e do Adolescente.

Método

Atendimento a grupos (grupos de no máximo 30 pessoas) com duração de três a quatro horas. Devem ser definidos e divulgados os dias em que ocorre esse tipo de atendimento de forma que se construam grupos por demanda espontânea (ex. toda primeira segunda-feira do mês tem formação desses grupos).

Essa orientação se resume a um ou dois encontros de grupo, conforme a realidade local.

Buscando quebrar o gelo inicial e dar início às atividades, pode ser utilizada como dinâmica a colagem de um painel representando os interesses e receios na entrada no mundo do trabalho. O painel pode ser elaborado em pequenos grupos, de até cinco participantes, e depois apresentado para o grande grupo e compartilhado por todos, sendo trabalhadas as dificuldades apresentadas, buscando motivá-los ao segundo momento, de levantamento de alternativas de ocupação profissional.

Material necessário para a dinâmica: revistas variadas, cola e tesoura (sem ponta) em quantidade suficiente para os diversos participantes/subgrupos, papel A4 ou maior para a colagem dos painéis.

No segundo momento, o facilitador, mediante uma discussão coletiva, busca levantar com a colaboração dos orientandos suas expectativas, medos e fantasias a respeito do trabalho. Passada a fase de discussão, o facilitador do processo faz uma explanação sobre "Trabalho e conjuntura do mercado de trabalho" abrindo espaço para discussão envolvendo estes novos elementos.

Essa discussão pode ser deflagrada utilizando-se do material da colagem, cavalete com papel ou quadro branco para anotação das alternativas levantadas. É importante que sejam discutidas as dificuldades e expectativas mencionadas na colagem. A seguir, levantar as profissões ou atividades que esses orientandos pretendem seguir, mencionadas ou não nas colagens, anotando-as no quadro branco ou cavalete. Discutir com o grupo o que eles conhecem dessas profissões em relação à atividade, formação necessária, aspectos positivos e negativos do trabalho.

Contudo, é importante lembrar que esse é um material que implica fantasia, expectativa e sonho e que deve ser tratado com respeito e nunca caricaturado de forma a gerar constrangimentos.

No terceiro momento, fechando o encontro, uma discussão sobre "Trabalho e conjuntura do mercado de trabalho", articulando também o que foi dito no primeiro e segundo momentos. Ainda nesse momento, devem ocorrer a distribuição do material (Catálogo de Profissões e Atividades e Cartilha de relações sociais e direitos e deveres do trabalhador) e discussão final com uma dinâmica de encerramento.

Aqui seria um momento de informação sobre mercado de trabalho, profissões e atividades e qualificações disponíveis. Poderia ser usado material audiovisual ou *datashow* mostrando as possibilidades do mercado, profissões e alternativa de qualificação (onde se inscrever, como fazer, tipos de cursos disponíveis e os mais adequados aos projetos construídos).

A dinâmica de encerramento pode ser uma nova colagem, agora individual, retratando o projeto que será construído fundamentado nesse evento. O facilitador discute as colagens, reforçando as iniciativas e ajudando a construção de um projeto de vida profissional mais adequado à realidade individual e de mercado.

Para finalizar, o facilitador verifica se o grupo tem alguma questão a colocar, distribui o material Catálogo de Profissões e Atividades e Cartilha de relações sociais e direitos e deveres do trabalhador e se coloca à disposição, no caso de dúvidas futuras na leitura do material.

GRUPO 2 — Trabalhadores em situação de desemprego recorrente

Orientação também com enfoque em conhecimento das profissões, habilidades sociais e direitos e deveres do trabalhador, buscando os seguintes objetivos:

• apoiar a fim de acolher a dificuldade sentida mediante a vivência da situação de desemprego, permitindo a busca de alternativas produtivas para reverter o quadro atual;

• discutir as diferentes situações que podem estar levando à situação de desemprego recorrente;

• buscar uma reflexão sobre o direcionamento de carreira verificando os últimos empregos e a relação entre eles;

• refletir sobre suas experiências e as necessidades de qualificação para estabelecimento de um direcionamento de carreira;

• orientar quanto a aspectos como apresentação pessoal, comportamentos assertivos na busca e na manutenção da empregabilidade, comunicação efetiva e aceitação de críticas;

• contribuir para o desenvolvimento de uma postura adequada, assertiva e participativa no convívio grupal, seja este durante a seleção, seja no posto de trabalho;

• estimular a reflexão sobre o significado e as representações sociais do trabalho;

• contextualizar a situação do mercado de trabalho;

• contextualizar características das diferentes profissões, atividades e exigências das profissões.

Instrumentos:

1. Catálogo de Profissões e Atividades

Catálogo construído com base na realidade do mercado com o qual o SINE vem atuando e o Catálogo Brasileiro de Ocupações — CBO, sendo permanentemente atualizado. Abrange a definição da atividade/profissão, exigências e características, análise de perspectivas quanto à continuidade de carreira/vida profissional.

Esse mesmo catálogo serviria também como base para a captação de vagas de forma a melhor aproximar as exigências do empregador à realidade de mercado e de mão de obra.

2. Cartilha de relações sociais e direitos e deveres do trabalhador

Abrange aspectos referentes às relações sociais na vida e no trabalho e normas e legislação básica do trabalho.

Método

Atendimento a grupos (grupos de no máximo 15 pessoas) com duração de três a quatro horas em um ou dois encontros, conforme a realidade local. Devem ser definidos e divulgados os dias em que ocorre esse tipo de atendimento, de forma que se construam grupos por demanda espontânea (ex. toda primeira terça-feira do mês tem formação destes grupos).

O atendimento dividido em três momentos distintos:

1. Dinâmica de grupo visando a levantar as dificuldades sentidas na vivência da situação de desemprego e compartilhar as dificuldades. O papel do facilitador é fundamental para dar suporte para a situação evidenciada e permitir, por meio do compartilhamento e discussão, a elaboração desse momento.

Aqui pode ser utilizada como dinâmica a colagem de um painel representando essas dificuldades. O painel pode ser elaborado em pequenos grupos de até cinco participantes e depois apresentado para o grande grupo e compartilhado por todos, sendo trabalhadas as vivências da situação de desemprego buscando motivá-los ao segundo momento, o de levantamento de alternativas.

Material necessário para a dinâmica: revistas variadas, cola e tesoura (sem ponta) em quantidade suficiente para os diversos participantes/subgrupos, papel A4 ou maior, para a colagem dos painéis.

2. No segundo momento, o facilitador, por meio de uma discussão coletiva, levanta, com a participação dos trabalhadores nessa situação,

alternativas produtivas para reverter esse quadro, bem como as necessidades de qualificação.

Essa discussão pode ser deflagrada utilizando-se do material da colagem, um cavalete com papel ou quadro branco para anotação das alternativas levantadas. É importante que sejam discutidas essas dificuldades por meio da colagem, indo um pouco além, a fim de identificar dificuldades não mencionadas anteriormente, mas que podem estar relacionadas à situação de desemprego recorrente, como aspectos comportamentais e atitudinais em face dessas situações de trabalho. Podem ser usadas nesse momento dramatizações de situações ocorridas no trabalho que implicaram grande dificuldade ou razão da saída do emprego. Contudo, é importante lembrar que esse tipo de material provoca sofrimento e dificuldade e deve ser tratado com respeito e nunca caricaturado, de forma a gerar constrangimentos. Após a dramatização, discutir o ocorrido buscando analisar as dificuldades e levantar alternativas de enfrentamento positivo para aquela(s) situação(ções).

3. No terceiro momento, fechando o encontro, uma discussão sobre "Trabalho e conjuntura do mercado de trabalho", articulando também o que foi dito nos primeiro e segundo momentos. Ainda nessa etapa, devem ocorrer a distribuição do material (Catálogo de Profissões e Atividades e Cartilha de relações sociais e direitos e deveres do trabalhador) e a discussão final com uma dinâmica de encerramento.

Aqui seria um momento de informação sobre mercado de trabalho, profissões e atividades e qualificações disponíveis. Poderia ser usado material audiovisual ou *datashow*, mostrando as possibilidades do mercado, das profissões e as opções de qualificação (onde se inscrever, como fazer, tipos de cursos disponíveis e os mais adequados aos projetos construídos).

A dinâmica de encerramento pode ser uma nova colagem, agora individual, retratando o projeto que será construído a partir desse evento.

O facilitador discute as colagens, reforçando as iniciativas e ajudando na construção de um projeto de vida profissional mais adequado à realidade individual e de mercado.

Para finalizar, o facilitador verifica se o grupo tem alguma questão a apresentar, coloca-se à disposição para necessidades eventuais futuras e encerra a sessão.

GRUPO 3 — Trabalhadores em situação de desemprego de longa duração

Orientação também com enfoque em conhecimento das profissões, habilidades sociais, direitos e deveres do trabalhador e discussão sobre as novas relações de trabalho, buscando os seguintes objetivos:

- apoiar com a finalidade de acolher a dificuldade sentida por meio da vivência da situação de desemprego, permitindo a busca de alternativas produtivas para reverter o quadro atual;

- discutir as diferentes situações que podem contribuir para o prolongamento da situação de desemprego;

- buscar uma reflexão sobre o direcionamento de carreira, verificando os últimos empregos, as alternativas que têm sido utilizadas para garantir a sobrevivência, as experiências, qualificações e relação entre estes aspectos;

- refletir sobre suas experiências e as necessidades de qualificação para realocação no mercado do trabalho;

- orientar quanto a aspectos como apresentação pessoal, comportamentos assertivos na busca e na manutenção da empregabilidade, comunicação efetiva e aceitação de críticas;

- contribuir para o desenvolvimento de uma postura adequada, assertiva e participativa no convívio grupal, seja este durante a seleção, seja no posto de trabalho;

- estimular a reflexão sobre o significado e as representações sociais do trabalho;

- contextualizar a situação do mercado de trabalho;

- contextualizar características das diferentes profissões, atividades e exigências das profissões.

Instrumentos:

1. Catálogo de Profissões e Atividades

Catálogo construído com base na realidade do mercado com o qual o SINE vem atuando e o Catálogo Brasileiro de Ocupações — CBO, sendo permanentemente atualizado. Abrange a definição da atividade/profissão, exigências e características, análise de perspectivas quanto à continuidade de carreira/vida profissional.

Esse mesmo catálogo serviria também de base para a captação de vagas de forma a melhor aproximar as exigências do empregador à realidade de mercado e de mão de obra.

2. Cartilha de relações sociais e direitos e deveres do trabalhador

Abrange aspectos referentes às relações sociais na vida e no trabalho e normas e legislação básica do trabalho.

3. Cartilha sobre atividade autônoma, empreendedorismo e cooperativismo

> Abrange aspectos referentes à legislação específica da atividade autônoma especialmente no que se refere aos aspectos de segurança e direitos trabalhistas e aposentadoria, bem como informações sobre financiamentos de microcréditos, SEBRAE, Bancos do Povo, entre outros.

Método

Atendimento a grupos (grupos de no máximo 15 pessoas) com duração média de três horas. Devem ser definidos e divulgados os dias em que ocorre esse tipo de atendimento, de forma que se construam grupos por demanda espontânea (ex.: toda primeira quarta-feira do mês tem formação destes grupos).

O atendimento dividido em três momentos distintos:

1. Dinâmica de grupo visando a levantar as dificuldades sentidas na vivência da situação de desemprego de longo tempo, compartilhando as dificuldades. O papel do facilitador é fundamental para dar suporte à situação evidenciada e permitir, por meio do compartilhamento e discussão, a elaboração dessa situação.

Aqui também pode ser utilizada como dinâmica a colagem de um painel representando essas dificuldades. O painel pode ser elaborado em pequenos grupos, de até cinco participantes, e depois apresentado para o grande grupo e compartilhado por todos, sendo trabalhadas as vivências da situação de desemprego, buscando motivá-los ao segundo momento, de levantamento de alternativas.

Material necessário para a dinâmica: revistas variadas, cola e tesoura (sem ponta) em quantidade suficiente para os diversos participantes/subgrupos, papel A4 ou maior para a colagem dos painéis.

2. No segundo momento, o facilitador, mediante uma discussão coletiva, busca levantar, com a participação dos trabalhadores nessa situação, alternativas produtivas para reverter esse quadro. Nesse momento, deve ser feito também um levantamento de necessidades de qualificação para encaminhamento ao setor responsável e articulação da sua viabilização.

Essa discussão pode ser deflagrada utilizando-se do material da colagem produzido no momento anterior, um cavalete com papel ou quadro branco para anotação das alternativas levantadas. É importante que sejam discutidas as dificuldades levantadas no momento da colagem, indo um pouco além, com a finalidade de buscar outras dificuldades não mencionadas anteriormente, mas que podem estar relacionadas à situação de desemprego de longa duração, tais como aspectos comportamentais e atitudinais em face das situações de trabalho, desalento ou desistências. Podem ser usadas nesse momento dramatizações de situações ocorridas no trabalho que implicaram grande dificuldade ou razão da saída do emprego. Contudo é importante lembrar que esse é um material que provoca sofrimento e dificuldade e que deve ser tratado com respeito e nunca caricaturado, de forma a gerar constrangimentos. Após a dramatização discutir o ocorrido, buscando analisar as dificuldades e levantar alternativas de enfrentamento positivo para aquela(s) situação(ções), mostrando, inclusive, que as situações de cooperação e apoio utilizadas na colagem e durante as discussões podem ser também alternativas de saída da situação de desemprego por meio de empreendedorismo e cooperativas.

3. Em um terceiro momento, discutir a questão de mercado de trabalho falando sobre "Trabalho, conjuntura do mercado de trabalho e alternativas", de forma articulada ao que foi dito nos primeiro e segundo momentos, discutindo aspectos da sociedade do trabalho. Ainda nessa etapa, deve ocorrer a distribuição do material (Catálogo de Profissões e Atividades, Cartilha de relações sociais e direitos e deveres do trabalhador e Cartilha sobre atividade autônoma, empreendedorismo e cooperativismo).

Aqui seria o momento de fornecer informação sobre mercado de trabalho, profissões, atividades e qualificações disponíveis. Pode ser usado material audiovisual ou *datashow* mostrando as possibilidades do mercado, das profissões e opções de qualificação (onde se inscrever, como fazer, tipos de cursos disponíveis e os mais adequados aos projetos construídos) e de serviços de orientação de atividade autônoma/empreendedorismo e cooperativas.

A dinâmica de encerramento pode ser uma nova colagem, agora individual, retratando o projeto que será construído a partir deste evento.

O facilitador discute as colagens reforçando as iniciativas e ajudando na construção de um projeto de vida profissional mais adequado à realidade individual e de mercado.

Para encerrar, o facilitador verifica se o grupo tem alguma questão a apresentar, coloca-se à disposição para necessidades eventuais futuras e encerra a sessão. Após esses procedimentos o grupo é dispensado.

GRUPO 4 — Desempregados em idade acima de 40 anos e de baixa escolaridade

>Orientação também com enfoque em conhecimento das profissões, habilidades sociais, direitos e deveres do trabalhador e discussão sobre as novas relações de trabalho buscando os seguintes objetivos:

- apoiar com a finalidade de acolher a dificuldade sentida durante a vivência da situação de desemprego, permitindo a busca de alternativas produtivas para reverter o quadro atual;

- discutir as diferentes situações que estão contribuindo para o prolongamento da situação de desemprego;

- buscar uma reflexão sobre o direcionamento de carreira, verificando os últimos empregos, as alternativas que tem utilizado em relação à sobrevivência, experiência e qualificação e a relação entre estes aspectos;

- refletir sobre suas experiências e as necessidades de qualificação para realocação no mercado do trabalho;

- orientar sobre aspectos como apresentação pessoal, comportamentos assertivos na busca, comunicação efetiva e aceitação de críticas;

- contribuir para o desenvolvimento de uma postura adequada, assertiva e participativa no convívio grupal, seja este durante a seleção, seja no posto de trabalho;

- estimular a reflexão sobre o significado e as representações sociais do trabalho nas suas diversas formas (formal x informal, carteira assinada, autônomo);

- contextualizar a situação do mercado de trabalho (formal x informal, autônomo);

- contextualizar características das diferentes profissões, atividades e exigências das profissões.

Instrumentos:

1. Catálogo de Profissões e Atividades

Catálogo construído com base na realidade do mercado com o qual o SINE vem atuando e o Catálogo Brasileiro de Ocupações — CBO, sendo permanentemente atualizado. Abrange a definição da atividade/profissão, exigências e características das profissões, análise de perspectivas quanto à continuidade de carreira/vida profissional.

Esse mesmo catálogo serviria também como base para a captação de vagas, de forma a melhor aproximar as exigências do empregador à realidade de mercado e de mão de obra.

2. Cartilha de relações sociais e direitos e deveres do trabalhador

Abrange aspectos referentes às relações sociais na vida e no trabalho e normas e legislação básica do trabalho.

3. Cartilha sobre atividade autônoma, empreendedorismo e cooperativismo

Abrange aspectos referentes à legislação específica da atividade autônoma, especialmente no que se refere aos aspectos de segurança e direitos trabalhistas e aposentadoria, bem como informações sobre financiamentos de microcréditos, SEBRAE, Bancos do Povo, entre outros.

Método

Atendimento a grupos (grupos de no máximo 15 pessoas) com duração média de três horas. Devem ser definidos e divulgados os dias em que ocorre esse tipo de atendimento de forma que se construam grupos por demanda espontânea (ex. toda primeira quarta-feira do mês tem formação destes grupos).

O atendimento é dividido em três momentos distintos:

1. Dinâmica de grupo visando a levantar as dificuldades sentidas durante a vivência da situação de desemprego e as dificuldades para a entrada no mercado formal de trabalho (carteira assinada) em função da combinação de fatores referentes à idade, baixa escolaridade, estimulando o compartilhamento das dificuldades. O papel do facilitador é fundamental para dar suporte à situação evidenciada e permitir, por meio do compartilhamento e discussão, a elaboração dessa situação.

Aqui também pode ser utilizada, como dinâmica, a colagem de um painel representando essas dificuldades. O painel pode ser elaborado em pequenos grupos de até cinco participantes e depois apresentado para o grande grupo e compartilhado por todos, sendo trabalhadas as vivências da situação de desemprego, buscando motivá-los ao segundo momento, de levantamento de alternativas.

O material necessário para a dinâmica: revistas variadas, cola e tesoura (sem ponta), em quantidade suficiente para os diversos participantes/subgrupos e papel A4 ou maior para a colagem dos painéis.

2. No segundo momento, o facilitador, utilizando-se de uma discussão coletiva, busca levantar, com a participação dos trabalhadores nessa situação, alternativas produtivas para reverter esse quadro. Também nesse momento deve ser feito o levantamento de necessidades de qualificação para encaminhamento ao setor responsável e a articulação da sua viabilização, além da discussão de questões referentes à legalidade do trabalho autônomo em oposição à informalidade.

Essa discussão pode ser deflagrada utilizando-se do material da colagem produzido no momento anterior, um cavalete com papel ou quadro branco para anotação das alternativas levantadas. É importante que sejam discutidas as dificuldades levantadas durante a atividade de colagem, indo um pouco além, a fim de buscar outras dificuldades não mencionadas anteriormente, mas que podem estar relacionadas à situação de desemprego de longa duração, tais como aspectos comportamentais e atitudinais em face das situações de trabalho, desalento ou desistências. Podem ser usadas, nesse momento, dramatizações de situações ocorridas no trabalho que implicaram grande dificuldade ou razão da saída do emprego. Contudo é importante lembrar que esse material provoca sofrimento e dificuldade e deve ser tratado com respeito e nunca caricaturado de forma a gerar constrangimentos. Após a dramatização, discutir o ocorrido buscando analisar as dificuldades e levantar alternativas de enfrentamento positivo para aquela(s) situação(ções), mostrando, inclusive, que as situações de cooperação e apoio utilizadas na colagem e durante as discussões podem ser também alternativas de saída da situação de desemprego por meio de empreendedorismo e cooperativas.

3. No terceiro momento discutir a questão de mercado de trabalho, falando sobre "Trabalho, conjuntura do mercado de trabalho e alternativas", articulando essas temáticas ao que foi dito nos primeiro e segundo momentos, discutindo aspectos da sociedade do trabalho. Ainda nessa etapa, deve ocorrer a distribuição do material (Catálogo de Profissões e Atividades, Cartilha de relações sociais e direitos e deveres do trabalhador e Cartilha sobre atividade autônoma, empreendedorismo e cooperativismo).

Aqui seria um momento de informação sobre mercado de trabalho, profissões e atividades e qualificações disponíveis. Poderia ser usado material audiovisual ou *datashow*, mostrando as possibilidades do mercado, das profissões e possibilidades de qualificação (onde se inscrever, como fazer, tipos de cursos disponíveis e os mais adequados aos projetos construídos) e de serviços de orientação para atividades autônomas/empreendedorismo e cooperativas.

A dinâmica de encerramento pode ser uma nova colagem, agora individual, retratando o projeto que será construído a partir deste evento.

O facilitador discute as colagens, reforçando as iniciativas e ajudando na construção de um projeto de vida profissional mais adequado à realidade individual e de mercado.

Para encerrar, o facilitador verifica se o grupo tem alguma questão a apresentar, coloca-se à disposição para necessidades eventuais futuras e encerra a sessão. Após esses procedimentos o grupo será dispensado.

4. Considerações finais

Para que se tenha sucesso no processo de orientação para o trabalho algumas premissas precisam ser estabelecidas:

- triagem da demanda nas agências vinculadas ao SINE, conforme os quatro grupos de atendimento prioritários para orientação;

- articulação entre a área de captação de vagas, empregadores e especialistas para elaboração e atualização periódica do *Catálogo de Profissões e Atividades* em função dos cargos do banco de vagas do SINE;

- articulação da área de captação de vagas com os empregadores com a finalidade de melhor adequar as exigências do cargo à realidade de mercado e de mão de obra, tendo por base o *Catálogo das Profissões e Atividades*;

- articulação permanente entre orientação para o trabalho e qualificação.

Referências

CIAMPA, A. C. *A estória de Severino e a história de Severina*. São Paulo: Brasiliense, 1987.

CODO, W. *Indivíduo, trabalho e sofrimento*. 3. ed. Petrópolis: Vozes, 1993.

DUTRA, J. S. *Administração de carreira*: uma proposta para repensar a gestão de pessoas. São Paulo: Atlas, 1996.

FERREIRA, A. B. de Holanda. *Novo dicionário Aurélio*. 2. ed. Rio de Janeiro: Nova Fronteira, 1986.

FERRETTI, C. J. *Opção*: trabalho: trajetórias ocupacionais de trabalhadores das classes subalternas. São Paulo: Cortez/Autores Associados, 1988.

GONÇALVES, C. S.; WOLF, J. R.; ALMEIDA, W. C. *Lições de psicodrama*: introdução ao pensamento de J. L. Moreno. São Paulo: Agora, 1988.

IVATIUK, A. L.; AMARAL, V. L. A. R. do. Algumas propostas da análise do comportamento para orientação profissional. *Revista Brasileira de Orientação Profissional*, 5 (2), p. 21-29, 2004.

MALSCHITZKY, N. *A importância da orientação de carreira na empregabilidade*. Disponível em: <http://www.fae.edu/publicacoes/pdf/IIseminario/organizacoes/organiacoes_16.pdf> Acesso em: 7.11.2006.

MARX, K. *Elementos fundamentales para la crítica de la economía política*. Borrador 1857-1858 (Grundrisse) I. Buenos Aires: Siglo Veintiuno Argentina Editores, 1971.

MORENO, J. L. *Psicoterapia de grupo e psicodrama*. São Paulo: Mestre Jou, 1994.

_____ . *Psicodrama*. 2. ed. São Paulo: Cultrix, 1978.

SARRIERA, J. C.; CÂMARA, S. G.; BERLIM, C. S. Elaboração, desenvolvimento e avaliação de um programa de inserção ocupacional para jovens desempregados. *Psicol. Reflex. Crit.*, Porto Alegre, v. 13, n. 1, 2000.

SPARTA, M.; GOMES, W. B. Importância atribuída ao ingresso na educação superior por alunos do ensino médio. *Revista Brasileira de Orientação Profissional*, 6 (2), p. 45-53, 2005.

UVALDO, C. C. A relação homem-trabalho. In: BOCK A. M. (org.). *A escolha profissional em questão*. São Paulo: Casa do Psicólogo, 1995.

VASQUES-MENEZES, I. *Orientação para o trabalho*. Monografia de conclusão de formação psicodramática. FEBRAP, 2000.

PARTE III

DESAFIOS DO SISTEMA PÚBLICO DE EMPREGO

DESAFIOS DO SISTEMA PÚBLICO DE EMPREGO

Depois de apresentar, na Parte I, a construção e a gestão participativa do Sistema Público de Emprego, Trabalho e Renda — SPETR, bem como de apresentar, na Parte II, um retrato do Sistema Nacional de Empregos — SINE, na Parte III deste livro pretende-se apresentar pontos de vista quanto a determinados desafios que o SPETR enfrenta.

Essa análise e problematização é feita levando em consideração a vivência de diferentes profissionais e atores nesse processo, seja de gestores na área do poder executivo municipal, seja de representantes de trabalhadores, de pesquisadores e de profissionais no campo do Direito.

O Capítulo 9 trata, portanto, dos desafios da municipalização a partir do Fórum das Prefeituras. O Capítulo 10 apresenta os desafios por parte da representação dos trabalhadores, que têm participado ativamente do processo de consolidação do SPETR desde 2003. O Capítulo 11 traz uma abordagem de pesquisadores do Laboratório de Psicologia do Trabalho — PST da Universidade de Brasília — UnB diante dos desafios com que o SPETR se depara no que se refere às dificuldades de inserção dos trabalhadores informais no mercado de trabalho e às novas oportunidades que deverá oferecer. Por fim, o Capítulo 12 trata da necessidade de se efetivar, no campo do Direito, o cumprimento legislativo das cotas para a inclusão social dos trabalhadores deficientes e mais vulneráveis no mercado de trabalho. Por fim, o Capítulo 13 remete à reflexão acerca da transformação da sociedade industrial em sociedade do trabalho, assim como aborda os reflexos dessa mudança nas políticas públicas de trabalho e renda.

Capítulo 9

Desafios do Sistema Público de Emprego no Processo de Municipalização

Dulce Cazzuni
Alexandre Guerra

Neste capítulo, pretende-se apresentar e contextualizar as recentes experiências de construção de espaços de troca de experiências e sistematização de propostas no Sistema Público de Emprego, Trabalho e Renda — SPETR em âmbito municipal.

Além disso, sob a ótica do processo de municipalização e de descentralização do SPETR, visa-se a indicar os principais desafios encontrados para o avanço das políticas públicas de trabalho e renda no Brasil.

1. Fórum + 300: *espaço de troca de experiências e de sistematização de propostas*

O debate nacional sobre a descentralização das políticas públicas de trabalho e renda vem sendo colocado em pauta desde o início dos anos 1990, uma vez que parte dos municípios brasileiros já destinava recursos orçamentários para ações referentes a essa descentralização.

Nesse sentido, a busca pela construção de um espaço que vise a acumular experiências e caminhar em linhas propositivas para a evolução do SPETR, em âmbito municipal, vem sendo consolidada pelas cidades com mais de 300 mil habitantes e por capitais, desde o ano de 2003 e principalmente a partir de 2005, quando passaram a unir esforços por meio de encontros.

Entre os encontros realizados está a reunião da capital pernambucana (que resultou na "Carta de Recife"[16]), a reunião de Osasco, a de Santo André e a de Belo Horizonte. Além dos instrumentos para a constituição do Sistema

---

(16) A carta de Recife, ocorrida em maio/2003, foi importante marco na busca da descentralização das políticas públicas de geração de trabalho e renda.

Público de Emprego em âmbito municipal e sua integração com os programas sociais, geridos pelo poder público local, estavam na pauta das discussões os projetos-piloto de execução das ações do Sistema Nacional de Emprego nos municípios de São Paulo, Rio de Janeiro e Belo Horizonte e o papel das Comissões Municipais de Emprego na estruturação de um sistema integrado e com representatividade, também, dos setores patronais e de trabalhadores.

Os Congressos Regionais e o II Congresso Nacional do Sistema Público de Emprego, agora denominado Sistema Público de Emprego, Trabalho e Renda — SPETR, tiveram ampla participação de representantes de municípios e foram fundamentais nas discussões posteriores sobre a integração das Políticas Públicas.

Como resultado de um longo processo de estruturação da Política Nacional de Emprego, Trabalho e Renda, empreendido por gestores de todo o país, no dia 21 de dezembro de 2005, foi instituída a Resolução n. 466/05, do Conselho Deliberativo do Fundo de Amparo ao Trabalhador — CODEFAT. Deliberou-se sobre as modificações do SPETR com vistas à integração do Sistema. Além disso, os municípios com mais de 300 mil habitantes e as capitais foram habilitados a realizar o Convênio Único com o Ministério do Trabalho e Emprego — MTE a fim de operar, de forma integrada, as ações do Sistema.

Com a edição dessa resolução, os municípios de Osasco, Guarulhos, Diadema, Santo André, São Paulo, Recife, Manaus, Belém, Fortaleza, Salvador, Campo Grande, Belo Horizonte, Rio de Janeiro e Porto Alegre, em 2006, e Campinas, em 2007, representando 19,13% da população brasileira, assinaram o referido Convênio Único.

Posterior à instituição da Resolução n. 466/05, houve também os Encontros nas cidades de São Paulo, Vitória, Rio de Janeiro, em abril, maio e dezembro de 2006, respectivamente, e em Brasília e São Paulo, em 2007.

Grande parte dos municípios com mais de 300 mil habitantes passou a ter uma relação organizada e institucionalizada após a constituição do Fórum dos Gestores Municipais de Políticas de Emprego, Trabalho e Renda (denominado Fórum + 300).

Apesar de o Fórum + 300 manter o registro de discussões e reuniões anteriores, sua institucionalização ocorreu apenas em setembro de 2007. Do estatuto de criação do Fórum, é possível destacar os seguintes objetivos:

- promoção de atividades que propiciem o desenvolvimento econômico com inclusão social, em âmbito municipal e regional;

- implementação de ações de colaboração e interlocução com os órgãos públicos federais, estaduais e municipais cuja atribuição tenha afinidade com o objeto social do Fórum, em especial com o

MTE e com o Conselho Deliberativo do Fundo de Apoio ao Trabalhador — CODEFAT, apresentando e analisando sugestões que proporcionem o aperfeiçoamento e a harmonização das relações do trabalho;

• difusão de políticas direcionadas ao trabalhador, de qualificação e orientação profissional e social, de empreendedorismo, de crédito popular, como estratégia de combate à pobreza e todas as ações e funções do Sistema Público de Emprego, Trabalho e Renda;

• estudo e promoção de atividades que visem ao aperfeiçoamento das relações do trabalho e ao diagnóstico de problemas nessa área, com a finalidade de formular diretrizes básicas para subsidiar o estabelecimento de uma política nacional para o setor;

• promoção do fortalecimento da participação dos municípios na definição da política trabalhista brasileira;

• intercâmbio de experiências e ações, no âmbito das políticas públicas, com a finalidade de facilitar a solução de problemas na área do trabalho, não descurando das diversidades locais e regionais;

• organização de meios e esforços para captar recursos, com o objetivo de intensificar as ações que decorram de interesses comuns no âmbito dos municípios.

Embora este capítulo aborde com maior profundidade a Resolução n. 466/05, por entender que nela estão contidos os principais avanços e demandas do II Congresso, é importante mencionar que outras resoluções foram institucionalizadas posteriormente. Merece destaque a de n. 560/07 que resgatou medidas já ultrapassadas, como permitir que entidades privadas sem fins lucrativos (centrais sindicais, entidades religiosas) celebrem novamente convênios com o MTE — alterando parte das definições dos I e II Congressos do SPETR. Além disso, essa resolução ampliou a descentralização das ações do SPETR no âmbito do Sistema Nacional de Emprego — SINE para municípios com 200 mil habitantes.

2. O PROCESSO DE MUNICIPALIZAÇÃO E SEUS DESAFIOS

A Resolução n. 466/05 é um dos principais marcos e significa um conjunto de avanços para as políticas de trabalho e renda, por isso constituiu base para as propostas a seguir.

Passados mais de três anos de instituição do SPETR e do Convênio Único com o MTE, já é possível destacar não só elementos de crítica, mas, também, de proposição de avanços na efetivação do SPETR.

Do ponto de vista do processo de municipalização e de descentralização do SPETR, apresenta-se a seguir uma abordagem dos principais desafios encontrados para o avanço das políticas de trabalho e renda no Brasil.

2.1. Institucionalização do SPETR: políticas de natureza continuada e permanente

Entre os principais desafios encontrados para o avanço das políticas de trabalho e renda no Brasil está a constituição de seu marco legal. Explicando melhor: a sustentabilidade do SPETR depende fundamentalmente, entre outros aspectos, do grau de institucionalização que adquire no Brasil. Embora as resoluções do CODEFAT e o estabelecimento de normas e procedimentos no MTE sejam importantes, a proposição de uma lei que institua o Sistema como uma política de Estado e um direito do cidadão é um passo decisivo a ser dado.

A destinação dos recursos financeiros ao SPETR é igualmente condição para sua implantação, quando se considera a descentralização de suas ações para o território nacional, bem como o estabelecimento de indicadores, metodologias e alocação desses recursos do Convênio Único ampliada para o fomento das atividades empreendedoras e o trabalho autônomo, certificação e orientação profissional.

Sendo assim, a destinação de recursos para as ações do SPETR, inclusive da qualificação profissional, deveria ocorrer tanto para custeio como para investimento, garantindo-se a operação permanente dos serviços e/ou constituindo centros públicos de qualificação social e profissional.

Os critérios de distribuição de recursos financeiros e o estabelecimento de metas deveriam ser definidos e explicitados com vistas a contemplar tanto questões referentes à População Economicamente Ativa — PEA, ao estoque, à movimentação do mercado de trabalho (baseada nas informações da RAIS e CAGED, ambas disponibilizadas pelo MTE), às oportunidades de geração de trabalho e renda, como também aos critérios de expansão em face da avaliação técnica dos resultados quantitativos e qualitativos.

Ainda sobre os recursos financeiros, é importante mencionar que sua transferência deveria ser definida previamente com os conveniados por meio de um cronograma de desembolso para que houvesse o compromisso de que o planejamento fosse cumprido pelos gestores.

2.2. Garantia da integração nacional do SPETR

Outro aspecto fundamental que a Resolução n. 466/05 pretendeu resolver foi a sobreposição de ações em um mesmo território, evitando-se de um lado a fragmentação e a duplicação de custos e de outro que o trabalhador fosse desrespeitado, uma vez que ele não precisaria encaminhar-se a vários postos de atendimento do Sistema em busca de informações por falta de integração dos dados e de sua gestão.

Embora a integração nos municípios comece a avançar, ainda não evoluiu a ponto de abarcar o território nacional como um todo. Há dessa forma não apenas o risco de retornar a peregrinação por parte dos trabalhadores na busca de informações, a sobreposição de recursos, como também dificuldades na colocação dos trabalhadores quando restritos aos dados locais de um município, especialmente em regiões metropolitanas. A Resolução n. 560/05, com a entrada direta de entidades privadas em âmbito nacional, contribuiu sobremaneira para a continuidade dessa sobreposição.

Há também reclamações constantes dos operadores do SIGAE quanto à necessidade de se ter maiores possibilidades locais de aproveitamento dos dados para produzir informação e conhecimento sobre a realidade do mercado de trabalho, do perfil dos trabalhadores e de suas demandas para qualificar as ações da política pública.

É condição para o êxito dessa integração que o desenvolvimento e a validação do sistema operacional de gestão e informação sejam realizados, obrigatoriamente, em conjunto com os executores, levando-se em conta as especificidades regionais e setoriais. Além disso, propõe-se que o aperfeiçoamento do sistema de gestão (SIGAE) seja realizado de maneira a torná-lo capaz de atender às ações do SPETR (intermediação de mão de obra, qualificação social e profissional, seguro-desemprego, as atividades empreendedoras e ao trabalho autônomo, o microcrédito orientado, orientação profissional, a certificação, as informações sobre o mercado de trabalho e Programas de Apoio à Juventude).

O aprimoramento dos instrumentos de planejamento e de gestão financeira e orçamentária no sistema operacional informatizado deve ser realizado de maneira que esses recursos sejam usados como mecanismos de monitoramento, avaliação e controle de execução física e financeira. A utilização dos aplicativos de gestão financeira e orçamentária deve ser obrigatória por parte dos executores.

Deverá ser constituída uma Comissão Permanente de Monitoramento e Avaliação da Implantação do SPETR, com a participação do MTE, CODEFAT e de representações dos municípios e estados conveniados. Caberá a essa Comissão elaborar propostas para aperfeiçoamento do Sistema a serem consideradas pelo MTE e CODEFAT.

Dessa maneira, a integração imediata dos bancos de dados dos postos e centros públicos do SPETR, em âmbito estadual e nacional, é tão fundamental quanto o aperfeiçoamento do sistema de gestão (SIGAE), potencializando-o para atender às demandas de fomento, às atividades empreendedoras e ao trabalho autônomo.

Ainda na proposição de ações que garantam a integração, é importante destacar: (1) a importância da disponibilização de equipe de funcionários por parte do MTE para atender aos demais entes da federação; (2) a criação imediata de uma Comissão Permanente de Monitoramento e Avaliação da Implantação do SPETR, com a participação do MTE, CODEFAT e representação dos municípios e estados conveniados para aperfeiçoamento do SIGAE.

2.3. Fortalecimento da relação federativa

Uma das fundamentais inovações introduzidas pela Resolução n. 466/05 foi a inclusão dos municípios na gestão do SPETR, o que propiciou o tratamento adequado desse ente federado na construção da política pública.

Essa decisão teve como elemento motivador a necessidade de articular as políticas públicas de emprego, trabalho e renda no território local com outras esferas do Estado brasileiro como fundamento para sua sustentabilidade e efetividade social. Essa integração e complementaridade foram amplamente discutidas no II Congresso sendo entendidas também como forma de superar a fragmentação, a sobreposição de funções e de recursos financeiros, contribuindo para garantir os princípios da eficiência e da eficácia, além de possibilitar a superação das desigualdades e a dinamização das potencialidades nos municípios.

Observa-se, nos municípios, grande empenho dos gestores para a efetiva implantação dessa resolução. Entretanto, ainda não foram estabelecidos os espaços adequados para que participem de fato não apenas da execução das ações, mas também da sua formulação e gestão.

Na construção dessa relação federativa, é igualmente importante garantir a participação de representantes dos segmentos contemplados pela política pública nas Comissões Municipais e Estaduais de Emprego. A representação deve ocorrer tanto por meio do mercado de emprego formal quanto por entidades da sociedade civil, representações de empreendimentos de economia popular e solidária e de trabalhadores autônomos. De forma complementar, propõe-se estabelecer mecanismos de financiamento para a estruturação, formação e capacitação permanente dos atores das Comissões e dos Conselhos estaduais e municipais, com recursos do Fundo de Amparo ao Trabalhador — FAT.

Adicional a isso, enfatiza-se a importância do reconhecimento das representações dos gestores municipais após a realização do Fórum + 300, como atores do SPETR pelo MTE e pelo CODEFAT. Propõe-se que a materialização desse reconhecimento se dê por ocasião do assento imediato desses atores no CODEFAT, habilitando-os a participar dessa instância de pactuação e decisão sobre o SPETR e, ao mesmo tempo, contribuir para o fortalecimento desse espaço, já que hoje os municípios são importantes atores na construção do Sistema.

2.4. Aprofundamento das informações sobre mercado de trabalho

Um aspecto importante para evolução do SPETR é o conhecimento do comportamento do mercado de trabalho. Nesse sentido, é fundamental a destinação de mais recursos para subsidiar os Observatórios de Trabalho com vista a possibilitar pesquisas sobre variados aspectos trabalhistas nos municípios conveniados, permitindo a percepção das particularidades locais, da dinâmica do mercado e fornecimento dessas informações para a gestão do SPETR. A Pesquisa sobre mercado de trabalho deve ser assegurada nos locais conveniados, considerando as especificidades territoriais e de acordo com os Planos propostos nos Convênios com o MTE.

Referências

MINISTÉRIO DO TRABALHO E EMPREGO. CODEFAT. Resoluções ns. 466/05 e 560/05. Disponível em: <www.mte.gov.br> Acesso em: 3.2010.

MINISTÉRIO DO TRABALHO E EMPREGO. CODEFAT; FONSET. *I Congresso Nacional:* Sistema Público de Emprego, Trabalho e Renda. São Paulo: MTE, CODEFAT e FONSET, 2004.

_____. *II Congresso Nacional:* Sistema Público de Emprego, Trabalho e Renda. São Paulo: MTE, CODEFAT e FONSET, 2005.

Capítulo 10

Desafios do Sistema Público de Emprego, Trabalho e Renda — SPETR para o Movimento Sindical

Carlos Alberto Grana

1. Por que o movimento sindical deve participar ativamente do SPETR e da efetivação de políticas públicas de crescimento econômico e distribuição de renda?

O Sistema Público de Emprego, Trabalho e Renda deve ser um instrumento estratégico de Política Pública de Proteção Social, aliado a outras políticas públicas com o objetivo de universalizar o acesso ao emprego, oportunidades de trabalho e renda a fim de que qualquer trabalhador e cidadão vivam de forma independente, com dignidade e decência.

A construção da dignidade humana e do trabalho decente, conforme afirma nossa Constituição cidadã de 1988, dá-se mediante a valorização social do trabalho. A construção de riquezas, a construção de uma nação ou de um país é feita por meio do trabalho e do acesso a instrumentos de renda e de distribuição de renda. A política de valorização social do trabalho e renda do governo Lula, as políticas de investimento das estatais e o Programa de Aceleração do Crescimento — PAC, o Bolsa-Família, a política de valorização do salário mínimo a partir de 2005, o maior acesso a universidades por meio do ProUni e a construção de escolas técnicas federais, por exemplo, propiciaram oportunidades de emprego e renda. Diferentemente do Brasil, os Estados Unidos e a Europa entraram numa profunda recessão após os acontecimentos de quebra de bancos e de grandes empresas no final de 2008, já que a economia desses países não estava fundamentada na economia real de valorização do trabalho. Os fundamentos econômicos estavam falseados na especulação e no cassino e jogatinas de especulações falsas em bolsas de valores, além de falsos empréstimos bancários.

Até em função desses argumentos é que o movimento sindical, notadamente a Central Única dos Trabalhadores — CUT, tem participado ativamente da discussão da construção de políticas públicas de emprego sólidas que visam a mais e melhores empregos. O SPETR tem sido uma grande preocupação da CUT desde 1999, quando discutiu em sua 9ª Plenária a política de formação profissional e Sistema Público de Emprego. A CUT entendeu como fundamental esse engajamento a fim de fortalecer as políticas universais de emprego, trabalho e renda, já que tem como missão e pilar estratégico, na condição de maior central sindical do Brasil, a construção de uma sociedade mais justa, solidária e democrática. O engajamento da CUT tem sido permanente com sua participação ativa no Conselho Deliberativo do Fundo de Amparo do Trabalhador — FAT desde sua criação e participei desse processo como representante da CUT entre 2003 e 2007.

A importância do movimento sindical e de qualquer cidadão organizado no movimento social em ter participação ativa e solidária na construção de políticas públicas de emprego é garantir a âncora de proteção social aos desempregados visando à efetivação da busca de emprego, trabalho e renda. Essas políticas deverão ser combinadas previamente com políticas de investimento e de desenvolvimento econômico sustentável com distribuição de renda.

2. A EVOLUÇÃO DA DISCUSSÃO SOBRE O SISTEMA PÚBLICO DE EMPREGO: PLENÁRIAS, CONGRESSOS E PARTICIPAÇÃO NOS CONGRESSOS DO SPETR PELA CUT

A discussão mais organizada do movimento sindical com suas bases deu-se justamente na 9ª Plenária da CUT em 1999, a partir do momento em que a própria CUT entrou na discussão de um convênio com a Prefeitura de Santo André e outras prefeituras para capilarizar mais o Sistema Público de Emprego. Importante é que isso foi o embrião da discussão sobre a municipalização do Sistema, por meio de um convênio entre CUT, Ministério do Trabalho e Prefeitura Municipal de Santo André.

O documento de discussão da 9ª Plenária colocava a preocupação do movimento sindical com:

> o desemprego tecnológico e as dificuldades crescentes que os desempregados têm encontrado para arranjar uma nova ocupação; a expulsão precoce dos trabalhadores do mercado de trabalho e o jovem que não consegue a sua primeira ocupação; a crescente precarização do trabalho nos setores tradicionais e a sua transformação em paradigma para o trabalho nos setores dinâmicos; e o desemprego que persiste em manter-se em níveis insuportáveis, passaram a se sobrepor à tradicional agenda dos sindicatos nas últimas décadas (CUT-9ª Plenária,1999).

Por isso a necessidade de o movimento sindical formular propostas de políticas públicas para o mundo do trabalho como a política industrial, agrícola e de reforma agrária, entre outras.

No documento apresentado pela CUT na 9ª Plenária, havia críticas sobre a completa desarticulação das áreas do seguro-desemprego, a intermediação de mão de obra, a requalificação profissional e o microcrédito, entre outras políticas, e mencionava-se, no mesmo documento, que existiam cinco razões de o Brasil não possuir de fato um Sistema Público de Emprego: (1) o governo da época dava prioridade aos juros da dívida pública em vez do emprego; (2) a não integração das políticas de emprego nos estados entre seguro--desemprego e qualificação profissional; (3) a pouca visão estratégica dos representantes nos estados para gerenciar os programas; (4) a indefinição dos papéis a serem desempenhados pelos governos federal, estaduais e municipais; e (5) surgimento de "correntes do sindicalismo dispostas a transformar essas políticas numa nova empreitada de negócios".

Tal discussão propiciou à CUT, primeiramente com o Centro de Trabalho e Renda e a prefeitura de Santo André e, posteriormente com as prefeituras de Diadema e Guarulhos, o resgate da importância de se construir o Sistema Público de Emprego com a colaboração dos atores sindicais e dinamizando a ativa participação das Comissões Estaduais e Municipais de Emprego.

O 7º Congresso da CUT, em 2000, teve como uma das resoluções a defesa da criação de um verdadeiro Sistema Público de Emprego para estimular a plenitude do desenvolvimento cidadão, prevendo três dimensões nas relações entre Estado e sociedade: (1) envolvimento das entidades sindicais na gestão de políticas de emprego, trabalho e renda; (2) articulação das funções do Sistema de Emprego: seguro-desemprego, intermediação, qualificação profissional, microcrédito e iniciativas de estímulo ao primeiro emprego; (3) compartilhamento da atuação estatal com estados e municípios e atores organizados da sociedade.

Na 10ª Plenária, realizada em 2002, a CUT propôs avançar a discussão acerca da coordenação e integração das políticas do Sistema Público de Emprego. O documento da 10ª Plenária, com ênfase na integração de ações do Sistema afirmava: "É preciso garantir também que os beneficiários do seguro-desemprego tenham acesso, no momento mesmo de sua habilitação, a alternativas de requalificação profissional e/ou a linhas de financiamento ao empreendedorismo e a atividades de economia solidária".

Na mesma discussão, propunha-se também que o Fundo de Garantia por Tempo de Serviço — FGTS deveria ampliar os financiamentos habitacionais e de saneamento público e que os fundos constitucionais do Centro--Oeste e Nordeste deveriam ser mais ativos no desenvolvimento regional. Enfim, as resoluções da plenária focavam principalmente a ação integrada das funções dos sistemas, com ênfase e prioridade nas políticas de qualificação e requalificação profissional, bem como nas de ampliação do seguro--desemprego.

Em 2003, realizou-se o 8º Congresso Nacional da CUT e, entre suas resoluções, definiu-se que era preciso avançar rumo a uma efetiva Política Pública de Trabalho, Emprego e Renda. Novamente, era enfatizada a integração das políticas de emprego evitando-se dispersão de esforços e recursos, com melhor atribuição das instâncias federais, estaduais e municipais, "conferindo maior autonomia às ações descentralizadas, emanadas das comissões municipais de emprego". Nessa resolução não foi esquecido o papel das informações de pesquisa de emprego e desemprego, a cargo do DIEESE, para que houvesse um foco mais dirigido de criar oportunidades e qualificar os desempregados para novas ocupações.

A participação do movimento sindical, notadamente da CUT, nos congressos do Sistema Público de Emprego, Trabalho e Renda, em 2004 e 2005, foi bastante intensa, já que pela primeira vez o governo estava dialogando com os atores sociais desde a criação do Sistema Nacional de Emprego — SINE no final dos anos 1970.

A CUT estava preparada para esse diálogo. Recordo que, no I Congresso do Sistema Público de Emprego, realizado entre 1º e 3 de dezembro de 2004, em Guarulhos-SP, como representante do movimento sindical enfatizei a necessidade da participação ativa dos sindicatos nesse processo de construção. Critiquei não só a indefinição de papéis dos atores sociais, como também a fragmentação dos diversos programas que não se articulavam entre si, principalmente a falta de integração entre a intermediação do SINE e a qualificação profissional. Ademais, havia uma queixa generalizada de que o fluxo de recursos era inconstante para estados e entidades que conveniavam naquela época. Critiquei a sobreposição existente, pois só na cidade de São Paulo havia cinco espaços financiados com recursos públicos: Estado de São Paulo, Prefeitura, Força Sindical, CUT e até a Igreja com o Terço Bizantino. Alertei para a necessidade de um sistema articulado, sendo que a busca de emprego deveria ser unificada para que o trabalhador não se assemelhasse a "uma bolinha de ping-pong" na busca de emprego. Já fazia críticas de que talvez não fosse adequado à Central Sindical ser executora diretamente com o Ministério do Trabalho e Emprego. Finalizei minha intervenção no Congresso, conforme está registrado nos Anais do I Congresso, alertando sobre a necessidade de se criar um sistema unificado para, inclusive, economizar recursos públicos, melhorar a eficiência e formalizar um Sistema Público de Emprego no Brasil.

Com a experiência adquirida do I Congresso do SPETR, participamos de forma bastante ativa do II Congresso, que começou com os Congressos Regionais das cinco principais regiões do país, no período de junho a agosto de 2005. A CUT levou um documento aos participantes que, em grande parte, foi encampado pelo movimento sindical, que partia de definição de princípios, objetivos e funções do SPETR. A CUT defendeu, nesse documento, que os princípios que deviam reger o SPETR eram: (a) democracia, participação e controle social; (b) gestão democrática tripartite e paritária; (c) universalidade e acessibilidade para todos os cidadãos; (d) participação social, por meio de conferências anuais, audiências públicas e debates temáticos; (e) publicidade, transparência e acessibilidade às informações, avaliações e resultados; (f) unificação, integração e descentralização de políticas, funções e serviços. Os objetivos defendidos pelos representantes da CUT e de diversas centrais também foram os seguintes: (a) promover o trabalho decente; (b) promover a democratização das relações de trabalho e a negociação entre capital e trabalho; (c) promover o desenvolvimento sustentável nacional, regional e local, com inclusão social e distribuição de renda, elevação da escolaridade, combate ao trabalho escravo e ao trabalho infantil; (d) proporcionar a inserção e a manutenção de trabalhadores e trabalhadoras no mercado de trabalho; (e) proporcionar a orientação, qualificação e certificação profissionais como direitos dos trabalhadores por meio dos serviços públicos; (f) proporcionar maior acesso dos trabalhadores às políticas e serviços educacionais; (g) proporcionar mecanismos de observação, monitoramento e avaliação do mercado e das dinâmicas de desenvolvimento territoriais e de setores da cadeia produtiva. A CUT inovou também ao apresentar aos 1.500 congressistas nos diversos congressos uma lista de funções que o SPTER devia exercer: (a) intermediação de mão de obra; (b) orientação profissional referente a vagas, profissões e processos de certificação profissional; (c) qualificação profissional técnica e tecnológica, educação de jovens e adultos, além de proporcionar várias opções profissionais e itinerários de qualificação; (d) certificação profissional, com o reconhecimento das experiências, saberes e práticas profissionais dos trabalhadores; (e) Observatório de Trabalho e Desenvolvimento; (f) microcrédito dirigido; (g) Programa Nacional de Qualificação; (h) programas especiais para a juventude; (i) programas especiais para segmentos vulneráveis; (j) seguro-desemprego integrado às demais funções; (k) e a gestão de sistemas que integrem de fato as funções do Sistema.

  O movimento sindical defendeu, no final do II Congresso, as resoluções pactuadas entre os atores sociais que reforçaram a integração das funções do Sistema Público de Emprego. Defendeu ainda que fosse redefinida a atuação territorial do SPETR o qual reforçou uma melhor divisão de tarefas entre estados e municípios, e que as entidades da sociedade civil sem fins lucrativos fizessem contratos e convênios com estados e municípios e não mais diretamente com o Ministério do Trabalho em Brasília. A consolidação desse Congresso transformou-se na Resolução n. 466 do CODEFAT, em dezembro de 2005 que reforçou (1) o papel das Comissões Estaduais e Municipais de Emprego; (2) a entrada dos municípios com mais de 300 mil habitantes no processo; (3) a instituição do Convênio Único e do Plano Estadual Anual de Ação integrado com os municípios conveniados nos respectivos estados.

Infelizmente, com mudanças no Ministério do Trabalho em 2007 e a nova Resolução n. 560/05 do CODEFAT, houve novamente o retorno direto de convênios nacionais com entidades sem fins lucrativos, trazendo de volta o permanente problema de sobreposição de recursos, sendo que a oportunidade e o interesse de conveniar ficam sempre a critério do gestor de plantão nacional, em vez de avançar para uma discussão pública quer em nível estadual quer em nível municipal.

3. Desafios para o SPETR

Continuam válidos os princípios, os objetivos e a ampliação de funções colocados pelos congressistas do movimento sindical no II Congresso do SPETR, em 2005, notadamente da CUT, para se avançar na construção do SPETR.

A municipalização deverá ser abrangente. Na última Resolução do CODEFAT n. 560/05, houve um avanço com o intuito de organizar o SPETR em municípios com 200 mil habitantes. É importante lembrar que o papel do Estado da federação é integrar os diversos municípios menores nessa ação.

Parte do desemprego estrutural e permanente decorre da baixa escolaridade existente. É preciso reforçar a elevação de escolaridade, já que as demandas tecnológicas exigem cada vez mais conhecimento e novas habilidades. Os programas de qualificação devem estar articulados com as propostas das Escolas Técnicas Federais ou Estaduais públicas com vistas a suprir as demandas reais do mercado de trabalho para oferecer opções reais de emprego aos trabalhadores e, principalmente, aos jovens. O Projovem, programa do governo federal, deverá ter continuidade para desfazer o abismo da pouca ou baixa escolaridade e oferecer a oportunidade e uma profissão aos jovens, combinando acesso às escolas técnicas e à universidade, como o ProUni. Importante também é o processo de gratuidade de formação profissional do Sistema S, já que é mantido com recursos públicos via folha salarial.

O papel da qualificação profissional é relevante para os grupos mais vulneráveis — como pessoas com mais de 40 anos, mulheres — assim como o é o acesso ao emprego aos portadores de qualquer tipo de deficiência. Nesse caso, o SPETR deverá ter uma atenção especial e personalizada.

O seguro-desemprego deverá ser aperfeiçoado, de forma que mais parcelas sejam disponibilizadas, e estar atento aos grupos mais vulneráveis, sendo que esse benefício deverá estar sempre combinado com a intermediação e a qualificação profissional.

Por fim, o combate ao desemprego, a oferta de oportunidades de renda, o incentivo ao empreendedorismo e o acesso a linhas de crédito dependerão de políticas econômicas de crescimento sustentável. Isso poderá refletir-se em ações de combate ao trabalho informal, ao trabalho infantil, o que contribuirá, certamente, para a construção de uma sociedade justa e solidária com qualidade de vida para todos os cidadãos.

REFERÊNCIAS

CENTRAL ÚNICA DOS TRABALHADORES. A política da CUT sobre formação profissional e Sistema Público de Emprego. In: *9ª Plenária Nacional da CUT — 1999*. São Paulo: CUT, 1999.

_____. Por um Sistema Público de Emprego. Avançar na construção de um Sistema Público de Emprego. In: *7º Congresso da CUT — 2000*. São Paulo: CUT, 2000.

_____. Sistema Público de Emprego. A construção do Sistema Público de Emprego no Brasil: avançar na coordenação e integração das políticas. In: *10ª Plenária Nacional da CUT — 2002*. São Paulo: CUT, 2002.

_____. Políticas de emprego e renda e sistema público. In: *8º Congresso da CUT — 2003*. São Paulo: CUT, 2003.

MINISTÉRIO DO TRABALHO E EMPREGO; CODEFAT; FONSET. *I Congresso Nacional:* Sistema Público de Emprego, Trabalho e Renda. São Paulo: MTE, CODEFAT e FONSET, 2004.

_____. *II Congresso Nacional do Sistema Público de Emprego, Trabalho e Renda*. São Paulo: MTE, CODEFAT e FONSET, 2005.

Capítulo 11

O Trabalhador Informal — Repensando sua Inserção nas Políticas Públicas de Emprego e Renda

Maria Amélia Sasaki
Ione Vasques-Menezes

Na atualidade, com as profundas e rápidas transformações na economia e na sociedade, o sistema social baseado no trabalho-emprego está em transformação com base em dois fatores de mudança social e das relações de trabalho: (1) o progresso técnico que possibilitou a globalização da economia, e (2) as transformações na família e na sociedade. Vários autores têm discutido esse tema sob diferentes ângulos, entre eles Castells (2008), Castel (2008), Rifkin (1995), Offe (1982, 1986, 1991), Touraine (2004) e estabelecem como principais fatores para as transformações do mundo do trabalho os seguintes aspectos:

• ruptura do modelo de sociedade salarial trazendo como consequência a individualização do trabalhador;

• nova visão do sujeito trabalhador numa sociedade mais pluralista e fragmentada em que a noção de classe social se torna mais tênue;

• emergência de novas possibilidades de participar no mercado de trabalho de forma livremente escolhida como é o caso do *trabalho por conta própria*;

• vulnerabilidade social ou insegurança social, derivada da ruptura da sociedade baseada no salário/emprego cuja consequência direta é a ausência da cobertura dos trabalhadores informais pela seguridade social;

• insegurança social que se agudiza pela ausência da representação do coletivo desses trabalhadores pelos sindicatos e pela regulação dos direitos do trabalho.

O modelo de um mercado regulado implica o contraponto de atividades não reguladas ou não cobertas por normas que regem o mercado de trabalho. As denominações para as atividades não reguladas variam conforme o enfoque teórico dos estudos: setor não protegido, setor informal, processo de informalidade. Portanto, a institucionalização dos termos formal-informal parece indicar uma classificação em situações reguladas e não reguladas de trabalho. Por esse ângulo, o modo informal de trabalho é explicado pela oposição ao modo formal de trabalhar.

Estudiosos concordam que não existe consenso sobre o conceito de informalidade que possa abranger a gama de atividades que está fora do modelo *trabalho-emprego*. Entretanto, há consenso o que se refere à relação entre a informalidade no mercado de trabalho, crescimento econômico, crise dos setores formais de produção e desigualdade de acesso aos benefícios sociais por parte dos trabalhadores.

As análises voltadas para a aplicação em políticas de emprego e estudos sobre os aspectos econômicos relacionados ao desenvolvimento tendem a focalizar o segmento informal pelas *atividades informais de produção*. As abordagens, nessa dimensão, sugerem o pressuposto de que essas atividades representam oportunidades de obtenção de renda na luta contra a pobreza e as desigualdades sociais. Incluem-se nessa abordagem as iniciativas governamentais de apoio à micro e à pequena produção voltadas para a regulação, bem como os incentivos creditício e fiscal das microunidades de produção.

Os estudos que analisam a dimensão das normas de regulação pelo Estado, relacionados à organização do mercado de trabalho, partem do pressuposto de que o *setor informal* pode ser regulado nos termos do formal. Subjaz a ideia de que as distorções no mercado de trabalho referem-se à existência de um setor que atua fora da lógica econômica normatizada e aceita. Nessa perspectiva, a ampliação da proteção social ao conjunto dos trabalhadores implica a lógica de justiça social e, consequentemente, da preservação da base de financiamento das políticas de seguridade. Nessa direção, a legalização das unidades produtivas de pequeno porte e dos trabalhadores informais tem sido o foco das políticas governamentais com vista a *legalizar* os pequenos empreendimentos e trabalhadores informais nos moldes do segmento denominado *formal* da economia.

Recentemente, estudos empíricos conduzem a novas interrogações acerca da contingência da informalidade pela escassez de empregos. Alguns autores, com base em pesquisas empíricas, embora sem um marco interpretativo que as sustente, argumentam que, para algumas categorias de trabalhadores, o trabalho informal pode ser uma escolha decorrente de características e atributos individuais. Maloney (1999), utilizando um modelo macroeconômico, baseado no comportamento dos trabalhadores, pesquisou o autoemprego na América Latina e nos países da OCDE. Conforme esse autor, cerca de 70% dos trabalhadores estão na informalidade por razões de independência ou por rendimentos mais altos em relação aos empregos. Alguns resultados posteriores na América Latina evidenciam que os trabalhadores entram no setor informal como forma de acumular capital. Já em 2003, Maloney verificou que 2/3 dos trabalhadores que mudam de emprego, vão para o informal por desejo de serem independentes ou atraídos por rendimentos mais altos. Verificou também que o trabalho por conta própria é desejável principalmente pelos jovens que entram no setor formal e que, após acumular conhecimento, capital e contatos, partem para seu próprio negócio. Para os trabalhadores mais velhos, o setor informal representa uma possibilidade de se manter ativo no mercado de trabalho e seu principal capital é a experiência e a especialização, aliadas a pouca expectativa de ganho.

O trabalho informal por conta própria abarca uma gama de trabalhadores ligados por um denominador comum, qual seja, a execução de atividades não regulamentadas no âmbito do mercado de trabalho. Em 2007, os trabalhadores por conta própria no Brasil já representavam cerca de um terço da PEA ocupada e evidências significativas de permanência no mercado de trabalho, em que cerca de 58% tinham mais de nove anos na atividade informal. Além da magnitude desse segmento informal, o dado mais expressivo refere-se ao aumento da escolaridade desses trabalhadores no intervalo de 15 anos ou mais de estudos (SASAKI, 2009). As evidências empíricas, que originalmente levantaram a questão do trabalho informal como escolha, apontaram para as vantagens do trabalho por conta própria em termos de renda e as características individuais como possíveis fatores relacionados à opção pela informalidade (MALONEY, 2002).

O trabalho informal é uma realidade crescente e não necessariamente ocorre pela expulsão do mercado de trabalho formal, mas por representar uma opção de participar no mercado de trabalho, não podendo ficar distanciado das políticas públicas de emprego e renda. Por isso, a crescente diversificação do mercado de trabalho impõe o desafio de políticas de emprego e renda que contemplem a diversidade de situações, interesses e escolhas dos trabalhadores independentes, mormente os que optam pelo trabalho por conta própria. A política de apoio governamental a esses trabalhadores tem privilegiado o emprego assalariado como principal meta dos trabalhadores. Há falta de percepção das mudanças no mercado de trabalho e no perfil dos novos trabalhadores para adaptar a legislação e o modelo de política vigente.

O Sistema Público de Emprego reflete uma acanhada atuação governamental. Passados mais de 30 anos de atuação, o Sistema Público de Emprego tem como principal ferramenta de operação o Sistema Nacional de Emprego — SINE cujo atendimento prioritário é destinado a recrutar trabalhadores para atuar em empresas formais. Mesmo como sistema de intermediação formal carece de integração com o Programa do Seguro-Desemprego: falta uma base de informação sobre os mercados de trabalho regionais e locais e de serviços integrados de atendimento aos trabalhadores com oferta de qualificação profissional, de forma a ampliar as alternativas de inserção em programas de emprego e geração de renda. Em outras palavras, a obtenção de emprego e renda, num mercado cada vez mais diversificado, deveria ser a diretriz dos centros de atendimento aos trabalhadores. A diversidade de situações, interesses e aptidões dos trabalhadores deve ser mais bem canalizada a fim de ampliar o leque de alternativas de trabalho posto à disposição dos trabalhadores que procuram os centros de atendimento. O atendimento ao trabalhador desempregado deveria estar não só condicionado à possibilidade de um emprego com carteira assinada como única porta de entrada para o mercado de trabalho. Mesmo porque boa parte dos trabalhadores sobrevive mediante a execução de atividades informais no período de desemprego e nem sempre o emprego formal representará a única ocupação.

Sasaki (2009), em estudo sobre o perfil dos trabalhadores informais por conta própria revelou que, uma vez na atividade informal, dificilmente o trabalhador empregado ou desempregado deixará de permanecer nela por razões de obtenção de maior renda e autonomia. Explorando os aspectos que levam o trabalhador informal a optar, por conta própria, pela informalidade, Sasaki, em seu estudo, reuniu uma série de elementos sobre o que pensam os trabalhadores de sua atividade informal. Alguns aspectos levantados realçam a importância da experiência e da aprendizagem na atividade informal. Experiências e aprendizagens informais relatadas sugerem a existência do desenvolvimento de uma "carreira" que se vai definindo no percurso das experiências de vida, constituindo o perfil profissional desses trabalhadores e suas inserções no mercado de trabalho. O trabalhador informal refere-se a essa carreira de duas maneiras: (1) "bico", quando o trabalho executado é esporádico, tanto na fase de aprendizagem, como já qualificados para o trabalho, quando executam serviços pequenos; (2) "por conta própria ou autônomo", quando o trabalho é executado de forma constante, reconhecido pela clientela e qualificado adequadamente.

A área de prestação de serviços é o setor que mais vem crescendo e tem relação direta com o crescimento do *trabalhador por conta própria*. Conforme IBGE (2007), o setor de serviços concentrava, em 2007, cerca de 67% dos trabalhadores por conta própria. Na pesquisa sobre o setor informal do IBGE (2008) para as regiões metropolitanas, foi possível verificar o expressivo número de vendedores ambulantes e camelôs — somavam 624 mil para as áreas metropolitanas, dos quais 532 mil são trabalhadores por conta própria; os demais, 92 mil (14,8%), são empregados com ou sem carteira de trabalho assinada, empregadores e não remunerados.

Conforme estudo citado (SASAKI, 2009), o avanço tecnológico, diferentemente do que possa ser pensado, a princípio, também ampliou as possibilidades de inserção do *trabalhador por conta própria* no mercado de trabalho, diversificando as possibilidades de escolhas da profissão, mas referenciando igualmente a busca de cursos de aperfeiçoamento e atualização. Assim, ocupações que envolvem aprendizado técnico, como elétrica, mecânica de autos e bombeiro hidráulico exigem especialização e atualização constantes, o que implica a busca de qualificação formal/informal desses trabalhadores em programas de capacitação. Vários desses programas são de livre acesso aos trabalhadores independente de sua vinculação formal pelo sistema S, tanto pelas indústrias como pelos fornecedores (SESC, SENAI, Deca, Bosh). Outras formas de treinamento são possibilitadas no período de prestação do serviço militar ou como ajudantes de trabalhadores por conta própria.

A permanência na atividade informal parece ser uma escolha definitiva e mesmo quando o trabalhador se emprega, os trabalhos eventuais na atividade informal permanecem e de certa forma são indicados como atividade principal ou de maior rendimento.

No caso dos trabalhadores da área da construção civil, a principal justificativa de sair para se manter na atividade informal é o fato de que o emprego não compensa, tendo em vista a natureza penosa do trabalho e a baixa remuneração. Trabalhar por conta própria, mesmo nessa área, torna-se menos penoso pelo fato de poder administrar o próprio serviço.

A segurança, a experiência e a qualificação, aliadas à percepção de oportunidades no mercado formal, podem levar o trabalhador informal a querer não só permanecer no trabalho por conta própria, mas vir a constituir uma empresa na sua área de atuação. A questão que muitas vezes se coloca diz respeito às formalidades legais, para muitos vistas como burocráticas e de alto custo, inviabilizando a iniciativa.

A avaliação da empresa pelo trabalhador se dá por meio da comparação entre o trabalho informal e o emprego assalariado, pesando as vantagens e as desvantagens de cada uma. A remuneração, o trabalho mais flexível e a oportunidade de crescer profissionalmente são aspectos que predominaram nos relatos dos que optaram pelo trabalho informal.

Contudo, um medo que parece assombrar os trabalhadores informais está relacionado ao trabalho em idade mais avançada e à aposentadoria. Os trabalhadores com mais idade e menor escolaridade se queixam de renda intermitente e se sentem inseguros na atividade informal, principalmente, em relação à sua capacidade de trabalho no futuro e à aposentadoria. O interessante é que esta é uma preocupação comum dos trabalhadores, mesmo entre aqueles que contribuem para a Previdência Social como autônomos (SASAKI, 2009).

Essa permanência na atividade informal tem a ver com a possibilidade de obtenção de renda mais alta na informalidade. No estudo em tela (SASAKI,

2009), os trabalhadores entrevistados declararam que obtêm rendimentos mais altos na atividade informal do que na mesma atividade com carteira assinada.

Outro aspecto relevante refere-se à inter-relação entre atividades formais e informais. É comum entre os trabalhadores informais a prestação de serviços para empresas formais. Isso sugere que, em torno de algumas atividades formais, estrutura-se uma rede de serviços e produção informal que se ramifica e se amplia de forma interdependente, tornando cada vez mais tênue a linha que separa trabalhadores formais e informais. Há uma reciprocidade entre as lojas e o trabalhador informal. A loja demanda serviços especializados e apoio ao trabalhador informal relativamente à infraestrutura e, algumas vezes, ao material de trabalho. O trabalhador informal entra nessa *sociedade tácita* com a sua especialidade e a força de seu trabalho. Embora seja comum esse tipo de arranjo, abrindo inclusive um nicho específico de trabalho, são as empresas as mais beneficiadas com a redução do custo da mão de obra e a diversificação de serviço.

Essa inter-relação entre as atividades formais e informais foi observada por Malaguti (2000) em estudo sobre a informalidade, no qual o autor reflete sobre a dificuldade de distinguir os limites precisos entre um setor formal e informal em virtude de tal nível de relacionamento em alguns casos. Nesse sentido, "A imbricação de atividades formais e informais constitui a regra geral e não uma exceção" (MALAGUTI, 2000, p. 165).

No estudo indicado (SASAKI, 2009), a autora aborda, também, a dimensão do *status* social do trabalhador informal como portador de estereótipos por não estar coberto pela legislação trabalhista e previdenciária. Esse sentimento é expresso pela sensação de não ser visto como "trabalhador" ou de não ter o trabalho reconhecido como digno e importante para a comunidade. É comum as pessoas se referirem ao trabalhador informal como aquele que "caiu" na informalidade, ou seja, que está abaixo de um suposto padrão em que estão os que não caíram e têm um trabalho formal.

A sensação de discriminação por parte do trabalhador é mais forte quando é visto pelo governo com desconfiança, no sentido não só de ilegal, mas, também como marginal, no sentido criminoso. Reminiscências da época em que a carteira de trabalho era reconhecida como carteira de identidade e os que não a possuíam poderiam ser presos por vadiagem.

A associação de trabalhador informal como marginal chega ao limite extremo no caso dos ambulantes. Com eles a associação com a ilegalidade é tênue, e as questões sociais se complicam. A apreensão de mercadorias, por parte da fiscalização, assume para os trabalhadores o caráter de penalidade por infringir a lei, de atividade ilegal. Sem muita orientação de como se "legalizar," criam alternativas de sobrevivência.

Diante desse quadro, entende-se que as políticas de emprego e renda devem valorizar a integração entre os serviços de intermediação formal e informal como portas de saída do trabalhador desempregado. Equivale dizer da importância de políticas de obtenção de renda mediante o incentivo à liberdade de escolha dos trabalhadores. Para tanto, são importantes os programas de qualificação, aliados a incentivos a pequenos negócios e ao trabalho independente.

A percepção de controle absoluto sobre o trabalho é estudada como um dos fatores que mais reforçam os sentimentos de satisfação no trabalho, sendo inclusive fator de proteção em relação ao adoecimento no trabalho (SATO, 2002; CODO, SAMPAIO; HITOMI, 1993; CODO, 1998; VASQUES-MENEZES, 2005). Quando na realização de um trabalho permitem-se o controle e a construção do sentido, não há ruptura da subjetividade nem alienação. Nesse caso, o trabalho informal por conta própria torna-se inalienável, mostrando-se como um trabalho inteiro sem fragmentação entre planejamento e execução e com domínio dos meios de produção. Pode estar aí a diferença entre fazer um trabalho gratificante, no qual se gosta da atividade executada e do produto decorrente de seu esforço, e realizar um trabalho subjugado, preso às amarras de normas, horários, exigências e chefias (CODO, SAMPAIO; HITOMI, 1993; CODO, 1998; VASQUES-MENEZES, 2005). Assim, hoje, tem-se de pensar que o velho perfil do trabalhador informal como o excluído do mercado de trabalho por baixa escolaridade sujeitando-se a rendas insignificantes não é mais realidade. Esse trabalhador tem escolaridade e qualificação, ou seja, tem o "saber" e o "saber fazer" que lhe garantem o ingresso e a permanência na atividade escolhida.

Buscando entender a importância da proteção social para os trabalhadores, Maloney (2003) levantou algumas razões pelas quais os trabalhadores tornam-se, voluntariamente, *desprotegidos:* (1) a desvalorização dos benefícios por não se submeterem aos impostos e tributos a que ela está arraigada faz com que eles procurem trabalho informal, no qual a remuneração é inteiramente monetária; (2) a existência de pai ou cônjuge que tenha emprego pode garantir proteção para os demais membros da família; (3) o excesso de regulação ao provocar rigidez no mercado de trabalho, estimular a rotatividade e encorajar os trabalhadores a deixar seus empregos. Por essas razões, Maloney conclui que a opção pela informalidade seria resultado de um questionamento implícito acerca da incapacidade do Estado como ente provedor e normatizador, exigindo do próprio trabalhador que garanta a sua "proteção" (MALONEY, 2003).

O crescimento do trabalho informal no Brasil deixa de ser um conjunto uniforme de trabalhadores excluídos do mercado de trabalho formal, pobres e de baixa escolaridade. A heterogeneidade e a complexidade existentes no interior desse segmento do trabalho informal têm originado propostas diferenciadas de políticas públicas. O reconhecimento de pequenos empreendedores informais como uma sementeira de novas empresas é um indicativo da importância dessas atividades para a economia e a sociedade. De fato, o IBGE ao elaborar os Suplementos Especiais[17] sobre os empreendedores individuais teve como finalidade subsidiar o planejamento e o desenvolvimento econômico e social do país (IBGE, 2003). Em 2003 os empregadores desse segmento informal totalizaram perto de 3,3 milhões de pessoas, cerca de 5% da PEA ocupada. Já os trabalhadores por conta própria totalizaram 17,7 milhões de pessoas, cerca de 30% da PEA ocupada. Em 2007 cresceu a participação feminina tanto entre os trabalhadores empregados com carteira assinada quanto entre os trabalhadores por conta própria, embora ainda predomine a participação masculina.

As atividades preponderantes na absorção dos trabalhadores informais conforme os dados de 2003 e 2007 foram nos ramos de comércio e reparação (33%), construção civil (17%) e indústria de transformação (15%).

A escolaridade dos trabalhadores por conta própria vem aumentando de forma significativa. Em 2003, aproximadamente 9% tinham menos de um ano de estudo e cerca de 37% tinham de oito a 14 anos de estudo. Em 2007, verificou-se tendência de aumento dos anos de estudo desse segmento, com o crescimento negativo dos trabalhadores com até quatro anos de estudo (8%) e o aumento significativo dos trabalhadores com oito até 14 anos de estudo passando dos 37% para mais de 43%.

Os *contribuintes* para a Previdência Social, em 2003, considerando apenas os trabalhadores por conta própria, representavam apenas 4%, enquanto os *não contribuintes*, cerca de 18% do total de trabalhadores informais. Entre 2003 e 2007 houve ligeiro acréscimo na participação dos *contribuintes* trabalhadores por conta própria (0.141); os *não contribuintes* também cresceram, embora haja taxas menores nesse período (0.111), passando a representar cerca de 20% dos trabalhadores por conta própria em 2007.

Por fim, aproximadamente 59% dos trabalhadores por conta própria, em 2007, apresentaram, em média, mais de nove anos no trabalho informal, superior à média da população total ocupada que se situou em cerca de 41%, para mais de seis anos de trabalho.

Pelos dados acima, pode-se concluir que, além dos problemas discutidos por Rifkin (1995) e Giddens (2002) as rígidas leis trabalhistas no Brasil são um convite para fortalecer a informalidade, tanto pelo empregador que precisa pagar muito caro para contratar quanto para o trabalhador desempregado que começa a trabalhar por conta própria.

---

(17) Suplementos de 1997 e 2003 — também acompanhados pela Pesquisa Mensal de Emprego para as áreas metropolitanas.

Nessa mesma direção, Sasaki (2009) levantou alguns aspectos recorrentes nas falas dos trabalhadores entrevistados. No que concerne à Previdência Social, as manifestações de desconfiança foram expressas em termos de dúvidas quanto ao retorno do investimento em forma de auxílio em caso de doença, acidente de trabalho ou aposentadoria. Os trabalhadores argumentaram que é alto o valor das prestações e baixa a expectativa de retorno das contribuições pagas na aposentadoria.

O segundo aspecto levantado diz respeito ao sistema burocrático e moroso na concessão dos benefícios. Esses resultados corroboram as discussões de Maloney (2003) sobre as decisões de contribuir ou não com os sistemas de Previdência Social na América Latina, inclusive no Brasil. De acordo com Maloney (2003), os trabalhadores, empresas e famílias escolhem a forma de envolvimento com as instituições e normas com base em análises do custo benefício de se formalizarem. Ainda, de acordo com esse autor, o baixo nível das contribuições voluntárias representa uma avaliação negativa do Estado, por parte da sociedade e das famílias. Nesse sentido, entende-se que a resistência dos trabalhadores por conta própria refere-se à não conformidade com as regras vigentes de participação no mercado de trabalho e na Previdência Social.

A resistência em participar do sistema previdenciário de forma voluntária também pode ser atribuída às características do trabalho por conta própria *vis-à-vis* o desenho do sistema previdenciário vigente. Sasaki (2009) destaca três perfis de contribuintes entre os trabalhadores por conta própria. O primeiro é o perfil do contribuinte que ora está em situação de empregado, ora exercendo atividades informais, o que provoca mudanças e perdas ao longo do seu histórico de contribuições. Essas entradas e saídas de empregos, no caso dos trabalhadores informais, e os momentos de maior ou menor estabilidade financeira ocasionam um fluxo irregular tanto das contribuições voluntárias quanto do valor contribuído, gerando, com o passar do tempo, desmotivação para contribuir. O segundo perfil, também bastante comum, é o daquele contribuinte que não confia na Previdência Social e opta por uma previdência privada ou por outros meios de renda para o futuro.

Outro aspecto interessante na ótica do trabalhador é que ele percebe o sistema de proteção social, ainda incluídos os benefícios advindos da relação de emprego: seguro-desemprego, aposentadoria e demais benefícios de natureza previdenciária como um sistema em que a regra prevalecente é a contribuição compulsória pela empresa, em face da legitimidade da relação de emprego conferida pelas normas legais. A contribuição voluntária é vista como uma obrigação associada à legitimação do seu trabalho e que, por decorrência, pode ou não implicar a obtenção de benefícios. Sasaki (2009) argumenta que a relação entre o trabalhador e a previdência não mediada pelas empresas, como na relação de emprego, é vista pelo trabalhador informal como burocrática, arriscada e sem retorno. Portanto, a contribuição voluntária não adquire o formato de pagamento de um seguro contra os riscos cobertos pela seguridade social, como o desemprego, doenças, acidentes e aposentadoria. Percebe-se a falta de conhecimento e informação sobre a Previdência Social mostrando o quanto ela está distanciada de seu público-alvo (SASAKI, 2009). Assim, a alternativa para situações de desemprego, doença, acidente ou aposentadoria que surge para esses trabalhadores como viável é a poupança e, a partir dela, os imóveis populares que permitem o ganho de aluguéis, ou, ainda, a previdência privada.

Por essa perspectiva é que se propõe ver o trabalho informal, como objeto de análise, não desvinculado do entendimento do Trabalho para o sujeito, na era do capitalismo globalizado. O trabalhador informal por conta própria como foco de políticas sociais e de trabalho não se desvincula do coletivo de trabalhadores, na condição de portador de direitos sociais. Devem ser repensados os espaços social e econômico dados ao trabalhador informal e, em consequência, as políticas sociais, mais especificamente, o desenho da seguridade social para essa nova faceta da relação trabalho-trabalhador. Demanda conhecer melhor como se processam as opções dos trabalhadores informais relativamente ao trabalho de cobertura dos riscos do trabalho e de aceitação social e econômica em um cenário em que as opções colocadas tenham coerência com a natureza do trabalho por conta própria.

Nesse cenário, o sistema público de emprego tem o desafio de incorporar o atendimento dos trabalhadores por conta própria não mais de forma subsidiária, mas como opção do trabalhador na perspectiva de obtenção de renda. Esse atendimento implica ampliar a visão unilateral que hoje se tem do emprego como única opção de trabalho. Isso por que parcela significativa de trabalhadores não é beneficiada pelos programas de emprego e renda e pelos benefícios da seguridade social, seja pela intermitência dos empregos, seja por opção pelo trabalho independente.

Na perspectiva da modernidade, as políticas de emprego devem incorporar as novas formas de trabalho (assalariado, por conta própria, pequenos empreendimentos principalmente) como porta de saída para a situação de desemprego. O caminho é a integração de políticas públicas que hoje estão fragmentadas. O sistema público de emprego, importante braço de acesso ao trabalhador, poderia ser estruturado de forma a integrar as agências públicas e privadas de emprego e o sistema S de qualificação profissional, caracterizando uma *rede de atendimento* na qual o trabalhador pudesse receber o atendimento integral proposto genericamente, mas nunca operacionalizado. Essa rede de atendimento, ao basear-se nas informações sobre o mercado de trabalho local, nas necessidades do trabalhador e em suas opções, será importante indutor de políticas não só de geração de emprego e renda, mas também gerador de subsídios para o sistema previdenciário. Vale lembrar que hoje há sistemas de informação do trabalho e previdência suficientemente amadurecidos, integrando o FGTS, o seguro-desemprego, a Previdência Social, a Lei n. 4.923/65, a RAIS, entre outros dados secundários que podem subsidiar uma política mais integrada de atendimento ao trabalhador. Basta vontade política.

REFERÊNCIAS

CASTEL, R. *As metamorphoses da questão social:* uma crônica do salário. 7. ed. Petrópolis: Vozes, 2008.

CASTELLS, M. *O poder da identidade.* 6. ed. São Paulo: Paz e Terra, 2008.

CODO, W. *Educação:* carinho e trabalho. 1. ed. Petrópolis: Vozes, 1998.

CODO, W.; SAMPAIO, J. J. C.; HITOMI, A. *Indivíduo, trabalho e sofrimento:* uma abordagem interdisciplinar. 2. ed. Petrópolis: Vozes, 1993.

GIDDENS, A. *Modernidade e identidade.* Rio de Janeiro: Jorge Zahar, 2002.

GORZ, A. *Adeus ao proletariado:* para além do socialismo. Rio de Janeiro: Forense, 1982.

_____. *O imaterial:* conhecimento, valor e capital. São Paulo: Annablume, 2005.

INSTITUTO DE GEOGRAFIA E ESTATÍSTICA [IBGE]. *Pesquisa Nacional por Amostra de Domicílios [PNAD].* 2. ed. Pesquisa básica e suplementares — microdados, 2007.

_____. *Trabalhadores por conta própria:* perfil e destaques Recife, Salvador, Belo Horizonte, Rio de Janeiro, São Paulo e Porto Alegre, 2008, Rio de Janeiro. Disponível em: <http://www.ibge.gov.br> Acesso em: 10.6.2009.

MALAGUTI, M. L. *Crítica à razão informal:* a imaterialidade do salariado. São Paulo: Boitempo; Vitória: EDUFES, 2000.

MALONEY, W. F. Self employment and labor turnover. *World Bank* 1818. Washington, 1999. Avalable in: <hpp://www.Worldbank.org> Access in: 15.6.2008.

_____. Informality revisited. The world bank Latin America and the Caribbean region, 2003. Office of the Regional Chief Economist, *Policy Research Working Paper 2965.* Avalable in: <http://www.worldbank.org> Access in: 15.6.2008.

OFFE, C. Trabalho: a categoria chave da sociologia? *Revista Brasileira de Ciências Sociais,* 1989a. Disponível em: <http:/www. apocs.org.br> Acesso em: 8.8.2009.

_____. *Trabalho e sociedade:* problemas estruturais e perspectivas para o futuro da "Sociedade do Trabalho". Rio de Janeiro: Tempo Brasileiro, 1991.

SATO, L. Saúde e controle no trabalho: feições de um antigo problema. In: JACQUES, M. G.; CODO W. (orgs.). *Saúde mental e trabalho:* leituras. Petrópolis: Vozes, 2002.

SASAKI, A. M. *Trabalho informal:* escolha ou escassez de emprego? um estudo sobre perfil dos trabalhadores por conta própria. Dissertação (Mestrado em Psicologia). Brasília: Instituto de Psicologia, Universidade de Brasília, 2009.

TOURAINE, A.; KHOSROKHAVAR, F. *A busca de si:* diálogo sobre o sujeito. Rio de Janeiro: Bertrand Brasil, 2004.

VASQUES-MENEZES, I. *A contribuição da psicologia clínica na compreensão do burnout:* um estudo com professores. Tese (Doutorado em Psicologia). Instituto de Psicologia, Brasília: Universidade de Brasília, 2005.

Capítulo 12

DESAFIOS DAS COTAS EM POLÍTICAS PÚBLICAS DE EMPREGO — TRABALHO, CONSTITUIÇÃO E POLÍTICAS PÚBLICAS DE COTAS: A EFETIVIDADE DOS DIREITOS SOCIAIS EM UMA COMUNIDADE DE PRINCÍPIOS

Marthius Sávio Cavalcante Lobato

> *Cuidado com os abismos e as gargantas, mas cuidado também com as pontes e as "barriers". Cuidado com o que abre a Universidade para o exterior e para o sem-fundo, mas cuidado também com o que, fechando-a em si mesma, não criaria senão um fantasma de mercado, a colocaria à mercê de qualquer interesse ou a tornaria perfeitamente inútil. Cuidado com as finalidades. Mas o que seria uma Universidade sem finalidade?*
>
> Jacques Derrida em "As pupilas da Universidade"

Ao estabelecer como princípio constitucional a inclusão social dos diferentes[18], o Estado brasileiro apontou a direção a que sua política pública deverá caminhar, qual seja, estabelecer a garantia da igualdade pela diferença promovendo ações afirmativas de cotas.

A Ação de Descumprimento de Preceito Fundamental proposta pelo partido dos Democratas, ADPF n. 186, desnuda a intenção de segmentos da sociedade que veem a inclusão social como fator da própria discriminação positiva permitindo que camadas da sociedade que até então não tinham condições de um crescimento social atinjam esse objetivo, igualando os desiguais. É evidente que essa postura revela um único caminho: a eliminação de políticas públicas de cotas na sociedade brasileira.

Se a Constituição brasileira estabelece a inclusão social no mercado de trabalho com base na diferença, qualquer mecanismo que venha proibir a adoção de ações afirmativas leva necessariamente ao vazio normativo, logo, à anomia do direito.

---

(18) CRB/88 — Art. 3º Constituem Objetivos Fundamentais da República Federativa do Brasil: [...] III — erradicar a pobreza e a marginalização e reduzir as desigualdades sociais e regionais.

1. A QUALIFICAÇÃO PROFISSIONAL COMO INCLUSÃO SOCIAL

A relação entre Universidade e políticas públicas de inclusão social não pode ser analisada de forma isolada ou mesmo de forma contraditória. Essa relação deve sempre ser analisada tendo como base a complementaridade para a efetividade do texto constitucional.

Pensar a Universidade, o ensino, a pesquisa e a extensão passa necessariamente por uma análise a quem, de fato, se quer atingir. É evidente, como menciona Derrida, que a abertura da Universidade pode gerar, como consequência, o próprio esgotamento do sistema. Portanto, a abertura não pode significar o próprio fechamento.

A questão do ensino é de fundamental importância quando se quer garantir aos cidadãos sua inclusão social no mercado de trabalho e não apenas o estabelecimento de castas. Para tanto, há a necessidade de estabelecer quais os parâmetros dessa inclusão para não reduzir a inclusão à mera exclusão. Portanto, pensar a igualdade pela diferença é o grande desafio da sociedade moderna cuja finalidade, baseada em um constitucionalismo contemporâneo, é a realização do direito e da justiça.

É nesse contexto que se verifica que os diferentes, em diversos segmentos — portadores de necessidades especiais, índios, mulheres e negros — necessitam de mecanismo de proteção para o ingresso no mercado de trabalho, garantindo-lhes a igualdade de oportunidades e a possibilidade de, ao adquirirem o emprego, terem condições iguais de mobilidade interna quer vertical, quer horizontal.

A constatação dessa diferença de oportunidades elevou em nível constitucional proteção aos cidadãos portadores de necessidades especiais[19]. O legislador ordinário, entendendo que o princípio constitucional da não discriminação, como direito fundamental, tem eficácia horizontal aprovou lei que estabelece a forma e os procedimentos para a inclusão social desses cidadãos, concebendo um sistema de cotas para o ingresso no mercado de trabalho[20].

Em pesquisa realizada, tem-se constatado que os negros, por exemplo, não detêm as mesmas oportunidades no mercado de trabalho[21]. Além dos

---

(19) CRB/88 – Art. 37. [...] VIII — a lei reservará percentual dos cargos e empregos públicos para as pessoas portadoras de deficiência e definirá os critérios de sua admissão.
(20) Lei n. 8.213/91 — Art. 93. A empresa com 100 (cem) ou mais empregados está obrigada a preencher de 2% (dois por cento) a 5% (cinco por cento) dos seus cargos com beneficiários reabilitados ou pessoas portadoras de deficiência, habilitadas, na seguinte proporção: I — até 200 empregados ... 2%; II — de 201 a 500 ... 3%; III — de 501 a 1.000 ... 4%; IV — de 1.001 em diante... 5%.
(21) A PEA desmembrada pela variável cor/raça nos mostra que 30% dos brancos vêm ocupando o mercado formal. Este índice cai entre os pretos e pardos para 27% e 23%, respectivamente. O mercado informal é ocupado por 26% de pretos, 24% de brancos e 29% de pardos. As estatísticas de desemprego também são maiores entre os pretos (15%) e entre os pardos (12%) e, mais uma vez, há vantagem para os brancos, que

fatores clássicos de discriminação que se observa em relação à cor, há ausência de formação e de qualificação profissional.

Se uma política de ação afirmativa concretiza a inclusão social, esta, ao ser aplicada, acaba por gerar a própria exclusão. Um exemplo são as cotas para portadores de necessidades especiais. À época da inserção da normativa que determinava a contratação de percentuais mínimos, verificou-se uma dificuldade imensa para a obtenção de resultado positivo na contratação em face da confirmação da total desqualificação profissional dos trabalhadores, o que acarretou a impossibilidade das contratações. Logo, a expectativa da inclusão social, na realidade, gerou a própria exclusão. A consequência foi uma atuação conjunta em diversos segmentos: sociedade, empresariado, sindicatos de trabalhadores e o próprio Estado via Ministério do Trabalho e Emprego garantindo a qualificação profissional em primeiro lugar para depois inserir o trabalhador no mercando de trabalho com as respectivas contratações. Portanto, constatou-se que a desqualificação profissional impede a inclusão social por falta de capacitação educacional.

Assim, a importância do estabelecimento de cotas no sistema educacional — aqui entendido em todos os sistemas: ensinos fundamental, médio, superior e técnico — é nítida sob pena de se esvaziar as normas de proteção, efetivando, não a inclusão social como preceituam os princípios constitucionais, mas a própria exclusão.

2. DIREITO E POLÍTICA: AÇÃO AFIRMATIVA COMO GARANTIA DA IGUALDADE E LIBERDADE

Analisando o conceito de direitos humanos, pode-se constatar que, na declaração de direitos, o direito de o cidadão ter direitos extraterritoriais independentemente do Estado-nação, está preservado[22]. Essa garantia se dá por meio de uma análise de pensar globalmente e agir localmente.

---

representam 10% do universo de desempregados. In: MARTINI, Andressa Ferreira de; SILVA, Juliana Francine da. *Discriminação no mercado de trabalho:* desafios de combate ao racismo no bojo da população economicamente ativa no Brasil, p. 97.

(22) Giacomo Marramao em seu texto *Passado e futuro dos direitos humanos:* da "ordem pós-hobbesiana" ao cosmopolitismo da diferença, afirma ainda que "os direitos humanos são acolhidos nas proclamações universais e incorporados nas constituições e nas legislações nacionais. Temos, assim, um fenômeno muito importante, que definirei, esquematicamente, como fenômeno do nexo entre desterritorialização e (re)territorialização do Direito. Vale dizer, o Direito que é desterritorializado nos enunciados da Declaração Universal só pode se (re)territorializar, exatamente para poder conferir uma qualificação autenticamente democrática aos ordenamentos democráticos nacionais. A Declaração de 1948, mesmo representando exclusivamente um ideal comum a ser alcançado por todas as nações, como um acordo juridicamente vinculante, não se limitou a universalizar a ideia dos direitos humanos e a promover a sua adoção pelos Estados, mas também atribuiu um valor transterritorial tanto aos direitos civis e políticos, quanto àqueles econômicos e sociais (reunidos pelo historiador do Direito Pietro Costa (1999-2004) na fórmula da "liberdade do medo e da necessidade") e sancionou os direitos das minorias e dos povos, reconhecendo a estes últimos o fundamental direito à autodeterminação. Certamente seria absurdo querer negar ou diminuir o esforço cumprido pelas Nações Unidas com a finalidade de transformar tais princípios em *ius*

Ao reduzir esses conceitos ao aspecto local — conforme a concepção de Boaventura de Sousa Santos (direito como emancipação[23]) verifica-se que a aplicação ou não dos direitos humanos e a dignidade humana estão intimamente ligadas à pré-compreensão da dicotomia público e privado, pois o trabalhador terá todos os direitos humanos e dignidade humana se, e somente se, estiver fora e além dos muros da empresa, fora do chão da fábrica.

Ou seja, os direitos humanos passam a ser privatizados como mecanismo de retirada de direitos e obtenção de direitos. Retirada de direitos, pois a dignidade do trabalhador passa a ser relativizada dentro de juízos de ponderações, e obtenção de direitos, visto que o empregador passa a ter direitos sobre os direitos dos trabalhadores uma vez que retira do segundo o próprio direito. É o estabelecimento de um não direito em uma concepção desconstrutivista de Jaques Derrida[24].

A aplicabilidade dos direitos fundamentais nas relações privadas ou mesmo de forma horizontal somente se concretiza com a quebra de pré-compreensões referentes ao privado[25]. O público não se resume ao Estatal. É a privatização do público e o público aqui entendido não como Estatal, mas como esfera pública e democrática a que os cidadãos podem e devem pertencer. O direito do trabalho não pode ser mais lido e interpretado como direito eminentemente privado. Deve ser lido e interpretado como uma relação contratual cuja proteção está eminentemente na Constituição. É a função social do contrato. Portanto, o trabalho é protegido pela Constituição. O que se vê, na realidade, não é a ausência de normas e sim de sua aplicabilidade. Os princípios constitucionais não são aplicados, assim como a própria CLT.

---

cogens, vale dizer em normas jurídicas vinculantes: seja por meio da promoção de pactos (pactos sobre os direitos civis e políticos, por um lado, e sobre os direitos econômico-sociais e culturais, por outro lado, diferenciação que, a propósito, coloca um problema muito sério de divisão entre os dois âmbitos de direitos), seja por meio de declarações e convenções internacionais. E, todavia, não obstante o valor desse esforço, permanece ainda aberto o problema da sua efetiva atuação. Enquanto na comunidade internacional ainda não foi cumprido o processo de monopolização da força que permita uma efetiva garantia dos direitos, nas sociedades contemporâneas assistimos ao florescimento de reivindicações dos direitos de "terceira geração" — como, por exemplo, o direito a viver em um ambiente sadio e não poluído (uma reivindicação que se põe em rota de colisão, diria Stefano Rodotà (2005), com o "terrível" direito de propriedade) — e de "quarta geração", como o direito à integridade do patrimônio genético. Tudo isso demonstra que não apenas as solicitações dos direitos tornam-se mais numerosas, mas o próprio leque dos direitos se alarga quanto mais uma sociedade se desenvolve e torna-se complexa. Texto enviado por ocasião do XVI Congresso Nacional do Conselho Nacional de Pesquisa e Pós-graduação em Direito (Conpedi), com o tema "Pensar globalmente, agir localmente", em 15 de novembro de 2007, no Programa de Pós-graduação em Direito da PUC Minas, Belo Horizonte-MG. Tradução de Lorena Vasconcelos Porto (PUC Minas) e revisão técnica de Flaviane de Magalhães Barros (PUC Minas) e Marcelo Andrade Cattoni de Oliveira (PUC Minas).
(23) SANTOS, Boaventura de Sousa. Poderá o direito ser emancipatório? *Revista Crítica de Ciências Sociais*, n. 65, maio 2003. p. 3/75.
(24) *Force de loi*. Paris: Galilée, 1994-2005.
(25) Sobre este tema, ver o meu livro *O valor constitucional para a efetividade dos direitos sociais nas relações de trabalho*. São Paulo: LTr, 2006.

Enfim, para afirmar que um país tem uma legislação desenvolvida, é preciso que este adquira uma identidade constitucional, como ensina Michel Rosenfeld[26], capaz de garantir os princípios básicos em um Estado Democrático de Direito, que são a **igualdade** e a **liberdade**, aplicadas integralmente.

Esses dois grandes princípios constitucionais — igualdade e liberdade — que se opõem (se sou igual não sou livre e se sou livre não sou igual) e se constituem reciprocamente, traduzindo-se concretamente nas diversas práticas sociais constitutivas de sua vida cotidiana.

As reivindicações nas ruas por liberdade e por igualdade levantam publicamente a pretensão constitucional de que as diferenças específicas do grupo que as conduz sejam reconhecidas, daquele momento em diante, como igualdade e exigem o respeito público à sua liberdade de serem diferentes. Os debates sobre diferenças de sexo, de cor, de orientação sexual, de arcabouços culturais, de práticas religiosas ou mesmo antirreligiosas revelam a todos a inconstitucionalidade concreta de toda forma de discriminação. De outra parte, para a efetiva igualdade no respeito às diferenças, é necessário assegurar-se a esfera de liberdade para o exercício dessas diferenças. Tal esfera não requer (nem pode exigir) que se tenha simpatia ou afeto por valores diversos dos nossos. Mas a Constituição, sim, impõe respeito à liberdade, às diferenças reconhecidas como igualdade.

Na tensão desses campos é que se encontra o sucesso mais retumbante da Constituição de 1988. A sua exigência principiológica de igualdade e liberdade, em um ambiente institucional democrático, permite a compreensão de que a igualdade é o direito à diferença e de que a liberdade é a exigência pública (oponível a todos) do respeito ao direito privado de ser diferente. Trata-se de um processo contínuo, inesgotável precisamente porque a cada ato de inclusão, a cada momento de respeito constitucional pela liberdade e pela igualdade, torna-se visível que outros ainda não foram incluídos e que suas vozes não podem ser silenciadas em uma democracia.

É por esse motivo que o rol de nossas garantias fundamentais não se apresenta expressamente como uma relação fechada de direitos. O texto constitucional admite no § 2º de seu art. 5º, que os direitos e as garantias lá expressos "... não excluem outros decorrentes do regime e dos princípios por ela adotados, ou dos tratados internacionais em que a República Federativa do Brasil seja parte". A Constituição, portanto, é um documento que, no embate pelo sentido presente de seu conteúdo, permanece aberta para o futuro. Parafraseando o Professor Menelick de Carvalho Netto, a abertura da Constituição é o pulsar de um documento vivo. O sujeito constitucional há

---

(26) *A identidade do sujeito constitucional*. Belo Horizonte: Mandamentos, 2003.

que permanecer como um processo vivo e aberto que não pode ser corporificado, fechado, em nenhum ente, sob pena de se tornar o contrário dele próprio, privatizando o público e eliminando a liberdade como direito à diferença.

Portanto, o princípio da igualdade garante que as políticas públicas que venham a estabelecer ações afirmativas[27] sejam constitucionais. Nesse sentido, é importante o julgamento proferido pelo Tribunal de Justiça do Estado do Rio de Janeiro[28], cujo fundamento consigna que:

> O preceito constante do art. 5º, da CR/88, não difere dos contidos nos incisos I, III e IV do art. 206, da mesma Carta. Pensar-se o inverso é prender-se a uma exegese cega, meramente formal, ou seja, a uma exegese de igualização, dita estática, negativa, na contramão com a eficaz dinâmica, apontada pelo Constituinte de 1988, ao traçar os objetivos fundamentais da República Brasileira.
>
> A postura jurídica e política de aplicação, em nosso território, de tão decantado princípio (da igualdade) em termos apenas formais, à sombra de ditames constitucionais estáticos, até a promulgação da Carta de 1988, permitiu, sem sombra de dúvida, a manutenção e o agravamento, ao longo do tempo, de tratamentos discriminatórios, geradores de uma sociedade brasileira cada vez mais injusta em relação a uma minoria de seus integrantes, o que depõe significativamente contra uma nação dita democrática no contexto das demais nações que assim se classificam. (...) Em verdade, a Independência, em 1822, e a Abolição (da escravidão), em 1888, como de conhecimento, não concretizaram, em termos sociais, a liberdade e os direitos individuais garantidos constitucionalmente.
>
> [...]
>
> Os dados de que dispomos nos alertam para o fato de que os brancos pobres já contam com uma vantagem de escolaridade frente aos negros. Se abrirmos cotas para pobres, portanto, independentemente de sua cor, na verdade estaremos contribuindo para a reprodução ou até mesmo a intensificação da desigualdade dentro desse segmento dos pobres brasileiros. No ponto diferencial em que o branco pobre está em melhores condições, abrir-se-á ainda mais a vantagem dessa parcela da população, que poderá utilizar esse novo capital cultural na busca de uma melhor posição no mercado de

---

(27) Cotas raciais para as Universidades como a questionada pelo Partido dos Democratas na ADPF n. 186 anteriormente citada.
(28) Quando do julgamento de ação que questionava a constitucionalidade da Lei Estadual que inseriu a política pública de cotas.

trabalho. Se fizermos isso, estaremos no mínimo postergando ou até mesmo piorando a desigualdade racial brasileira. Ou seja, faremos uma ação afirmativa de classe às expensas de continuar discriminando os negros, cientes de que o fazemos[29].

O constitucionalismo social trouxe um bloco de princípios constitucionais de proteção à dignidade humana do trabalhador jamais visto. São exemplos a Alemanha, a Itália, a Espanha e Portugal. Com a constitucionalização dos direitos, acaba-se por aprender, com os próprios erros, que nominar os direitos não é suficiente para garanti-los. No Direito moderno, o desafio está em saber como efetivá-lo, uma vez que as leis gerais e abstratas são apenas o início da complexidade na sociedade. A evolução da sociedade se dá quando a Constituição passa a ser efetivada em todos os seus sentidos.

Conforme foi afirmado, de nada adianta ter na Constituição, em seu art. 1º, que o Brasil é uma República Federativa e constitui-se de um Estado Democrático de Direito se, na prática, este Estado Democrático de Direito não é efetivado, se, no caso concreto, quem os aplica acaba por fazê-lo sem excluir de si mesmo seus preconceitos. Pensar a Constituição como uma comunidade de princípios é a grande evolução aonde temos de chegar.

No momento em que se percebe o outro, tem-se a possibilidade de aplicar normas e princípios constitucionais de maneira a garantir a exclusão de injustiças. Mas isso somente pode ocorrer quando se analisa um caso concreto. É nele, e somente nele, que se tem uma única decisão correta, com base no conceito de integridade do Direito, como nos ensina Dworkin.

Esse é o déficit da aplicação dos princípios constitucionais. Os princípios têm força irradiante mesmo que implícitos. Podem-se encontrar normas constitucionais não expressamente consignadas a partir do momento em que pode gerar a densificação das normas e dos princípios referentes aos direitos sociais; em outras palavras, que venham a proteger e definir essa relação.

Podemos encontrar, a título de exemplo, déficit de aplicabilidade dos princípios constitucionais quando nos deparamos com os casos concretos de aplicação do princípio da igualdade apenas formal. Essas normas, ao mesmo tempo em que reduzem a complexidade social, geram novas complexidades, uma vez que possibilitam sua aplicação em casos que, por pretensões abusivas, é forçada sua aplicação a outros casos concretos. Os benefícios, na realidade, passam a ficar evidentes na medida em que a aplicação do conceito de integridade do Direito de Dworkin, além de levar a sério os direitos fundamentais dos trabalhadores, passa a garantir a inclusão social das minorias e, ao mesmo tempo, a exclusão da discriminação, conferindo a igualdade de

---

(29) Apelação Cível n. 27.062, da 11ª Câmara Cível do Tribunal de Justiça do Estado do Rio de Janeiro. Relator: Desembargador Cláudio Mello Tavares. Rio de Janeiro, 2005.

oportunidades. Enfim, o que a experiência nos ensina é que temos de ir além do discurso jurídico tradicional. Não somos meros leitores de textos. Toda a norma jurídica necessita de interpretação para que o próprio direito seja aplicado.

3. Considerações finais

O Estado Democrático de Direito tem como finalidade a máxima efetividade dos direitos. A partir do momento em que o Constitucionalismo Social legitima os direitos sociais, o Estado Democrático de Direito tem a obrigação de efetivá-los. E a sua efetivação não partirá da inserção de novas normas legais, normas gerais e abstratas, ou seja, com a regulação. Ela se dará com a emancipação social interpretando a Constituição para a sua efetiva concretização. Como se sabe, a Constituição é uma comunidade de princípios que rege uma sociedade. Assim, a sua abertura exige que a interpretação a ser-lhe conferida parta, ou melhor, inicie com a abertura para, no caso concreto, poder fechá-la, efetivando-a. Portanto, com base nos princípios da igualdade e liberdade é que se pode buscar a efetividade dos direitos. Mas somente após a hermenêutica — no dizer de Gadamer — com o olhar do outro, é que se pode concretizar a efetividade dos direitos.

Enfim, é a interpretação constitucional que possibilitará, em uma sociedade complexa, a tomada de decisões com base em uma análise de fatos concretos, conferindo ao texto a adequada interpretação com base no contexto em que é analisado.

Nesse contexto, o principal desafio de uma hermenêutica constitucionalmente adequada é garantir aos direitos fundamentais a sua própria identidade e legitimidade mediante tomada de decisões jurídico-democráticas que exige, por parte da jurisdição, tomada de decisões consistentes de modo que os cidadãos possam aceitá-las como decisões racionais.

O Estado Democrático de Direito requer sejam observadas as diferenças de cada caso, como forma de garantir o princípio da liberdade e da igualdade. Somente assim é possível eliminar as *aporias* para a efetividade dos direitos humanos fundamentais com a emancipação dos direitos sociais, bem como eliminar os paradoxos da jurisdição constitucional do trabalho tomando-se por base a análise do caso concreto, uma vez que cada caso tem uma decisão correta e não há certeza absoluta, logo não há uma única interpretação possível.

O papel da jurisdição constitucional (direitos sociais) passa a ser fundamental para garantir a aplicação do direito. A tensão existente entre o público e o privado e a nova ordem constitucional (CRB/88) nas relações de trabalho (sociais) deve ser analisada mediante a resgatabilidade discursiva de pretensões de validade normativa (Habermas)[30], fundamentada na concepção dos princípios constitucionais (Dworkin) e no seu papel nas sociedades modernas para a busca de uma revisão da teoria pura.

Enfim, a eterna busca do déficit de justiça de que necessitamos, conforme Hannah Arendt é: "resgatar o passado para projetar o futuro e viver o presente"[31].

REFERÊNCIAS

AGANBEM, G. Homo sacer: o poder soberano e vida nua. Belo Horizonte: UFMG, 2004.

ARENDT, H. Entre o passado e o futuro. 6. reimp. São Paulo: Companhia das Letras, 1989.

_____. Eichmann em Jerusalém: um relato sobre a banalidade do mal. 6. reimp. São Paulo: Companhia das Letras, 1999.

CARVALHO NETTO, M. A hermenêutica constitucional sob o paradigma do Estado Democrático de Direito. In: CATTONI, M. (coord.). Jurisdição e hermenêutica constitucional no Estado Democrático de Direito. Belo Horizonte: Mandamentos, 2004.

CATTONI, M. A tutela jurisdicional e Estado democrático de direito. Belo Horizonte: Del Rey, 1997.

DERRIDA, J. Force de loi. Paris: Galilée, 1994-2005.

DWORKIN, R. O império do direito. São Paulo: Martins Fontes, 2003.

_____. Domínio da vida: aborto, eutanásia e liberdades individuais. São Paulo: Martins Fontes, 2003.

GADAMER, H. Vérité et méthode: les grandes lignes d'une herméneutique philosophique. Traduction publiée avec le concours de inter nationes: Éditions du Seuil, 1976 et avril 1996.

HABERMAS, J. A inclusão do outro. São Paulo: Loyola, 2004.

---

(30) Para Habermas a "jurisprudência de valores levanta realmente o problema da legitimidade, que Maus e Böckenförde analisam, tomando como referência a prática de decisão do Tribunal Constitucional Federal. Pois ela implica um tipo de concretização de normas que coloca a jurisprudência constitucional no estado de uma legislação concorrente. [...] Ao deixar-se conduzir pela ideia da realização de valores materiais, dados preliminarmente no direito constitucional, o tribunal constitucional transforma-se numa instância autoritária. No caso de uma colisão, todas as razões podem assumir o caráter de argumentos de colocação de objetivos, o que faz ruir a viga mestra introduzida no discurso jurídico pela compreensão deontológica de normas e princípios do direito. [...] Na medida em que um tribunal constitucional adota a doutrina da ordem de valores e a toma como base de sua prática de decisão, cresce o perigo dos juízos irracionais, porque, neste caso, os argumentos funcionalistas prevalecem sobre os normativos". In: Direito e democracia: entre facticidade e validade. Rio de Janeiro: Tempo Brasileiro, 1997. p. 320.

(31) ARENDT, Hannah. Entre o passado e o futuro. Tradução Mauro W. Barbosa. São Paulo: Perspectiva, 2005.

_____. *Era das transições*. Rio de Janeiro: Tempo Brasileiro, 2003.

_____. *Direito e democracia:* entre facticidade e validade. 2. ed. Rio de Janeiro: Tempo Brasileiro, 2003. v. 1.

KELSEN, H. *Teoria pura do direito*. 6. ed. Coimbra: Coimbra, 1984.

LOBATO, M. S. C. *O valor constitucional para a efetividade dos direitos sociais nas relações de trabalho*. São Paulo: LTr, 2006.

MARRAMAO, G. *Passado e futuro dos direitos humanos:* da "ordem pós-hobbesiana" ao cosmopolitismo da diferença. Texto enviado por ocasião do XVI Congresso Nacional do Conselho Nacional de Pesquisa e Pós-graduação em Direito — Conpedi, com o tema "Pensar globalmente, agir localmente", em 15 de novembro de 2007, no Programa de Pós-graduação em Direito da PUC Minas, Belo Horizonte-MG. Tradução de Lorena Vasconcelos Porto (PUC Minas) e revisão técnica de Flaviane de Magalhães Barros (PUC Minas) e de Marcelo Andrade Cattoni de Oliveira (PUC Minas).

SANTOS, B. de S. Poderá o direito ser emancipatório? *Revista Crítica de Ciências Sociais*, n. 65, maio 2003. p. 375.

Capítulo 13

AGENDA PARA O SISTEMA PÚBLICO DE EMPREGO, TRABALHO E RENDA NO BRASIL DO SÉCULO XXI

Wanderley Codo

Sistema Público de Emprego, Trabalho e Renda: vale a pena começar pelos nomes, afinal a coisa é o seu nome. Renda não apresenta problemas, o Google esclarece sem deixar lugar para dúvidas ou polêmicas: "Renda é a soma dos rendimentos pagos aos fatores de produção para obter o produto num determinado período, composto por aluguéis, lucros, salários e juros"; para o cidadão, o trabalhador, trata-se da mesma coisa. Trabalho e emprego são duas coisas muito mal compreendidas, conduzindo quem se preocupa em traçar uma política, adotar ou criticar uma política, a erros tanto sutis quanto abissais.

Essas linhas se obrigam, portanto, a definir e delimitar trabalho e emprego, porque o autor delas se obriga a apresentar algumas propostas para um sistema público de emprego, trabalho e renda.

Comecemos com o trabalho, algo que todo mundo sabe o que é, mas ninguém define direito, e assim sempre se engana quando lida teórica e conceitualmente com ele.

1. O QUE É TRABALHO? O QUE É EMPREGO?

1.1. TRABALHO

Eu sou o papai, você é a mamãe. Eu vou para a fábrica e você cuida das bonecas (nos tempos em que havia mães, pais e bonecas).

As crianças brincando estão construindo a si mesmas. Já adivinham que nos inventamos em uma relação de troca com o outro, com o meio, com o outro que é o nosso meio. Em uma relação de interpenetração.

Estamos falando de identidade, de uma mágica que faz com que sejamos UM quando nos perdemos no OUTRO, no mundo.

É o agir (papai, mamãe, empregado, patrão, psicólogo) que instala o metabolismo entre nós e o planeta: à medida que inventamos o mundo à nossa imagem e semelhança, à medida que somos aquilo que fazemos, construídos sempre pelo mundo que construímos. Encalacrados entre Deus e a Máquina.

Estamos falando de trabalho. Trabalho é o nome da mágica que inventou o Homem a partir do macaco e que nos inventa a cada dia, depois do café da manhã. O modo de construir a identidade do Homem.

Mas exatamente porque o Trabalho é o nome e o modo de ser de nossa História vai tomando formas diferentes conforme o relógio da humanidade avança. Ou melhor, porque a História dos Homens é a História do Trabalho, o relógio avança quando e porque o Trabalho muda sua forma.

Uma confusão corriqueira e antiga é considerar o trabalho como se ele se reduzisse à forma de expressão que ele assume em determinado período histórico. Dizem os etimologistas que a palavra trabalho vem de *tripalium* instrumento de tortura com três pés, ou seja, o trabalho àquela época era trabalho escravo, ganhou o nome da maneira de forçar os escravos a fazer o que não queriam fazer. Na sociedade atual, menos agora do que no século passado, é comum ouvir de uma dona de casa que "não trabalha", embora trabalhe muito e mais do que a maioria dos maridos que são remunerados no chão de fábrica, é que a forma que o trabalho assumiu no século XX inteiro é a forma do emprego que será o nosso objeto de análise mais à frente, assim, naquela sociedade, um pintor, um escultor, não estava trabalhando se não estava sendo remunerado, se não tinha um patrão, se alguém não o mandava fazer desse ou daquele jeito o retrato de sua musa.

Trabalho é a dupla transformação entre o homem e a natureza geradora de significado (CODO, 2006); como transforma o homem, como torna a natureza humana, sempre vai assumir uma forma diferente em uma sociedade diferente, tortura em um homem vivendo em uma sociedade escravista, alienação para quem viveu em uma sociedade do emprego, criação de si e do mundo sempre, em todas as sociedades já havidas ou que houver.

Um parênteses, então Sistema Público de Emprego, Trabalho e Renda — SPETR refere-se ao trabalho e às duas formas de expressão que ele assume em nossa sociedade: o emprego e a renda; seria mais correto e mais real chamá-lo de SPT, sistema público de trabalho, englobando por definição renda e emprego, e seria mais preciso, ainda que mais conciso, pois poderia abordar outras formas de trabalho, como o caso da não remunerada e cada vez mais rara mãe de família.

Mas voltemos à nossa discussão. Ao ser definido assim, podemos perceber toda a sua dimensão, toda a sua importância para cada um dos seres humanos e para as nossas sociedades. Estamos falando da forma como cada ser humano se torna parecido consigo mesmo, como cada um de nós se inventa, se constrói e se mantém, falamos também de como nossa sociedade que é construída por nós e constrói cada um de nós. Difícil imaginar algo mais vital do que o trabalho, pois ele é sinônimo da vida mesma, qualquer política que não enfrente os dramas do trabalho será uma política que se esquece do seu objeto, uma ação para os homens que despreza os homens, qualquer política que resolva os problemas do trabalho resolverá os problemas de cidadania, a humanidade do humano.

1.2. Emprego

Pari passu com o reinado da mercadoria, o mundo que conhecemos transformou o trabalho mesmo em mercadoria, e o trabalhador com ele; o emprego é o nome do trabalho que se tornou mercadoria, com seu preço definido pelo mercado, oferta e procura como qualquer outra mercadoria. Em outras palavras, introduziu-se entre o trabalho e o trabalhador, entre o trabalho e o seu usuário, um valor de troca. O efeito é o de equalização de qualquer trabalho a partir do seu valor, intercambiável no mercado. Comprar e vender trabalho e trabalhador implica a construção de (1) unidades de medida para o estabelecimento do valor do trabalho e (2) depositar a *anima* do trabalho alhures ao trabalhador mesmo. Assim, se um indivíduo cria algo a partir de sua relação com a natureza e se vende esse algo a outrem, ele não está empregado, porque é dono do valor que atribui ao trabalho e participou de todos os passos de sua elaboração, auferindo para si mesmo a retribuição do seu esforço.

O que estamos dizendo aqui é que o emprego pressupõe o trabalho alienado, comparecendo agora em uma relação de estranhamento ao trabalhador que o produz. A forma como essa operação se deu é conhecida. As medidas do trabalho foram e são (no mundo do emprego) a jornada de trabalho e o salário, os modos de operação foram e são a separação entre o planejamento e a execução. O emprego, portanto, transforma: (1) o Homem que trabalha em vendedor de tempo (a jornada de trabalho) e (2) separa o Homem que planeja, pensa, cria, do Homem que faz, sua, se move. Para que o trabalho possa ser vendido no mercado, possuidor de valor de troca, para que o mercado mesmo possa funcionar como queria Adam Smith com sua mão invisível, oferta e procura em uma dança interminável.

Com a Primeira Revolução Industrial, no bojo da fábrica, da maquinaria, da linha de montagem inventada por Ford, da administração científica de Taylor, o trabalho encontra a forma do que já havia se transformado, arma-se o emprego, a forma por excelência que o trabalho encontra para se tornar mercadoria, já que estávamos em uma sociedade sob o reino da mercadoria.

O emprego, rei absoluto do mundo do trabalho no século XX, caracteriza-se por uma jornada de trabalho definida (o homem se torna um vendedor de tempo, diria Marx), um salário, o homem recebe um valor em moeda para vender seu trabalho e uma divisão entre planejamento e execução: quem faz não controla o que faz, quem planeja não precisa saber fazer. Uma administração científica do gesto alheio como estava em Taylor, uma engenharia industrial garroteando o gesto, uma economia baseada na compra e venda da força dos homens eis o desenho que acompanhou o decorrer do século XX. O momento histórico em que o trabalho ganhou a forma hegemônica de força de trabalho, eis o emprego.

Para uma definição mais sucinta, o emprego é a transformação do trabalho em força de trabalho, compra-se o tempo (jornada) paga-se pelo produto que não pertence mais ao trabalhador (salário), rouba-se o significado do gesto (ruptura entre o planejamento e execução).

Eis o que Marx chamou de alienação, os seres humanos estranhos a si mesmos, porque seu trabalho lhes era estranho.

Pois bem, outra vez aqui é preciso alertar para uma confusão encontradiça nos estudos sobre Emprego e trabalho: para que o Emprego viesse a reger a sociedade, foi preciso criar um arcabouço jurídico, uma regulamentação do trabalho na forma de emprego, um contrato de trabalho, no qual o número de horas vendidas será tal ou qual, que o trabalhador tem direito a descanso remunerado (férias) que não pode morrer à míngua depois de se dedicar a vida toda ao trabalho, (aposentadoria), que garante seu salário enquanto estiver impossibilitado por problemas de saúde, esses constituem os aspectos do contrato de trabalho que nos serão úteis a examinar aqui.

Foi por isso que no Brasil do século passado a carteira assinada passou a ser o ícone que representava o trabalho, o indivíduo poderia ser preso por vadiagem se fosse encontrado na rua sem essa identidade, ele se orgulhava e a mostrava para os amigos, ou para os pais da moça que queria namorar, prova inconteste de que ele era um cidadão. Foi a manifestação mais inequívoca de que o emprego se confundia com a sua forma jurídica.

Cuidado, o emprego não é a sua formatação jurídica: suponha um trabalhador que tenha carteira assinada e um fixo mensal que corresponda a um décimo do seu rendimento, o resto dos proventos vem de comissões que dependem da qualidade do seu trabalho; suponha também que esse trabalhador domine completamente o processo de produção. Pelo IBGE ou pelo Seade-Dieese, este seria um trabalhador do mercado formal, empregado. Mas não tem jornada fixa, não tem salário e nenhuma separação entre planejamento e execução. Portanto, não podemos dizer que tem emprego.

Suponha agora que um trabalhador de uma empresa clandestina, sem registro, sem carteira, sem direitos garantidos, mas é obrigado, sob pena de perder o ganha-pão, a chegar às oito horas na oficina, ganha um salário fixo independente do que produziu; para as mesmas fontes seria um desempregado (Seade-Dieese) ou um trabalhador informal (IBGE), enquanto não há razão para chamar o que faz de outra coisa que não o emprego, exceto pela expressão jurídica/contábil, apenas não faz parte das contas do fisco, no mais, responde em tudo e por tudo a uma lógica do emprego.

Basta que um concurso público se anuncie, que uma empresa privada coloque um anúncio no jornal e filas intermináveis se formam à porta e basta essa imensa procura para que alguém diga: viu? O emprego não acabou, todos o querem... Em primeiro lugar, fomos todos adestrados para uma sociedade do emprego, aprendemos a desejá-lo como se fosse sinônimo de trabalho e, em segundo lugar, o que cada pessoa na fila do concurso quer é estabilidade e garantias de manutenção do seu sustento, quer um contrato de trabalho, não um emprego, confunde os nomes, aliás, como bons analistas também o confundem em letra de forma.

Trabalho, emprego e contrato de trabalho, três coisas diferentes e fortemente entrelaçadas, é preciso compreender como se relacionam, sem confundir cada uma delas com as outras. Eis nossa tarefa aqui.

2. O TRABALHO, O EMPREGO E O CONTRATO DE TRABALHO HOJE

Embora ainda existam alguns empregos remanescentes, o que se vê é que o emprego está gradualmente acabando, definido como foi por um modo de trabalhar que implica jornada de trabalho definida, um salário e a divisão entre planejamento e execução.

Por exemplo, em 2003, último ano em que o IBGE avaliou o trabalho informal[32], dos aproximadamente 20.800.000 trabalhadores que compunham a População Economicamente Ativa — PEA, 9.096.912 eram trabalhadores por conta própria e essa proporção vem aumentando ano a ano, em um ritmo acelerado. Pessoas que não têm jornada definida, nem salário, nem divisão entre planejamento e execução, pessoas que não têm emprego, têm trabalho, são patrões e empregados de si mesmos. Estamos falando de 50% da força trabalhadora. O setor de serviços em geral, educação e saúde em particular, é organizado sem contar com a figura do emprego e estão em franco crescimento no mundo do trabalho de hoje, também no Brasil, assim como a indústria, esta organizada prioritariamente sob a forma do emprego, está em decréscimo no que tange à quantidade de trabalhadores demandada, mesmo a indústria trata de se utilizar cada vez mais de mão de obra autônoma ou ainda de flexibilizar o trabalho para sair do modelo do emprego.

---

(32) O IBGE realiza a cada cinco anos uma pesquisa sobre trabalho informal, a primeira foi feita em 1997.

Outro exemplo: uma comparação entre a empresa paradigma do século passado — a General Motors — e outra paradigma deste século, ajudará a demonstrar a transição que o mundo está fazendo, do universo do emprego para o universo do trabalho. A General Motors tinha 400.000 trabalhadores, nos EUA, todos eles registrados, com horário, salário definido, enfim todos com seu emprego. Em 1985, a Microsoft tinha 17000 trabalhadores, todos sem jornada fixa de trabalho e 3000 deles acionistas da empresa, sem salário definido, portanto, e é claro, sem jornada definida, e sem ruptura entre planejamento e execução. Mas a empresa de Bill Gates mobiliza muito mais trabalhadores pelo mundo afora do que as grandes gigantes da velha economia jamais conseguiram arrebanhar, os incontáveis analistas de *software* que dependem do *Windows* no mundo inteiro, todos eles patrões de si mesmos, trabalhadores por conta própria a engordar as estatísticas dos sem emprego.

Os empregos que desaparecem do setor secundário transformam-se em Trabalho no setor terciário: serviços, trabalho impossível de fragmentar, inútil mensurar; como medir o tempo de jovem entendido de computador, desses que nos visitam para fazer com que a impressora imprima ou que o editor de texto edite os textos, coisas assim. Pode ser que passe o dia ali ou que resolva o nosso drama em cinco minutos, nos deixando a sentir como um imbecil.

Mas a grande maioria dos trabalhadores não está mais nas organizações.

Esses trabalhadores estão nas empresas de um homem só ou quiçá famílias reunidas em torno de uma *van* gazeada à prestação, vendendo cachorro-quente na porta das escolas, dividindo o forno da casa com um *disk-pizza*, procurando atender sorridentes aos chamados telefônicos anotados pela filha menor.

Estão no mercado informal onde cada qual inventa seu produto e seu cliente, estão em casa, por trás dos computadores e ao lado de uma xícara de café, vendendo fantasias a *nicknames* ou fazendo pão de queijo para vender na feira de artesanato, estão nas ONGs, ensinando favelados a jogar capoeira na doce esperança de que o belo *ballet* de pernas se antecipe à cocaína, financiados pelo eterno sentimento de culpa que assola instituições como o Banco Mundial.

Partimos da constatação de que o emprego é a transformação do trabalho em força de trabalho e chegamos à conclusão de que estamos assistindo à substituição gradativa pelo trabalho (trabalho ao invés da força de trabalho). Com todas as letras, a sociedade do emprego vem sendo substituída, e será cada vez mais, pela sociedade do trabalho, metabolismo homem-natureza impossível de aprisionar em uma jornada, um salário ou mera tarefa a ser repetida longe do produto.

Aqui é preciso adiantar uma constatação obrigatória dessas linhas, o sistema público de emprego está estruturado e funcionando para resolver um problema que tende a não existir mais, atua no século XXI procurando resolver um problema que era hegemônico na sociedade no século XX. Na verdade não cuida do emprego e sim do contrato de trabalho, a forma jurídica que foi criada para fundar no espaço dos direitos do trabalhador na sociedade do emprego. Muitos dos trabalhadores autônomos que pululam no Brasil do século XXI, são clientes do SINE, vão procurar ali não o emprego, mas o direito de ter descanso remunerado, de ter férias, de ter salário quando adoece, de se aposentar, um pacote que significa segurança e que no Brasil vem junto com a 'carteira assinada', vai em busca de um trabalho decente, trabalho com os direitos que a sociedade do emprego conquistou.

Sobre esses direitos cravados nesse contrato de trabalho, é preciso se deter um pouco.

O Brasil mantém um enorme contingente de atividade econômica que não é regulada, não paga impostos e também não cumpre a lei, trata-se da economia informal. O alto custo da legalização e a burocracia lenta e complicada explicam essa idiossincrasia e com isso o trabalho e as condições de trabalho se tornam, em primeiro lugar, largamente desconhecido, e depois com alta probabilidade de precarização, contratos de trabalho que não existem ou que são feitos em acordos não escritos que não precisam respeitar os direitos adquiridos em um contrato de trabalho regularizado, sem férias, sem cobertura em caso de afastamento por saúde, sem aposentadoria. Vem desse enorme contingente de trabalhadores mal conhecidos boa parte da demanda por emprego.

Nas organizações formais e legais, boa parte das pessoas tem trabalho e não emprego, como já se viu, particularmente quando se pensa na separação entre planejamento e execução, não podem mais ser consideradas como vendedoras da força de trabalho, mas sim como trabalhadores. Qual a demanda das empresas, do trabalho no século XXI? Qualificação, preparação técnica, educação. Taylor queria um trabalhador que tivesse a compleição física e intelectual de um boi, o boi de Taylor estaria desempregado em qualquer uma das organizações de trabalho do século XXI.

Gilberto Dimenstein relata uma experiência na cidade de Indaiatuba, interior de São Paulo, onde a prefeitura tem um convênio com as empresas, estas fazem a demanda do tipo de formação necessária a seus novos empregados, e a prefeitura busca maneiras de formá-los para ocupar aqueles postos de trabalho. Com isso a eficiência da colocação de mão de obra é altíssima, não é o que ocorre em todo o país, o esforço, cada vez maior, é bom que se diga, na qualificação do trabalhador, segue em carreira solo, sem articulação com o mercado de trabalho no geral ou com as empresas desta ou daquela área ou especialidade, com isso segue o mercado de trabalho carente de trabalhadores especializados e trabalhadores desempregados acumulando certificados de cursinhos e mais cursinhos, pendurados na parede da sala.

Além de qualificação, é necessário formação, educação, algo muito mais complexo e para ser conseguido a médio e longo prazos. É que o trabalho, ao contrário do emprego, exige que a pessoa aprenda a aprender. O mundo do emprego exigia que o trabalho se tornasse força de trabalho: não pense, faça, pensar em um trabalho que implica fazer sempre os mesmos movimentos simples, milhares de vezes ao dia, atrapalha, você acabará errando, melhor mesmo se o trabalhador mimetizasse a capacidade de reflexão de um boi, com o trabalho. O que ocorre é o oposto, há que se pensar e muito, há que se encontrar novas maneiras de trabalhar porque são novas as tarefas, novos os desafios, muitas e muitas vezes tendo de criar maneiras que nunca ninguém viu ou fez; agora o necessário é a formação de intelectos treinados para aprender, pessoas que aprenderam a aprender, só a educação de base e com qualidade pode fazer isto. Aqui o problema escapa de uma política de emprego, trabalho e renda e se transforma em prioridade nacional, de toda e qualquer política do País.

3. UMA AGENDA SPETR

Um mundo globalizado, tecnologias revolucionando os modos de trabalhar a cada segundo, um mundo terceirizado, "financeiralizado" se me é permitido o neologismo, um mundo que está em transição do universo do emprego e adentrando a todo vapor no universo do trabalho, aquele nosso velho conhecido, este uma caixa de pandora. O mundo do trabalho de hoje não é visível a olho nu, quer por que em transição típica da crise (o momento em que o velho já foi e o novo ainda não veio), quer por que muito novo para que seja delimitado, quer por que complexo como a vida do século XXI.

Os instrumentos de pesquisa que temos, por exemplo, a PME, pesquisa mensal de emprego, do IBGE, ou a pesquisa sobre mercado informal do mesmo órgão, realizada a cada cinco anos, são muito úteis, mas insuficientes, é preciso construir uma investigação sistemática, que bem poderia se chamar PMT, pesquisa mensal do trabalho, em que se poderia ter dados sobre jornada, salário, poder e controle sobre o trabalho, descanso remunerado, aposentadoria, proteção previdenciária, enfim, tudo o que precisamos para garantir trabalho aos trabalhadores deste país.

Na ausência desse conhecimento, muito do que se faz em SPETR guarda semelhança com "um homem cego, em um quarto escuro, procurando um gato preto que não está lá".

O sistema como um todo e o SINE em particular precisa tomar consciência de que o emprego está em transição, que estamos cada vez mais no mundo do trabalho e não mais do emprego, não pode continuar amealhando seus melhores esforços para resolver um problema do século XX em pleno curso do século XXI para depois reclamar que não consegue. E isso implica:

- Criar e desenvolver sistemas de apoio e formação de empreendedores, visando a transformar cada trabalhador autônomo em um empresário de si mesmo, incluindo a criação de sistemas de amparo como aposentadoria, incentivando e facilitando o ingresso dos autônomos no sistema, descanso remunerado, enfim, trazendo para o trabalhador autônomo as vantagens do contrato formal de trabalho.

- Simplificar e baratear os custos de formalização do trabalho, incentivar os trabalhadores informais a se formalizar, apoiar e qualificar os trabalhadores na tarefa de legalização. Atuar nos outros órgãos do governo para encontrar modos de formalização que ao mesmo tempo permitam segurança e sejam viáveis técnica e financeiramente para o trabalhador.

- Trabalhar na qualificação dos trabalhadores, mas em uma qualificação localizada para a empresa ou grupos de empresas e regionalizada, em âmbito municipal, seguindo o modelo de Indaiatuba, formando um trabalhador que entra no treinamento com um posto definido de trabalho e sai dali com uma colocação definida também. Assim como aperfeiçoar mecanismo de previdência para o trabalhador individual e criar mecanismos de proteção e segurança para eles.

- Investir pesadamente em um sistema informatizado de captação e distribuição das vagas, que seja nacionalizado e que fique algo mais imune a influências políticas e/ou de tráfico de influências, ao mesmo tempo em que tenha a agilidade de que o trabalhador e a empresa precisam.

- Encontrar mecanismos de disponibilizar apoio ao trabalhador em desalento.

Existe desemprego, existe desocupação, mas não existe "destrabalho", o que as pessoas precisam não é de emprego nem de ocupação, precisam que seu trabalho seja digno, valorizado, respeitado e respeitoso, precisam estar protegidas quando o corpo não lhes garantir mais o direito ao trabalho, precisam de remuneração que lhes permitam vida digna, a si e aos trabalhadores de amanhã que elas trouxeram ao mundo. Liberdade, já dizia Zumbi dos Palmares, "é o trabalho que dá e trabalho é bom quando é ele para nós e não nós para ele, o Brasil tem obrigação de garantir o trabalho decente, os brasileiros merecem".

REFERÊNCIAS

CODO, W. *Indivíduo, trabalho e sofrimento*. Petrópolis: Vozes, 2001.

_____. *Por uma psicologia do trabalho*. São Paulo: Casa do Psicólogo, 2006.

MARX, K. Teses sobre Feuerbach. In: *Obras escogidas*. Moscú: Progreso, 1978.

_____. Manuscritos econômico-filosóficos: terceiro manuscrito. In: *Os pensadores*. 3. ed. São Paulo: Abril, 1985a.

_____. *Grundrisses-elementos fundamentales para la crítica de la economía política* (1857/58). 13. ed. México: Siglo Veintiuno, 1985b.

_____. *O capital*: crítica da economia política. Rio de Janeiro: Civilização Brasileira, s/d.

MOFFIT, M. *O dinheiro do mundo*. Rio de Janeiro: Paz e Terra, 1985.

PESQUISA MENSAL DE EMPREGO (PME). *O trabalho informal*. Disponível em: <www.http/Ibge.com.br> Acesso em: 4.2010.

SWEEZY, P. M. *Teoria do desenvolvimento capitalista*. São Paulo: Abril, 1986. (Coleção Os Economistas).

ANEXOS

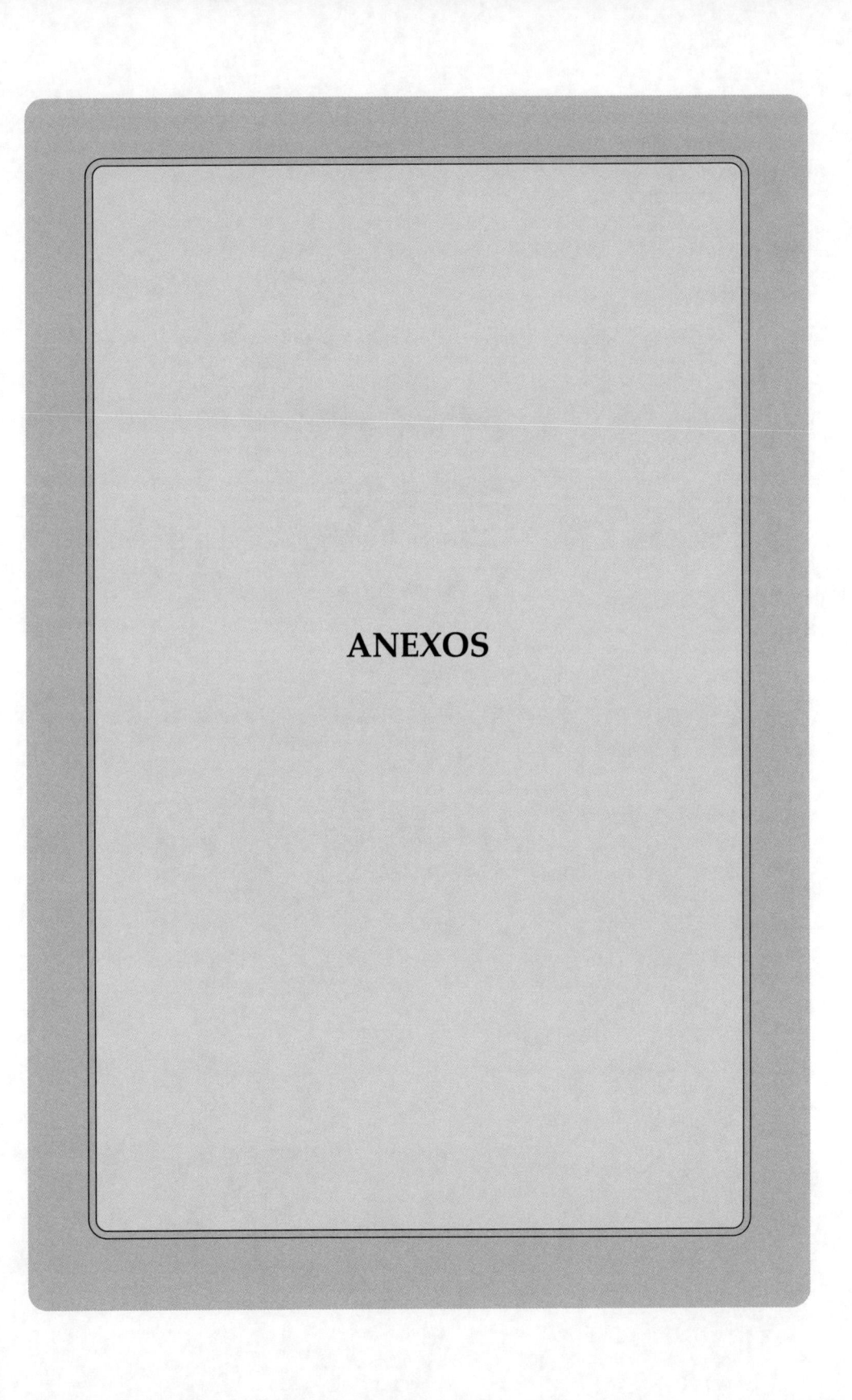

ANEXOS

Anexo A

Texto Consolidado com Resoluções do
II Congresso Nacional

Resoluções finais do congresso nacional do sistema público de emprego, trabalho e renda: Construção de um sistema público de emprego, trabalho e renda integrado e participativo

I — Introdução

1. A grave crise do desemprego no início do século XX e os movimentos de emancipação da classe trabalhadora culminaram, em 1919, na criação da Organização Internacional do Trabalho — OIT cujas primeiras convenções já delineavam a preocupação com o desemprego e propunham recomendações para enfrentá-lo por meio de serviços públicos de emprego, associados a processos tripartites de diálogo social. São várias as Convenções e Recomendações da OIT a respeito do tema: Convenções ns. 2, 88, III, 117, 122, 142 e 159. A Convenção n. 88 constitui-se no marco dos Serviços Públicos de Emprego e as convenções mais recentes da OIT são dedicadas a recomendações vinculadas ao enfrentamento do desemprego de longa duração e de proteção e inclusão social dos segmentos da sociedade de maior vulnerabilidade.

2. No Brasil, de forma tardia e fragmentada, a política de proteção e estímulo à reinserção no mercado de trabalho teve origem com a criação do Sistema Nacional de Emprego — SINE, em 1975, por meio do Decreto n. 76.403/75. Anteriormente, porém, iniciativas isoladas de proteção ao emprego estiveram presentes nas Constituições de 1934, 1937 e 1946 que introduziram medidas de estabilidade e critérios de indenização para os trabalhadores com Carteira assinada. Na década de quarenta, a Consolidação das Leis do Trabalho estabeleceu um sistema de formação profissional da indústria e comércio, dando origem aos Serviços Nacionais de Aprendizagem — SENAI, 1942 e SENAC, 1946, que se somaram às Escolas de Arte e Oficio pertencentes ao sistema educacional. Essas entidades são responsabilizadas por organizar a aprendizagem profissional para jovens carentes, além de cursos de atualização e aperfeiçoamento da qualificação dos trabalhadores. Em 1965, foi criado o Cadastro Geral de Empregados e Desempregados — CAGED, que assinalava a criação futura de um Fundo de Assistência aos Desempregados, jamais efetivado pelos governos militares. Com efeito, em 1966 o instituto da estabilidade foi revogado, dando lugar ao Fundo de Garantia por Tempo de Serviço. Nos anos sessenta e setenta, o Programa Intensivo de Preparação de Mão de Obra — PIPMO estimulava as empresas a promover a qualificação profissional mediante renúncia fiscal. A criação do SINE foi acompanhada da constituição do Sistema Nacional de Formação de Mão de Obra, que contava com as instituições

do Sistema S, dos órgãos governamentais e dos trabalhadores na composição de seu conselho federal, o qual tinha, entre outros objetivos, a integração do Sistema S às ações governamentais.

3. Somente em 1986 foi implantado o Seguro-Desemprego, enquanto programa assistencial aos trabalhadores desempregados pertencentes ao setor formal, sem qualquer conexão com as Políticas ativas de intermediação de mão de obra e qualificação profissional.

4. Como parte do esforço de desenvolvimento e articulação das políticas sociais, a Constituição Federal de 1988 (art. 239) constituiu o Fundo de Amparo ao Trabalhador — FAT, consolidando os recursos da arrecadação do PIS/PASEP para as ações de Seguro-Desemprego, abono salarial, intermediação de mão de obra, qualificação profissional e desenvolvimento econômico, sendo este último de responsabilidade do Banco Nacional de Desenvolvimento Econômico e Social — BNDES.

5. As determinações constitucionais de 88 vieram impor, para os anos noventa, um conjunto de políticas públicas de emprego, trabalho e renda, as quais propiciaram a institucionalização incipiente e parcial dos pilares básicos de um Sistema Público de Emprego, Trabalho e Renda. Em 1990, é constituído o Conselho Deliberativo do Fundo de Amparo ao Trabalhador — CODEFAT, com organização tripartite e paritária, responsável pela definição das ações da Política Pública de Emprego, Trabalho e Renda, pela gestão e utilização dos recursos do FAT e pela estruturação das funções e serviços de um Sistema Público de Emprego, Trabalho e Renda ainda em construção. O CODEFAT portanto, tem como atribuições ordenar a prestação de serviços pertencentes ao Sistema Público de Emprego, Trabalho e Renda, como o Seguro-Desemprego, o abono salarial, a intermediação de mão de obra, a qualificação social e profissional, a produção de informações sobre o mercado de trabalho e programas específicos, como o microcrédito produtivo e orientado.

6. A experiência acumulada pelo CODEFAT, Fórum Nacional de Secretarias do Trabalho — FONSET e demais atores voltados à gestão das políticas públicas de emprego e trabalho e renda tem explicitado a necessidade crescente de integração das funções do Sistema Público de Emprego, Trabalho e Renda. Esta necessidade decorre da baixa articulação das diversas ações, bem como das instituições por elas responsáveis, impondo elevada fragmentação dessas políticas. Vários atores e executores operam um ou mais serviços, sem que se observe uma maior convergência entre suas iniciativas. A fragmentação das ações foi alimentada pela manutenção no governo anterior de critérios precários de elegibilidade quanto ao uso de recursos do FAT provocando baixa eficiência e efetividade social das ações e mesmo desvio de recursos, como atestam as decisões de órgãos de controle e tomadas de conta especiais por eles determinadas, atualmente em andamento no Ministério do Trabalho e Emprego — MTE. Dessa maneira, a construção de um Sistema Público integrado de Emprego, Trabalho e Renda, apresenta-se ainda como um desafio para o CODEFAT, FONSET e demais atores que vêm nestes últimos dois anos envidando esforços com o objetivo de superar a situação ainda presente de fragmentação das políticas.

7. A baixa estruturação do Sistema Público de Emprego, Trabalho e Renda estabelece acesso limitado do trabalhador aos diferentes serviços oferecidos. Na situação atual, o trabalhador acessa diretamente cada um dos serviços, não tendo

uma via de acesso integrada a todos eles. Por consequência, a falta de integração debilita a efetividade potencial das políticas e suas funções, já que não é proporcionado ao trabalhador o conhecimento e acesso fácil às suas ações disponíveis. A superação do quadro estrutural de fragmentação é decisiva para a construção do Sistema Público de Emprego, Trabalho e Renda.

8. O MTE, em parceria com o CODEFAT, tem dedicado prioridade à integração das diversas políticas de emprego, trabalho e renda, tomando a iniciativa, através de Resoluções do Conselho, de promover inovações relevantes nas diversas funções do Sistema Público de Emprego, Trabalho e Renda. Na política de intermediação de mão de obra, as Resoluções do CODEFAT ns. 377, 385 e 389 estabeleceram critérios mais objetivos de alocação de recursos, orientados por necessidades territoriais do mercado de trabalho, assegurando estímulo e metas relativos à reinserção de grupos vulneráveis no mercado de trabalho. Além dessas inovações, ressalta-se a recomposição do caráter deliberativo das Comissões Estaduais de Emprego sobre os planos de trabalho de todos os executores do PLANSINE e o foco dirigido, inicialmente, aos grandes centros urbanos que possuem mercados de trabalho mais diversificados e complexos, através da celebração de convênios diretos com os municípios.

9. No âmbito da política de qualificação social e profissional, a Resolução n. 333 do CODEFAT instituiu o Plano Nacional de Qualificação — PNQ, caracterizado pela adoção de inovações substantivas para a efetividade de suas ações. Uma dessas inovações foi a integração de funções, priorizando o atendimento ao trabalhador cadastrado no SINE, assim como a articulação com as políticas de desenvolvimento (arranjos produtivos locais, setores de exportação e planos de desenvolvimento local e regional) e de inclusão social (beneficiários do Programa Fome Zero, egressos do trabalho degradante análogo à escravidão e familiares de egressos do trabalho infantil, entre outros). Em 2003/2004, 75% das pessoas qualificadas pelo PNQ eram igualmente beneficiárias de outras políticas de emprego, desenvolvimento e inclusão social. Outra inovação importante é o papel protagonista desempenhado no PNQ por grandes municípios e consórcios intermunicipais. Desde 2003, municípios com mais de um milhão de habitantes e arranjos institucionais intermunicipais podem conveniar diretamente com o MTE, o que tem estimulado o aprofundamento do processo de descentralização das políticas públicas, iniciado pela CF de 88, e o reconhecimento das especificidades do desenvolvimento local. Finalmente, a qualidade pedagógica tornou-se prioridade nas ações de qualificação do MTE, cuja carga horária média pedagógica saltou de 60 horas em 2002, para 197 horas em 2004, em conjunto à definição de conteúdos mínimos nos currículos formativos e a ações de elevação de escolaridade. Com a Resolução n. 408 do CODEFAT foram instituídos os Planos Setoriais de Qualificação — PLANSEQ, que buscam integração da intermediação de mão de obra e da qualificação social e profissional em setores em vias de desenvolvimento.

10. No entanto, o esforço de construção e integração de um Sistema Público de Emprego Trabalho e Renda tem se defrontado com redução expressiva de recursos destinados às suas funções, dificultando o processo de integração entre elas, em especial daquelas pertencentes às políticas de geração de emprego, trabalho e renda, qualificação social e profissional, intermediação de mão de obra e de produção de informações sobre o mercado de trabalho.

11. Apesar da restrição financeira, o governo e o CODEFAT têm priorizado o aumento da efetividade social das ações, ampliando, inclusive, sua diversidade, garantindo novas iniciativas como a dirigida à juventude por intermédio do Programa Nacional de Estímulo ao Primeiro Emprego. A ênfase até o momento volta-se para a preparação de jovens para o primeiro emprego, em atividades empreendedoras qualificação social e profissional e trabalho comunitário, principalmente através dos Consórcios Sociais da Juventude. Integram ainda o Programa o aperfeiçoamento e a ampliação de vagas da aprendizagem profissional, a capacitação e contratação no âmbito de políticas corporativas de responsabilidade social reconhecidas pelo MTE e a subvenção econômica destinada aos empregadores para a contratação de jovens.

12. Ademais, tem-se avançado na política de microcrédito orientado, dando maior capilaridade à intervenção pública de fomento a atividades empreendedoras em comunidades, ao incorporar as Organizações da Sociedade Civil de Interesse Público — OSCIP, sociedades de crédito cooperativo e centrais de cooperativas na operacionalização das ações de fomento a atividades individuais e coletivas de geração de emprego, trabalho e renda.

13. No campo das informações sobre o mercado de trabalho, o novo portal do MTE, através do Programa de Disseminação de Estatísticas do Trabalho — PDET, passou a disponibilizar um conjunto integrado de indicadores sobre emprego, trabalho e renda consolidado na base eletrônica de Informações para o Sistema Público de Emprego e Renda — ISPER.

II — Princípios, conceitos e funções para a construção integrada e participativa do Sistema Público de Emprego, Trabalho e Renda

14. O desenvolvimento articulado das políticas de emprego, trabalho e renda não se esgota na dimensão do Sistema Público de Emprego, Trabalho e Renda. Exige um conjunto de políticas que vão além daqueles instrumentos orientados especificamente para o mercado de trabalho. Este depende de políticas econômicas, setoriais e regionais que assegurem o crescimento sustentado da atividade econômica e do emprego, bem como das demais políticas de trabalho, renda e sociais (seguridade social, salário mínimo, educação, sistema de relações de trabalho, entre outras).

15. Os princípios gerais de construção do Sistema Público de Emprego, Trabalho e Renda estão consagrados na Constituição Federal, os quais se configuram em fundamentos do Estado Democrático de Direito e das normas da OIT ratificadas pelo Brasil, a saber:

A — Erradicação da pobreza, da marginalização e redução das desigualdades sociais e regionais pela via do trabalho, tendo como bases o desenvolvimento sustentado em âmbito nacional, regional e local;

B — Fortalecimento das políticas ativas, especialmente de geração de emprego, trabalho e renda;

C — Fortalecimento e participação ativa dos atores sociais na gestão do Sistema Público de Emprego, Trabalho e Renda, proporcionando transparência e monitoramento das ações;

D — Articulação do Sistema Público de Emprego, Trabalho e Renda com ações e programas dos diversos organismos governamentais e não governamentais que atuam na área social, notadamente os que utilizam recursos da seguridade social;

E — Universalização das ações do Sistema Público de Emprego, Trabalho e Renda como direito, com ações afirmativas para segmentos populacionais específicos e mais vulneráveis à exclusão social;

F — Sistema Público de Emprego, Trabalho e Renda integrado à elevação da escolaridade, visando ao pleno desenvolvimento dos trabalhadores e trabalhadoras para o exercício da cidadania e da qualificação para o trabalho;

G — Sistema Público de Emprego, Trabalho e Renda integrado em todas as suas funções, descentralizado, capilar, informatizado e com informações acessíveis sobre o mercado de trabalho para todos os atores sociais, visando à efetividade social das políticas de emprego, trabalho e renda e à estruturação de um sistema único.

16. A integração sistêmica das diversas políticas públicas de emprego, trabalho e renda deve orientar a construção do Sistema Público de Emprego, Trabalho e Renda, observando como parâmetros fundamentais as Convenções da OIT e a própria experiência nacional. Esse movimento deve perseguir a ampliação sistemática da efetividade na inserção dos trabalhadores na atividade produtiva, bem como favorecer a inclusão social nas cidades e no campo, através do emprego, trabalho e renda, seja na forma de trabalho assalariado como daquelas autônomas e de pequenos empreendimentos individuais e coletivos. O apoio à inserção no mercado de trabalho, o fomento à atividade autônoma e o estímulo a atividades empreendedoras individuais e coletivas no meio urbano e rural, aliados à promoção do trabalho decente, devem se constituir em referências básicas das diversas funções do Sistema Público de Emprego, Trabalho e Renda, com o objetivo principal de promover a inclusão social.

17. Historicamente, os sistemas nacionais de emprego ou de serviços públicos de emprego foram estruturados tendo como premissas as chamadas funções tradicionais de proteção ao trabalho: Seguro-Desemprego, intermediação de mão de obra, formação profissional e informações sobre o mercado de trabalho, dado o contexto do pleno emprego e da tendência à homogeneidade do mercado de trabalho. Em período recente, novas funções foram incorporadas ao Sistema Público de Emprego, Trabalho e Renda, como a inserção de grupos sociais vulneráveis e a geração de trabalho e renda por intermédio do microcrédito orientado e assistido. Desse modo, a concepção contemporânea desse Sistema consiste na articulação e integração de um conjunto de políticas de proteção e inclusão sociais às políticas de geração de emprego, trabalho e renda de abrangência nacional e regional, fundamentada nas seguintes funções: Seguro-Desemprego, orientação profissional e intermediação de mão de obra, qualificação e certificação profissional, produção e gestão de informações sobre o mercado de trabalho, inserção da juventude e de grupos vulneráveis e geração de trabalho e renda via o fomento a atividades empreendedoras de pequenos porte, individuais e coletivas. E o FAT, dada a destinação específica de suas fontes de recursos, configura-se na principal fonte financeira de suporte às políticas públicas de emprego, trabalho e renda.

18. Por meio da intermediação da mão de obra é possível verificar possibilidades imediatas de colocação do trabalhador, antes que ele acesse qualquer outro serviço. Deve-se evitar que o trabalhador procure inúmeros pontos de serviços para ser atendido. Além disso, é fundamental reforçar os mecanismos que condicionam o acesso ao auxílio financeiro temporário por condição de desemprego à inscrição na intermediação, orientação, qualificação social e profissional, certificação profissional, bem como a programas de geração de emprego, trabalho e renda, facilitando a reinserção no mercado de trabalho ou em oportunidades de geração de renda.

19. A inserção do trabalhador na atividade produtiva pode ocorrer por diversos meios: pelas vagas captadas junto ao mercado de trabalho, por atividades autônomas, por formas alternativas de trabalho e geração de renda ou por meio do estímulo a atividades empreendedoras, individuais e coletivas. No primeiro caso, a inserção depende da intermediação da mão de obra e, quando necessário, da qualificação social e profissional. No segundo e terceiro casos, a inserção está relacionada ademais ao acesso a microcrédito orientado e assistido e a ações de qualificação específicas dirigidas a segmentos também específicos, como os trabalhadores resgatados do trabalho escravo e degradante, e ao apoio tecnológico, dentre outros.

20. A qualificação social e profissional, para contribuir com o acesso e permanência do trabalhador no mundo do trabalho, no âmbito do Sistema Público de Emprego, Trabalho e Renda, deve articular as possibilidades geradas pelo desenvolvimento local, regional e nacional para a formação integral e cidadã. Os programas de qualificação devem ser estruturados respondendo às demandas por qualificação geradas pelas oportunidades existentes e potenciais de trabalho, emprego e renda no território (município, mesorregião e região), de modo concertado entre os atores sociais na gestão participativa do Sistema. Os currículos devem formar o trabalhador não para os postos de trabalho limitados, mas para arcos ocupacionais, proporcionando o domínio de saberes e práticas profissionais de conjuntos de ocupações relacionadas entre si, e fortalecer sua formação profissional, em articulação com a elevação da escolaridade, iniciando um itinerário formativo que garanta a formação ao longo de sua vida profissional. Assim, o desafio da qualificação social e profissional é articular demandas de desenvolvimento local, regional e nacional com a formação do trabalhador, tornando-o apto a atuar como assalariado, autogestionário, cooperativado, autônomo ou empreendedor em atividades individuais ou coletivas.

21. A função de inserção da juventude e dos grupos vulneráveis deverá voltar-se também para a inserção de mulheres, portadores de deficiência, afrodescendentes, indígenas, desempregados de longa duração e pessoas com mais de 40 anos com dificuldades de inserção, entre outros.

22. A integração e maior efetividade do conjunto de políticas públicas de emprego, trabalho e renda exigem que a gestão do Sistema Público de Emprego, Trabalho e Renda esteja amparada por informações e análises sólidas a respeito da situação presente no mercado de trabalho e das potencialidades proporcionadas pelo desenvolvimento regional e local. Nesse sentido, é necessária a estruturação de observatórios do mercado de trabalho, capazes de captar particularidades locais da dinâmica do mercado e fornecer essas informações para a gestão desse Sistema.

23. A organização institucional adequada à integração sistêmica das funções em base territorial é a formação de Centros Públicos Integrados de Emprego, Trabalho e

Renda. Em um primeiro momento, esses centros deverão ser organizados a partir de estruturas existentes. A estrutura organizacional do Sistema Público de Emprego, Trabalho e Renda em base territorial será regida por gestão tripartite e paritária e eliminar a superposição de atores e executores, proporcionando o aprimoramento das relações entre os entes federativos e a complementaridade das ações entre os executores.

III-A I — Integração e Articulação das Funções do Sistema Público de Emprego, Trabalho e Renda — SPETR

24. Integrar a gestão das funções e ações do SPETR, em cada um dos atores e entre eles, obedecendo a uma lógica de planejamento territorial que envolva a dimensão, a complementaridade e a cooperação entre executores, garantida a integração do SPETR e observadas as especificidades regionais do mercado de trabalho.

25. Estabelecer convênio único que reúna as funções do SPETR, garantindo a integração, observadas as especificidades territoriais e os objetos de cada função.

26. Aprimorar os instrumentos de planejamento e gestão, estabelecendo indicadores que possibilitem análise do grau de integração das funções do SPETR, disponibilizando essas informações para executores, Comissões Estaduais e Municipais de Emprego e demais atores.

27. Realizar encontros periódicos e estruturar redes para trocas de experiências entre os executores do SPETR, sob a coordenação do MTE.

28. Padronizar a estrutura física, técnica e funcional das unidades de atendimento do SPETR, definindo uma identidade nacional única, com denominação "Centros Públicos Integrados de Emprego, Trabalho e Renda".

29. Garantir operação contínua e permanente de todas as funções para não haver desvinculação entre a transferência de recursos e a execução de atividades de todas as funções.

30. Garantir a liberação concomitante e com programação anual dos recursos destinados às diversas funções do SPETR.

31. Priorizar, na aplicação de recursos, o desenvolvimento de ações destinadas a melhorar a qualidade de atendimento a trabalhadores e empregadores, garantidos a universalização e o caráter público dos serviços.

32. Aprimorar critérios de repasse de recursos para os executores do SPETR, visando a garantir condições mínimas de funcionamento.

33. Considerar as especificidades regionais e setoriais de planejamento das ações do SPETR adequando dotação de recursos a necessidades específicas, como distâncias, déficit educacional, períodos de chuvas e de colheitas, entre outros.

34. Aperfeiçoar e disseminar mecanismos de monitoramento, avaliação e controle que permitam, especialmente, a identificação de problemas na fase de execução física e financeira.

35. Estabelecer indicadores de eficiência, eficácia e efetividade social como parâmetro para incremento de recursos, observadas as especificidades locais e regionais, visando à colocação e à sustentabilidade das atividades autônomas, empreendedoras e geradoras de renda.

36. Adotar critérios de seleção e capacitação dos funcionários dos centros públicos interados de emprego, trabalho e renda, visando mecanismos para diminuir a rotatividade e melhorar o atendimento.

III-A II — Intermediação de Mão de Obra — IMO, Orientação Profissional e Integração com Demais Funções do SPETR

37. Integrar efetivamente a Intermediação de Mão de Obra — IMO ao Seguro--Desemprego — SD, à qualificação social e profissional e aos programas de geração de emprego, trabalho e renda.

38. Desenvolver novas metodologias na operacionalização das ações da IMO e aperfeiçoamento dos sistemas de controle e gestão, observando as especificidades das áreas urbana e rural.

39. Aperfeiçoar os sistemas de controle e a gestão dos processos de IMO e melhorar a comunicação entre o Ministério do Trabalho e Emprego e executores.

40. Desenvolver instrumentos de monitoramento e avaliação que acompanhem a vida profissional do trabalhador oriundo da IMO.

41. Estimular a participação mais ativa de empregadores na IMO visando a maior eficiência na captação de vagas e redução da discriminação de grupos vulneráveis, por meio de ações de divulgação e sensibilização.

42. Priorizar os trabalhadores inscritos na IMO nas ações de qualificação social e profissional, como forma de melhorar os índices de aproveitamento dos postos de trabalho disponibilizados.

43. Garantir o cumprimento da função de orientação profissional no SPETR dispondo, inclusive, de profissionais especializados.

44. Estruturar ação específica de intermediação de serviços autônomos no âmbito do SPETR e fomento à constituição e sustentabilidade de formas coletivas de organização do trabalho, combinadas com políticas de microcrédito orientado e assistido.

III-A III — Qualificação Social e Profissional, Certificação e Integração com Demais Funções do SPETR

45. Fortalecer os processos participativos de diagnóstico de demandas por qualificação social e profissional do SPETR, com base em oportunidades concretas de colocação e geração de renda, em âmbito local, regional e nacional.

46. Promover o contínuo desenvolvimento conceitual e metodológico da qualificação social e profissional, buscando preparar o trabalhador para as diversas

possibilidades de inserção no mercado de trabalho e geração de renda, observando especificidades das áreas urbana e rural.

47. Aprimorar a qualidade pedagógica e a efetividade social dos programas de qualificação social e profissional, com base nas demandas de IMQ em arcos ocupacionais e em itinerários formativos integrados à elevação de escolaridade, ampliando o acesso e aumentando a permanência do trabalhador no mercado de trabalho.

48. Instituir mecanismos de certificação profissional em articulação com órgãos afins, de forma a reconhecer conhecimentos, saberes e práticas profissionais desenvolvidos pelo trabalhador em experiências no mercado de trabalho, na escola e na vida familiar e social.

49. Mensurar continuamente a efetividade social e a qualidade pedagógica da qualificação social e profissional do ponto de vista do atendimento aos públicos prioritários, da colocação do egresso no mercado de trabalho, da integração com as demais ações do SPETR e do desenvolvimento econômico e social.

50. Fortalecer a participação de empresas e outros órgãos públicos e privados no financiamento de ações de qualificação social e profissional.

51. Possibilitar que todos os atores do SPETR possam operar recursos governamentais de qualificação social e profissional de trabalhadores em risco de desemprego, mediante contrapartida empresarial, excetuando-se as micro e pequenas empresas, e gestão tripartite e paritária, estabelecidos nos instrumentos legais de negociação coletiva e os critérios a serem definidos pelo CODEFAT, com a participação das comissões pertinentes.

52. Contemplar orientação ao crédito na qualificação social e profissional voltada a autônomos e pequenos empreendedores.

III-A IV — Políticas de Emprego e Trabalho para a juventude e Integração com demais Funções do SPETR

53. Aperfeiçoar a integração dos programas para a juventude das três esferas de governo e de organizações da sociedade civil.

54. Atender com ações específicas os jovens mais sujeitos à exclusão social e à violência, inclusive egressos de medidas socioeducativas.

55. Ampliar as ações do SPETR voltadas para a aprendizagem e revisar as normas que regem os programas de estágio.

56. Estabelecer processos de concertação local, envolvendo atores governamentais e da sociedade civil, para fortalecimento do instituto da aprendizagem.

57. Desenvolver capacitação em atividades empreendedoras com metodologia adequada aos jovens de baixa renda.

58. Desenvolver programas de qualificação social e pro6ssional de jovens para o trabalho social nas comunidades.

59. Desenvolver ações de orientação profissional adequadas aos jovens.

III-A V — Fomento a Programas de Geração de Emprego, Trabalho e Renda e Integração com as demais Funções do SPETR

60. Fomentar programas de geração de emprego, trabalho e renda, buscando a ampliação das funções do SPETR.

61. Facilitar o acesso ao crédito e ao microcrédito orientado e assistido, com formas alternativas de garantia, como aval solidário, política de juros subsidiada e desburocratização cadastral com gestão tripartite e paritária.

62. Garantir que a negativação em órgãos reguladores de crédito privados e estatais não se torne impeditivo para acesso a programas de microcrédito e demais funções do SPTER.

63. Desenvolver ações específicas para os desempregados de longa duração, relacionadas a programas de geração de emprego, trabalho e renda, estimulando-se a criação de novos negócios com habilitação ao crédito.

III-A VI — Seguro-Desemprego e Integração com as demais Funções do SPETR

64. Buscar o aperfeiçoamento contínuo dos mecanismos de integração do SD com as demais ações do SPETR.

65. Expandir a implantação da rotina de recusa no sistema informatizado do SPETR.

66. Formular propostas que ampliem a cobertura do SD, contemplando processos de reestruturação e depressão econômica e grupos vulneráveis e específicos de trabalho sazonal, mediante processos integrativos de geração de emprego, trabalho e renda.

67. Promover debate visando à regulamentação do art. 239 da CF/88, que trata da associação entre taxa de rotatividade e contribuição das empresas ao SD.

III-A VII — Sistema de Informações sobre o Mercado de Trabalho

68. Realizar estudos e pesquisas e desenvolver mecanismos para acompanhamento da dinâmica do mercado de trabalho, informalidade e formas alternativas de inserção e de geração de emprego, trabalho e renda, subsidiando os atores do SPETR.

69. Promover pesquisas para aferição dos resultados das ações do SPETR no mercado de trabalho no campo e na cidade.

70. Disseminar de forma regular e constante informações do SPETR através de diversas mídias alcançando a população em geral.

71. Instalar observatórios do mercado de trabalho em todos os estados, com gestão participativa tripartite e paritária, atuando em rede sob coordenação do MTE.

72. Propiciar condições para que os observatórios do mercado de trabalho possam gerar informações para acompanhamento das dinâmicas e tendências do mercado de trabalho em âmbito local, regional e setorial, nas áreas urbana e rural.

73. Articular os observatórios do mercado de trabalho a um sistema nacional de estatísticas e informações sobre o mercado de trabalho.

74. Ampliar a Pesquisa Emprego e Desemprego — PED para todo o país, considerando as especificidades territoriais.

75. Incluir nas pesquisas de emprego e desemprego as demandas de qualificação social e profissional.

76. Aperfeiçoar e atualizar periodicamente a CBO.

III-B — SISTEMA INFORMATIZADO INTEGRADO COM TODAS AS FUNÇÕES DO SPETR

77. Integrar as funções e sistemas informatizados do MTE relativos ao SPETR em um único sistema informatizado.

78. Tornar obrigatória a utilização do NIS/PIS na identificação do trabalhador em todas as funções do SPETR.

79. Criar centrais de atendimento aos usuários do sistema informatizado do SPETR.

80. Garantir recursos financeiros para a informatização de toda a rede do SPETR e a modernização do sistema informatizado, garantindo a operacionalização integrada das funções.

III-C — ATUALIZAÇÃO DA LEGISLAÇÃO DO SPETR

81. Estabelecer na legislação a institucionalidade das conferências nacionais, estaduais e municipais do SPETR.

82. Ampliar o número de parcelas do SD, associando ao benefício, obrigatoriamente, outras ações do SPETR.

83. Regulamentar a participação de entidades sem fins lucrativos no SPETR.

84. Normatizar, por meio de consultas públicas, as agências privadas de intermediação de mão de obra, inclusive as que operam sem recursos públicos, contemplando mecanismos de fiscalização.

85. Prever; na regulamentação das agências privadas de intermediação de mão de obra, obrigatoriedade de disponibilização prévia no sistema informatizado do SPETR das vagas por elas captadas.

86. Criar fórum de discussão de um marco regulatório orientado para a formalização de micro e pequenos empreendimentos no meio urbano e rural.

III-D — REPACTUAÇÃO DAS COMPETÊNCIAS ENTRE OS ATORES E EXECUTORES DO SPETR

87. Garantir a descentralização da execução das ações do SPETR, fortalecendo os atores nas esferas estadual e municipal, com constante monitoramento, avaliação e controle pelo MTE.

88. Redefinir a atuação territorial do SPETR, possibilitando: integração progressiva de todas as funções do SPETR, a começar pelos estados e grandes municípios que apresentam indicadores mais homogêneos de emprego; não sobreposição de ações entre os executores; gestão plena a cada um dos entes federados; que os demais executores da sociedade civil sem fins lucrativos façam contratos ou convênios com estados ou municípios; que as prefeituras conveniadas comprovem capacidade técnica e financeira, a fim de participarem desse processo de forma autônoma com a aprovação do CODEFAT e Comissões Estaduais e Municipais de Emprego.

89. O Ministério do Trabalho e Emprego — MTE deve ter papel de monitoramento, supervisão e avaliação das funções do SPETR, além de desenvolver ações de execução complementares, próprias do sistema, assegurada a eliminação de sobreposição a partir do planejamento anual das ações do SPETR, tripartite e paritário, em base territorial, conforme os itens 23 e 24.

90. Fortalecer a gestão tripartite nos espaços de decisão de SPETR e estabelecer mecanismos de controle social e de publicação das informações.

91. Assegurar diálogo permanente entre o CODEFAT e as Comissões Estaduais e Municipais de Emprego e uma institucionalidade de fóruns de consulta e participação permanente para os atores do SPETR, inclusive por meio de conferências nacionais bienais precedidas de conferências estaduais e municipais.

92. Criar condições para que as Comissões Estaduais e Municipais de Emprego funcionem como conselhos deliberativos e sejam envolvidas na formulação de políticas públicas de emprego, trabalho e renda, com garantias legais no âmbito estadual e municipal.

93. Garantir estrutura e orçamento próprios e adequados para funcionamento das Comissões Estaduais e Municipais de Emprego, com assessorias técnicas indicadas pelas bancadas.

94. Capacitar continuamente através do SPETR seus funcionários e os membros das Comissões Estaduais e Municipais de Emprego com recursos do FAT.

95. Estabelecer canais de participação nas Comissões Estaduais e Municipais de Emprego para entidades da sociedade civil, empreendimentos de economia solidária e representantes de populações tradicionais que atuam em programas de geração de emprego, trabalho e renda.

96. Garantir a participação das Comissões Municipais e Estaduais de Emprego na elaboração dos planos de desenvolvimento sustentável local e regional devendo os planos municipais servir de subsídio aos estaduais.

97. Possibilitar às Comissões Municipais e Estaduais de Emprego o acompanhamento dos programas de geração de emprego, trabalho e renda financiados pelo FAT.

98. Sistematizar e garantir a permanente atualização das informações das Comissões Estaduais e Municipais de Emprego, publicizando-as.

III-F — Integração do SPETR com Políticas Públicas de Emprego, Trabalho e Renda e Políticas de Desenvolvimento, visando à diminuição da Informalidade e Inclusão de Grupos Vulneráveis

99. Integrar ações do SPETR a outros programas sociais e econômicos das três esferas de governo, bem como aos fundos constitucionais.

100. Participar de ações que fortaleçam o desenvolvimento territorial sustentável, arranjos produtivos locais e redes de empreendimentos autogestionários.

101. Incluir a participação do MTE nos fóruns de governo que definem políticas econômicas, nas agências de fomento e nos fundos constitucionais, incluindo o estabelecimento de metas de emprego como objetivo das políticas.

102. Incluir a representação do MTE, de trabalhadores e de empregadores no Conselho Monetário Nacional — CMN.

103. Articular ações do SPETR às de organismos governamentais e não governamentais que recebam verbas da seguridade social.

III-G — Integração de Ações do SPETR com Políticas de Educação Regular e Profissional e com o Sistema S, CEFETs e Escolas Agrotécnicas

104. Estabelecer interlocução permanente entre o SPETR, o Ministério da Educação (MEC) e outros interlocutores, visando à articulação das políticas de trabalho, emprego e renda com cursos regulares básico, técnico e superior garantindo a participação dos atores do Sistema nas discussões sobre a Lei Complementar de Educação Profissional.

105. Contemplar a elevação da escolaridade de trabalhadores jovens e adultos, principalmente dos grupos vulneráveis, na interlocução do SPETR com o MEC.

106. Promover a formação continuada do trabalhador a partir da articulação da função de qualificação social e profissional do SPETR às demais ações de qualificação e formação profissional, em particular às do MEC e do Sistema S.

107. Regulamentar e operacionalizar a certificação profissional a partir da articulação e integração do SPETR com o MEC e outros órgãos regulamentadores, constituindo um sistema nacional de certificação profissional.

108. Articular o SPETR e o Sistema S, CEFETs, escolas agrotécnicas, particularmente nas funções de IMO e qualificação social e profissional, com prioridade para os grupos vulneráveis e garantida a gratuidade.

109. Articular as políticas para a juventude do SPETR e do Sistema S, contemplando: ampliação das matrículas na modalidade de aprendizagem, ações comuns relacionadas a atividades empreendedoras e orientação profissional voltada para a valorização dos saberes e da cultura local.

110. Articular, junto ao SEBRAE e outras entidades do Sistema S, ações públicas e universais de apoio a atividades empreendedoras.

111. Articular, os observatórios de mercado de trabalho aos observatórios do Sistema S e a outros centros de estudos e pesquisas do mercado de trabalho.

112. Estabelecer a obrigatoriedade da identificação do trabalhador pelo NIS/PIS também nas ações do Sistema S, visando à integração com o SPETR.

III-H — Fortalecimento Orçamentário do SPETR

113. Tornar obrigatórias não somente as despesas referentes ao SD, mas também aquelas referentes às demais funções do SPETR, sendo o FAT o principal financiador, evitando o contingenciamento dessas políticas essenciais para os cidadãos.

114. Assegurar, obrigatoriamente, de forma progressiva em 5 (cinco) anos, no mínimo 8% (oito por cento) da arrecadação primária do Fundo de Amparo ao Trabalhador — FAT (PIS/PASEP) à cobertura orçamentária do conjunto das Funções do Sistema Público de Emprego, Trabalho e Renda, exceto para as despesas obrigatórias já previstas na Constituição Federal e em legislação específica (por exemplo: Seguro--Desemprego e Abono Salarial).

115. Pactuar com estados e municípios a previsão de recursos para as funções do SPETR em seus orçamentos anuais.

III-I — Encaminhamentos

116. Instituir uma comissão tripartite representando governo, trabalhadores e empresários, envolvendo MTE, FONSET, CODEFAT, prefeituras e entidades de trabalhadores e de empresários, para elaborar e sugerir os instrumentos normativos que concretizarão as Resoluções do II Congresso Nacional do Sistema Público de Emprego, Trabalho e Renda.

Anexo B

RESOLUÇÃO N. 466, DE 21 DE DEZEMBRO DE 2005
Revogada pela Resolução n. 560/07

> *Institui, no âmbito do Sistema Público de Emprego, Trabalho e Renda, o Plano Plurianual Nacional e Estadual do Sistema Público de Emprego, Trabalho e Renda e o Convênio Único, visando à integração das funções e ações do Sistema no território.*

O Conselho Deliberativo do Fundo de Amparo ao Trabalhador — CODEFAT, no uso das atribuições que lhe confere o inciso V do art. 19 da Lei n. 7.998, de 11 de janeiro de 1990,

considerando que a Lei n. 7.998/90 e suas alterações posteriores, com a redação dada pela Lei n. 8.900, de 30 de junho de 1994, em seu art. 2º estabelece que a ação do Seguro-Desemprego deve prover "ações integradas de orientação, recolocação e qualificação profissional" funções estas do Sistema Público de Emprego;

considerando que as resoluções do II Congresso do Sistema Público de Emprego, Trabalho e Renda preveem a estruturação e integração das várias funções e ações básicas e complementares: seguro-desemprego; intermediação de mão de obra; orientação profissional; qualificação social e profissional; certificação profissional; fomento às atividades empreendedoras e informações sobre o mercado de trabalho;

considerando que as resoluções do II Congresso do Sistema Público de Emprego, Trabalho e Renda preveem integrar as ações no mesmo território, evitando superposições; estabelecer padrão de atendimento e organização em todo o território nacional; estabelecer o desenvolvimento de todas as ações do Sistema Público de Emprego, Trabalho e Renda — SPETR, nos Centros Públicos Integrados de Emprego, Trabalho e Renda, ampliando a ação do SINE;

considerando que no âmbito de cada uma das políticas do sistema serão previstos mecanismos de acesso preferencial ou ações específicas para os segmentos em condições de vulnerabilidade em relação ao trabalho;

considerando que as diversas ações serão organizadas por meio de políticas de natureza continuada, permanente e integrada, e de natureza específica, cujas ações tenham duração e objetivos limitados, e sejam voltadas ao atendimento de demandas relacionadas a determinada região, setor ou público prioritário, em articulação com aquelas de natureza continuada;

considerando a necessidade permanente de aumentar a efetividade social, a qualidade dos serviços públicos, a eficiência e eficácia, com vistas a uma maior inserção do trabalhador em vagas captadas no mercado de trabalho e encaminhamento para atividades autônomas e empreendedoras fortalecendo o desenvolvimento local; resolve:

Do Planejamento e Gestão

Art. 1º Instituir, no âmbito do Sistema Público de Emprego, Trabalho e Renda, o Plano Plurianual Nacional e Estadual do Sistema Público de Emprego, Trabalho e Renda, visando à integração das funções e ações do sistema no território.

§ 1º Compreende-se por funções do Sistema Público de Emprego, Trabalho e Renda, as ações de habilitação ao seguro-desemprego, intermediação de mão de obra, qualificação social e profissional, orientação profissional, certificação profissional, pesquisa e informações do trabalho e outras funções e ações definidas pelo CODEFAT que visem à inserção de trabalhadores no mercado de trabalho e fomento a atividades autônomas e empreendedoras.

§ 2º O Ministério do Trabalho e Emprego, por intermédio da Secretaria de Políticas Públicas de Emprego, deverá submeter ao CODEFAT, até fevereiro de 2006, termo de referência do Plano Plurianual Nacional e Estadual do Sistema Público de Emprego, Trabalho e Renda.

Art. 2º Caberá ao Ministério do Trabalho e Emprego, em conjunto com o Conselho Deliberativo do Fundo de Amparo ao Trabalhador — CODEFAT, coordenar o SPETR e estabelecer as normas nacionais que orientarão a organização e o funcionamento do sistema.

Art. 3º O Ministério do Trabalho e Emprego, por meio da Secretaria de Políticas Públicas de Emprego, celebrará convênios únicos e específicos, em conformidade com as normas estabelecidas pelo CODEFAT.

Parágrafo único. As ações continuadas serão implementadas por meio do Convênio Único e as ações específicas por meio de Convênio Específico.

Do Convênio Único

Art. 4º Fica instituído o Convênio Único, como instrumento federal de integração e operacionalização das funções e ações do Sistema Público de Emprego, Trabalho e Renda, o qual poderá ser celebrado com estados, Distrito Federal, capitais e municípios com mais de 300 mil habitantes.

§ 1º Para efeito da referência populacional citada no *caput* deste artigo será utilizada a Pesquisa Nacional de Amostragem por Domicílio — PNAD/IBGE, o Censo Populacional — IBGE ou a estimativa oficial do IBGE, dos quais será escolhido o de base estatística mais recente e disponível. *(Redação dada pela Resolução n. 478/06)*

§ 2º Os estados, distrito federal, capitais, e/ou municípios com mais de 300 mil habitantes poderão celebrar contratos com entidades sem fins lucrativos, no âmbito de seus respectivos territórios, para a operacionalização das ações continuadas, previstas no Convênio Único, com rede informatizada e integrada entre os executores no mesmo território.

§ 3º Em cada espaço territorial por ente federativo previsto no § 2º deste artigo, o Ministério do Trabalho e Emprego celebrará apenas um Convênio Único voltado à operacionalização das ações continuadas do SPETR.

§ 4º A definição de recursos do FAT para o SPETR levará em conta a preservação do volume global de recursos historicamente destinados às suas ações.

§ 5º A distribuição por estados, capitais, municípios acima de 300 mil habitantes e Distrito Federal, obedecerá critérios de necessidades do mundo do trabalho, sendo baseados, inclusive, na participação das respectivas populações economicamente ativas.

Do Convênio Específico

Art. 5º O Convênio Específico poderá ser celebrado pelo Ministério do Trabalho e Emprego para o atendimento a demandas limitadas temporalmente, exclusivas de determinada região, setor ou público prioritário, com estados, distrito federal, capitais, e/ou municípios com mais de 300 mil habitantes, e com organizações governamentais, não governamentais e organizações sindicais.

§ 1º Os governos de que trata o *caput* deste artigo também poderão celebrar Convênio Específico com organizações governamentais, organizações não governamentais e organizações sindicais, a partir de normas estabelecidas pelo CODEFAT e complementadas pelos conselhos estaduais e municipais de emprego.

§ 2º Para a execução das ações dos programas específicos, o Ministério do Trabalho e Emprego poderá realizar Convênio Específico com as instituições executoras.

Do Plano Estadual Anual de Ação
Do Plano Plurianual Estadual (Redação dada pela Resolução n. 478/06)

Art. 6º O Plano Plurianual Estadual respeitará as normas e diretrizes nacionais de operação do SPETR, conforme o previsto no § 2º do art. 1º, aprovadas pelo CODEFAT e pelo MTE, devendo nele constar a distribuição regional das ações, postos de atendimento e a aplicação de recursos do SPETR na unidade da Federação, em conformidade com as especificidades dos mercados de trabalho locais. *(Redação dada pela Resolução n. 478/06)*

§ 1º A elaboração do Plano Plurianual Estadual será de responsabilidade da instituição estadual pertencente ao SPETR e será a base para a elaboração do Convênio Único para cada unidade da Federação. *(Redação dada pela Resolução n. 478/06)*

§ 2º O Plano Plurianual Estadual, consolidado pela instituição estadual pertencente ao SPETR, será submetido à apreciação e deliberação da Comissão Estadual de Emprego — CEE, ficando vedada sua aprovação por decisão *ad referendum* da comissão. *(Redação dada pela Resolução n. 478/06)*

Art. 7º O Plano Plurianual Estadual deverá contemplar também as ações das capitais e municípios com mais de 300 mil habitantes. Nesses casos, após a deliberação da Comissão Municipal de Emprego — CME, deverão ser realizadas sessões conjuntas da CEE e CME, com a participação de um (1) membro de cada bancada das comissões municipais. *(Redação dada pela Resolução n. 478/06)*

Parágrafo único. A aprovação das ações dos municípios com mais de 300 mil habitantes e das capitais deverá contar com, no mínimo, duas sessões específicas, com intervalo mínimo de sete dias. *(Redação dada pela Resolução n. 478/06)*

Art. 8º Esta Resolução entra em vigor na data de sua publicação.

Remigio Todeschini
Presidente do CODEFAT

Anexo C

Proposta de Anteprojeto de Lei do SPETR

Dispõe sobre a instituição do Sistema Público de Emprego, Trabalho e Renda — SPETR e dá outras providências.

O Presidente da República

Faço saber que o Congresso Nacional decreta e eu sanciono a seguinte lei:

Art. 1º Fica instituído o Sistema Público de Emprego Trabalho e Renda — SPETR, de abrangência nacional, que tem por objeto a integração das ações e serviços das políticas públicas de emprego, trabalho e renda, executados isolada ou conjuntamente, em caráter permanente ou eventual, com recursos oriundos do Fundo de Amparo ao Trabalho — FAT e do Tesouro Nacional.

§ 1º Considera-se política pública de emprego, trabalho e renda toda ação ou programa implementado com o objetivo de atuar sobre o funcionamento do mercado de trabalho, com vistas à sua melhor organização e desempenho econômico, bem como à maior proteção e acessibilidade do trabalhador a este mercado.

§ 2º Incluem-se entre as políticas de emprego, trabalho e renda, todas as iniciativas de apoio e fomento aos empreendimentos produtivos individuais e coletivos, associativos e cooperativos que facilitem a inserção produtiva do trabalhador ao mundo do trabalho.

§ 3º O SPETR terá como público prioritário os grupos sociais mais vulneráveis da sociedade, como jovens, mulheres, afrodescendentes e desempregados de longa duração.

TÍTULO I
Do Sistema Público de Emprego, Trabalho e Renda

Art. 2º O Sistema Público de Emprego, Trabalho e Renda — SPETR será gerido por órgãos e instituições públicas federais, estaduais e municipais, da administração direta.

Parágrafo único. As instituições privadas sem fins lucrativos poderão participar do SPETR, em caráter complementar, de acordo com as normas e critérios estabelecidos pelo Conselho Deliberativo do Fundo de Amparo ao Trabalhador — CODEFAT e legislação pertinente.

Art. 3º O SPETR constitui-se no ordenamento básico que tem objetivo a integração das ações e funções do Programa do Seguro-Desemprego, de que trata a Lei n. 7.998, de 11 de janeiro de 1990, quais sejam: a habilitação ao Seguro-Desemprego, intermediação de mão de obra, informações sobre mercado de trabalho, orientação profissional, qualificação social e profissional; e complementares, como a certificação profissional e fomento às atividades empreendedoras, bem como do Programa Nacional de Estímulo ao Primeiro Emprego — PNPE, instituído pela Lei n. 10.748, de 22 de outubro de 2003.

Parágrafo único. Outras ações e funções poderão ser definidas pelo CODEFAT, visando à colocação de trabalhadores no mercado de trabalho.

TÍTULO II
Da organização e funcionamento do Sistema Público de Emprego, Trabalho e Renda

Art. 4º É o Ministério do Trabalho e Emprego — MTE o órgão responsável pela coordenação, implementação, acompanhamento e avaliação do SPETR.

Art. 5º São atribuições do CODEFAT, além daquelas previstas no art. 19 da Lei n. 7.998, de 11 de janeiro de 1990, as seguintes:

I — estabelecer a estrutura e as normas complementares de organização e funcionamento do SPETR;

II — definir as diretrizes de organização e funcionamento das Comissões Estaduais, Municipais e Regionais de Emprego, Trabalho e Renda; e

III — estabelecer diretrizes e procedimentos para a elaboração dos Planos de Trabalho relativos ao SPETR.

TÍTULO III
Dos Centros Públicos Integrados de Emprego, Trabalho e Renda

Art. 6º O atendimento aos trabalhadores em nível local, no âmbito do SPETR, será feito pelos Centros Públicos Integrados de Emprego, Trabalho e Renda — CIETs, sob gestão dos respectivos Estados e Municípios.

Parágrafo único. Os CIETs serão espaços de integração das políticas, partindo das diretrizes de funcionamento elaboradas pelo MTE, de forma a agilizar e facilitar o acesso dos trabalhadores aos serviços do SPETR, principalmente àqueles trabalhadores pertencentes aos grupos mais vulneráveis.

Art. 7º O quadro de pessoal dos CIETs será composto por servidores pertencentes ao quadro funcional dos respectivos Estados e Municípios, permitida a contratação de serviços prevista no Decreto n. 2.271, de 7 de julho de 1997.

Art. 8º Ficam instituídos Conselhos Gestores, com estrutura tripartite e paritária, junto aos CIETs, compostos de 2 (dois) representantes dos trabalhadores, 2 (dois) dos empregadores e 2 (dois) do governo, com as seguintes atribuições:

I — acompanhar o cumprimento das diretrizes e Planos Plurianuais aprovados pelas Comissões Estaduais e/ou Municipais de Emprego; e

II — acompanhar o desempenho das atividades dos CIETs, considerando a dinâmica do mercado local de trabalho.

Art. 9º As regras de organização e funcionamento dos Conselhos Gestores dos CIETs serão definidas pelo CODEFAT.

TÍTULO IV
Dos Recursos do Sistema Público de Emprego Trabalho e Renda

Art. 10. Os recursos para o financiamento das atividades do SPETR advirão do FAT e do Tesouro Nacional.

§ 1º Cabe ao governo federal assegurar o fluxo de recursos necessários ao FAT, de modo a garantir o financiamento das atividades do SPETR de que trata o art. 3º, mediante, no mínimo, 8% das receitas primárias do FAT.

§ 2º O CODEFAT definirá a contrapartida dos governos estaduais e municipais no financiamento das atividades do SPETR, observada a capacidade financeira de cada unidade da federação e a Lei de Diretrizes Orçamentárias.

TÍTULO V
Dos instrumentos complementares do Sistema Público de Emprego, Trabalho e Renda

Art. 11. O Ministério do Trabalho e Emprego implementará, no prazo de dois anos, o Banco de Dados Único do SPETR, com informações referentes ao perfil e à trajetória dos trabalhadores no âmbito de cada uma de suas políticas e programas, bem como demais informações necessárias à maior eficiência na operacionalização do Sistema.

Parágrafo único. O MTE instalará observatório do mercado de trabalho em todos os Estados, com gestão tripartite e paritária, cujo funcionamento será definido pelo CODEFAT.

TÍTULO VI
Das Conferências no âmbito do SPETR

Art. 12. Caberá ao MTE, juntamente com o CODEFAT e os Secretários Estaduais e Municipais, promover a realização de congressos nacionais, no mínimo a cada quatro anos, com participação tripartite e paritária, de representantes de empregadores, trabalhadores e governo.

Parágrafo único. O CODEFAT poderá propor a realização de congressos extraordinários.

TÍTULO VII
Das disposições gerais

Art. 13. Ato do Poder Executivo regulamentará as demais medidas que se fizerem necessárias à implementação do SPETR.

Art. 14. Esta Lei entra em vigor na data de sua publicação.

Art. 15. Revoga-se o Decreto n. 76.403, de 8 de outubro de 1975.

Brasília, data; aniversário da Independência e aniversário da República.

Presidente da República
Ministro do Trabalho e Emprego